中国社会科学院重大课题
国家"十五"重点出版项目

列国志

GUIDE TO THE WORLD STATES

中国社会科学院《列国志》编辑委员会

冰岛

● 刘立群 编著

社会科学文献出版社

SOCIAL SCIENCES ACADEMIC PRESS (CHINA)

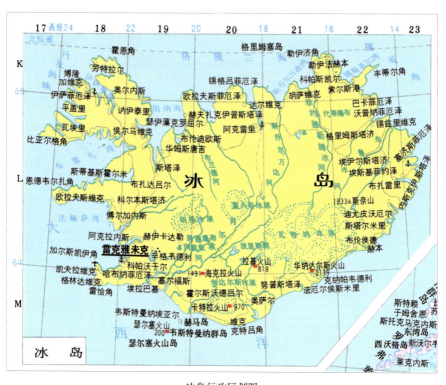

冰岛行政区划图

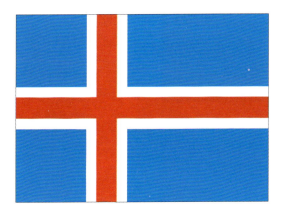

冰岛国旗

冰岛国徽

冰岛荒原景观

雷克雅未克市博物馆

著名的黄金瀑布

雷克雅未克市鸟瞰

冰湖景观

欧洲水量最大的代蒂瀑布

位于雷克雅未克海滨的阳光飞船

哈尔格里米尔大教堂与莱夫·埃里立像

远眺珍珠楼

奈斯亚威里尔地热电站

世界上最清洁的城市——雷克雅未克

旅游胜地古议会旧址

冰岛少女

盖锡尔大间歇喷泉

矫健的冰岛马

前　　言

　　自 1840 年前后中国被迫开关、步入世界以来，对外国舆地政情的了解即应时而起。还在第一次鸦片战争期间，受林则徐之托，1842 年魏源编辑刊刻了近代中国首部介绍当时世界主要国家舆地政情的大型志书《海国图志》。林、魏之目的是为长期生活在闭关锁国之中、对外部世界知之甚少的国人"睁眼看世界"，提供一部基本的参考资料，尤其是让当时中国的各级统治者知道"天朝上国"之外的天地，学习西方的科学技术，"师夷之长技以制夷"。这部著作，在当时乃至其后相当长一段时间内，产生过巨大影响，对国人了解外部世界起到了积极的作用。

　　自那时起中国认识世界、融入世界的步伐就再也没有停止过。中华人民共和国成立以后，尤其是 1978 年改革开放以来，中国更以主动的自信自强的积极姿态，加速融入世界的步伐。与之相适应，不同时期先后出版过相当数量的不同层次的有关国际问题、列国政情、异域风俗等方面的著作，数量之多，可谓汗牛充栋。它们对时人了解外部世界起到了积极的作用。

当今世界，资本与现代科技正以前所未有的速度与广度在国际间流动和传播，"全球化"浪潮席卷世界各地，极大地影响着世界历史进程，对中国的发展也产生极其深刻的影响。面临不同以往的"大变局"，中国已经并将继续以更开放的姿态、更快的步伐全面步入世界，迎接时代的挑战。不同的是，我们所面临的已不是林则徐、魏源时代要不要"睁眼看世界"、要不要"开放"问题，而是在新的历史条件下，在新的世界发展大势下，如何更好地步入世界，如何在融入世界的进程中更好地维护民族国家的主权与独立，积极参与国际事务，为维护世界和平，促进世界与人类共同发展做出贡献。这就要求我们对外部世界有比以往更深切、全面的了解，我们只有更全面、更深入地了解世界，才能在更高的层次上融入世界，也才能在融入世界的进程中不迷失方向，保持自我。

与此时代要求相比，已有的种种有关介绍、论述各国史地政情的著述，无论就规模还是内容来看，已远远不能适应我们了解外部世界的要求。人们期盼有更新、更系统、更权威的著作问世。

中国社会科学院作为国家哲学社会科学的最高研究机构和国际问题综合研究中心，有11个专门研究国际问题和外国问题的研究所，学科门类齐全，研究力量雄厚，有能力也有责任担当这一重任。早在 20 世纪 90 年代初，中国社会科学院的领导和中国社会科学出版社就提出编撰"简明国际百科全书"的设想。1993 年 3 月 11 日，时任中国社会科学院院长的胡绳先生在科研局的一份报告上批示："我想，国际片各所可考虑出一套列国志，体例类似几年前出的《简明中国百科全书》，以一国（美、日、英、法等）或几个国家（北欧各国、印支各国）为一册，请考虑可行否。"

中国社会科学院科研局根据胡绳院长的批示，在调查研究的基础上，于 1994 年 2 月 28 日发出《关于编纂〈简明国际百科全书〉和〈列国志〉立项的通报》。《列国志》和《简明国际百科全书》一起被列为中国社会科学院重点项目。按照当时的计划，首先编写《简明国际百科全书》，待这一项目完成后，再着手编写《列国志》。

1998 年，率先完成《简明国际百科全书》有关卷编写任务的研究所开始了《列国志》的编写工作。随后，其他研究所也陆续启动这一项目。为了保证《列国志》这套大型丛书的高质量，科研局和社会科学文献出版社于 1999 年 1 月 27 日召开国际学科片各研究所及世界历史研究所负责人会议，讨论了这套大型丛书的编写大纲及基本要求。根据会议精神，科研局随后印发了《关于〈列国志〉编写工作有关事项的通知》，陆续为启动项目拨付研究经费。

为了加强对《列国志》项目编撰出版工作的组织协调，根据时任中国社会科学院院长的李铁映同志的提议，2002 年 8 月，成立了由分管国际学科片的陈佳贵副院长为主任的《列国志》编辑委员会。编委会成员包括国际片各研究所、科研局、研究生院及社会科学文献出版社等部门的主要领导及有关同志。科研局和社会科学文献出版社组成《列国志》项目工作组，社会科学文献出版社成立了《列国志》工作室。同年，《列国志》项目被批准为中国社会科学院重大课题，国家新闻出版总署将《列国志》项目列入国家重点图书出版计划。

在《列国志》编辑委员会的领导下，《列国志》各承担单位尤其是各位学者加快了编撰进度。作为一项大型研究项目和大型丛书，编委会对《列国志》提出的基本要求是：资料详实、准确、最新，文笔流畅，学术性和可读性兼备。《列国志》之所以强调学术性，是因为这套丛书不是一般的"手册"、"概览"，而是在尽可能吸收前人成果的基础上，体现专家学者们的研究所得和个人见解。正因为如此，《列国志》在强调基本要求的同时，本着文责自负的原则，没有对各卷的具体内容及学术观点强行统一。应当指出，参加这一浩繁工程的，除了中国社会科学院的专业科研人员以外，还有院外的一些在该领域颇有研究的专家学者。

　　现在凝聚着数百位专家学者心血、约计 200 卷的《列国志》丛书，将陆续出版与广大读者见面。我们希望这样一套大型丛书，能为各级干部了解、认识当代世界各国及主要国际组织的情况，了解世界发展趋势，把握时代发展脉络，提供有益的帮助；希望它能成为我国外交外事工作者、国际经贸企业及日渐增多的广大出国公民和旅游者走向世界的忠实"向导"，引领其步入更广阔的世界；希望它在帮助中国人民认识世界的同时，也能够架起世界各国人民认识中国的一座"桥梁"，一座中国走向世界、世界走向中国的"桥梁"。

《列国志》编辑委员会

2003 年 6 月

CONTENTS

目　录

CONTENTS

目 录

7

CONTENTS

目　录

CONTENTS

目　录

CONTENTS

目　录

CONTENTS

目　录

CONTENTS
目　录

自　序

冰岛位于地球极北部大西洋的一隅，紧靠北极圈，面积相当大（10.3 万平方公里，是我国台湾岛 3.6 万平方公里的近 3 倍）；但是人口稀少（30 万人，是台湾省 2227 万人口的约 1/75），平均每平方公里只有 3 人。境内除环岛沿海地区之外，主要是一个面积广阔、没有人烟、气候寒冷的高原。冰岛是欧洲仅次于大不列颠岛的第二大岛，同时是全世界第一大火山岛，地下充满炽热的岩浆和热水，地面上则拥有覆盖厚厚冰层的辽阔冰原，冰岛因此被称为"冰与火的国度"。它仿佛处于被世界遗忘的角落，几乎默默无闻，很少被世人所关注，被戏称为"被上帝遗忘的地方"。

但是人们没有想到的是，这样一个人口稀少的偏远岛国却拥有多个世界第一：冰岛创立了欧洲乃至全世界历史最悠久、至今依然存在的民选议会，即"阿耳庭"议会（尽管成立之初有浓厚的原始民主制意味）；人均淡水资源拥有量排名世界第一；人均水产品消费量排名世界第一；总渔获量排名世界前列，人均渔获量为世界第一；人均寿命已经连续数年在世界上排名第二，其中男性平均寿命在世界上排名第一；使用可再生能源（水力发电和地热资源）的比例高达 72%，为全世界第一，并远远超过其他国家；冰岛是世界上最早完全消除文盲的国家，其人均著书、出版及购买书籍也都是世界第一，被戏称为"书虫民族"。

此外，冰岛居民的生活质量、人均国内生产总值、地热和水力资源的人均拥有量、经济竞争力、社会福利、政治清廉度等均名列世界前茅。所有这些，都足以让世人对它刮目相看，甚而肃然起敬。早在 20 世纪 30 年代时，冰岛在各方面都还很不发达，美国著名科普作家房龙就曾把冰岛称为"北冰洋上一个有趣的政治实验室"，是"世界上最令人感兴趣的一个地方"（《房龙地理》第 18 章）。

当然，冰岛人民所取得的这些成就，是在艰苦恶劣的自然条件下，经过不屈不挠的长期努力才逐步取得的。冰岛在地理上是地球上最年轻的岛屿之一，在 2500 万年前才因熔岩从地下不断涌出而逐步形成。冰岛民族是世界上最年轻的民族之一，在公元 874 年才迎来第一批永久定居者。冰岛作为一个国家属于世界上最年轻的国家之列，在公元 930 年成立古代国家，从 1262 年起先后受到挪威以及丹麦的长期统治，直到 1944 年才取得完全独立，成立现代的冰岛共和国。在仅仅一百多年前的 19 世纪末 20 世纪初，冰岛的政治、经济及社会生活等各个方面还相当落后，是欧洲最贫穷的国家之一，许多人被迫背井离乡到国外谋生。

冰岛民族虽然在公元 874 年才诞生，但是在其历史上却有两项举动对整个欧洲产生了深远影响：其一是在专制君主制国家林立的中古欧洲，建立起第一个早期议会民主制共和国；其二则是在其丰富的古代文献中，记载了北欧乃至西欧古代多神教的神话传说并保存至今。此外，地处偏远的冰岛还对欧洲近代历史的变迁作出了某种特殊"贡献"：1789 年爆发的法国大革命源于当时法国社会的动荡，这种动荡与法国农业连年歉收直接有关，而造成法国农业严重歉收的重要原因之一是 1783 年 6 月至 1784 年 2 月冰岛拉基火山长达 8 个月的大爆发。火山喷出的大量尘雾抵达欧洲大陆并长期漂浮在空中，阻挡了阳光的照射，使气温连续数年普遍下降，造成法国农作物严重歉收并使其经济状况恶化，对社会矛盾本已相当尖锐的法国起到了推波助澜和火上浇油的作用，最终引起法国大革命的爆发。

包括冰岛在内的北欧国家都经历过维京海盗时代的激烈冲突以及后来的多次争斗，因此冰岛人民自古以来十分爱好和平，把维护和平置于崇高的位置，曾于1918年宣布自己是没有武装的和平中立国。冰岛的独立主要是经过长期的和平斗争以及充分利用历史所提供的机遇而取得的，没有动过一枪一炮——冰岛也几乎不拥有任何枪炮。当今，冰岛虽然是北约成员国，但却是北约中唯一没有自己军队的国家。在联合国这个当今维护世界和平最重要的国际组织中，大会主持者所使用的木槌便是冰岛馈赠的礼物，槌头上是一位北欧海盗祈祷和平的图案，其寓意不言自明。

作为北欧的五个国家之一，冰岛受到其他北欧国家的很大影响并努力向它们学习和看齐，因此它和其他北欧诸国有许多相似乃至相同之处；但是由于它所独具的地理、气候以及历史文化等条件，也有与其他北欧国家不大相同甚至很不相同的一面。

冰岛虽然是世界上人口最少的国家之一，但现在却是世界级捕鱼大国，其近海渔业资源是冰岛最主要和最重要的自然资源之一，总渔获量名列世界前茅，是冰岛出口换汇的主要商品。可以说，没有丰富的近海渔业资源，就没有当代冰岛的丰裕和繁荣。由此我们可以理解，冰岛为什么至今没有加入欧盟，甚至连入盟的申请都没有提出过，因为欧盟的共同渔业政策要求把各成员国的渔业资源当作欧盟共同的渔业资源，并由欧盟委员会统一安排渔业捕捞配额并进行分配。如果冰岛加入欧盟并实施欧盟共同渔业政策，则其赖以生存的主要自然资源便不能自行支配，国家的生存便可能面临根本性的困境乃至危机，或至少不能独自享有和支配。从另一方面来看，冰岛迄今已经和欧盟建立了密切的联系，采用了欧盟的许多规定和标准，加入了欧洲经济区以及《申根协定》。因此，除非欧盟对冰岛作出特殊的安排，否则冰岛很难在欧盟现行的共同渔业政策条件下加入欧盟。

冰岛人均国内生产总值位居世界前列，在发达国家中也属于最富有者之列，但是这种富有是以每个人都辛勤劳作、付出很大的努力才得到的。冰岛人每周工作时间在欧洲乃至经合组织国家都属于最高之列，不少冰岛人不得不兼做几份工作，以获取更多的报酬，去支付十分高昂的生活费用。冰岛的就业率在欧洲属于最高之列。冰岛的法定退休年龄无论是男性还是女性均为67岁，在全世界属于最高之列，这意味着他们的一生要比其他国家的人民付出更长时间的劳作。

冰岛虽然是在历史上人口长期不足五六万人，目前人口也只有30万的小国，但是却为人类的发展与进步作出了远远超出其人口比例的独特贡献。

冰岛是欧洲在地理位置上距离中国最遥远的国度，但是两国人民已经有半个多世纪交往的历史；自1971年中冰两国建交以来已有30多年的外交关系，彼此之间并不陌生并相互怀有友好的感情。我们希望读者能够通过本书比较全面、系统、准确地了解这个遥远而有些神秘的国度，并且有更多的人亲自到冰岛去领略其独特的自然风光和人文风情。冰岛驻华大使馆为本书无偿提供了所有照片，其中大部分系人民日报前副总编辑李仁臣先生所摄，在此谨表示由衷谢意。

中国著名诗人、外国文学研究家冯至先生（1905～1993）在1977年访问冰岛时曾写下两首诗篇，用中国古典诗歌优美的语言和韵律描绘了冰岛奇特的自然景观和风貌。现录出其中一首如下（附注为原有）：

小广寒

明月何年陨一角？

大洋拥向北极圈。

冰川流下清凉水,

地热喷出蒸汽泉。

雾港晴时招远客,

熔岩隙处建家园。

嫦娥回首应含笑,

喜见尘寰小广寒。

附注

　　冰岛地面大部分被熔岩覆盖,据云与月球表面相似。冰岛首都雷克雅未克,有"雾港"意义,冰岛居民的祖先多系挪威、爱尔兰的移民。

1977 年 9 月 25 日,冰岛

第一章

国土与人民

第一节　自然地理

一　地理位置

冰岛共和国（The Republic of Iceland），简称冰岛（冰岛文"Island"，英文"Iceland"）。其原文意思为"冰的陆地"或"冰的国度"。由于它是岛国，汉语便创译为"冰岛"。这是欧洲国名中唯一完全没有采用音译，而是根据其实际情况采用意译的汉语名称。

冰岛是个岛国，其主要岛屿就是冰岛，面积为10.2950万平方公里，为欧洲仅次于大不列颠岛的第二大岛，该岛南北长346公里，东西宽514公里。大岛的周边有众多小岛，加在一起全国总面积为10.3110万平方公里。由于周围海域在历史上不时有海底火山爆发而形成新的小火山岛，有的在形成后不久面积变小，有的甚至完全消失，因此其全国总面积的统计数字因年代不同而有所变化。冰岛位于北大西洋中部，紧靠北极圈，其极点坐标是北纬63°23′31″～66°32′29″、西经13°30′06″～24°32′12″之间，是位于地球最北端的国家。它有白夜和黑昼现象，即太阳在夏季落下的时间很短，夜晚好似白天；太阳在冬季则升起的时间很短，白天好似夜晚。从地图上看，冰岛犹如镶嵌在北大西洋靠近北极圈的一颗明珠，十分耀眼。

表 1 - 1　日出日落时间

单位：时：分

日　　期	日出时间	日落时间	日出时间	日落时间
2003 年	雷克雅未克		阿库雷里	
1 月 1 日	11：19	15：44	11：31	15：00
6 月 21 日	02：54	00：04	01：26	01：02
8 月 6 日	04：49	22：16	04：18	22：15
9 月 3 日	06：14	20：38	05：54	20：28

资料来源：冰岛国家统计局。

　　冰岛位于欧洲最西边，虽然属于欧洲国家，但是离欧洲大陆很远，离北美洲反倒近一些。其东面隔挪威海距挪威 970 公里，东南距英国的苏格兰 798 公里，西北隔丹麦海峡距位于北美洲的格陵兰岛 287 公里，东南距法罗群岛 420 公里，东北距扬马延岛 550 公里。海岸线长约 4970 公里，领海宽度为 12 海里。其大陆架面积为 11.1 万平方公里。冰岛于 1972 年宣布其专属渔区宽度为 50 海里；1975 年 10 月，冰岛开始推行 200 海里捕鱼限制区；1979 年 6 月，冰岛正式宣布对 200 海里捕鱼区的专有权，其专属经济区总面积为 75.8 万平方公里，是国土面积的 7 倍多。

　　冰岛位于零时区（西欧时间，即格林尼治标准时间）。

　　二　行政区划与国旗、国歌和国徽

　　冰岛由于人口很少，因此只设置两级行政机构，即中央/国家一级和作为地方行政机构的市镇一级。冰岛全国还从实际功能角度出发划分为不同的区域，主要划分为 8 个大区，它们是：首都区，西南区（雷恰角半岛区），西峡湾区（Vestfjords），西部区，西北区，东北区，东部区，南部区。

表 1 - 2　冰岛的大区

编号	区名	面积（平方公里）	人口（2004 年）	行政中心	人口（2004 年）
1	东部区	21991	12430	埃伊尔斯塔济	
2	首都区	1982	184244	雷克雅未克	113848
3	东北区	22368	26893	阿库雷里	16475
4	西北区	13093	8988	瑟伊藻克罗屈尔	
5	南部区	25214	21790	塞尔福斯	
6	西南区	— *	17110	凯夫拉维克	
7	西峡湾区	9470	7700	伊萨菲厄泽	
8	西部区	8711	14422	博尔加内斯	

资料来源：冰岛国家统计局。

* 首都区的面积包括西南区的面积。

　　这些大区不是实际的一级行政区划，它们没有行政机关，也不是法律实体，而只是该地区所有市镇政府的联合体；在每个大区设立一个地方法院，它们同时也是医疗保险区（Medical area）。这样，全国一共有 8 个地方法院和 8 个医疗保险区。冰岛还划分为 9 个税收计征区，它们和 8 个大区基本上重合。此外，全国还划分为 31 个初级医疗保健区、10 个公共卫生区和 14 个兽医区。地方政府进行地区性合作的组织是地区委员会，但不是一级行政机构。截至 1999 年底之前，议会大选的选区也是 8 个；在 2003 年大选时选区减为 6 个，它们是：雷克雅未克南部选区、雷克雅未克北部选区、西北选区、东北选区、南部选区、西南选区。

　　作为冰岛第二级行政单位的市镇始终在不断进行合并，其数目长期以来不断减少，尤其自 1990 年以来。1950 年全国划分为 229 个市镇，1990 年减为 204 个，1996 年时为 170 个市镇，2000 年进一步减为 124 个，2003 年时有 104 个市镇，2004 年为 101 个市镇。一方面，冰岛人口的总数在不断增加；另一方面，则是市镇的数目在不断减少，其主要原因是有些偏远地区小乡镇的人

3

口不断外流、尤其是向较大城市流动，导致一些小市镇人口过
少，因此需要把作为行政单位的一些小市镇不断进行合并，以精
简行政机关、减少行政支出、提高行政工作效率。冰岛《地方
政府法》规定，凡人口连续 3 年不足 50 人的市镇，就要考虑和
周边一个市镇进行合并或者划分给周边几个市镇。与此同时，由
于地方行政部门的任务日趋复杂和繁重，通过市镇合并也可以强
化其各方面的职能。这是冰岛在其城市化进程中所特有的现象。

在历史上，由于城市和乡村的差距很大，冰岛曾经长期以城
乡区别为基础进行行政区域划分，把全国划分为 21 个城市和 23
个农村县，县下面有乡镇、村庄。后来虽不再这样划分，但是历
史上城乡区划的遗迹目前多少还存在。冰岛目前设立了 26 位地
区专员（2000 年以前为 27 位），主要是监督国家税种的征收情
况，尤其是那些在税收方面存在一定问题的市镇。

市镇规模的大小十分悬殊，最大的城市有 11.38 万人口
（2004 年），即首都雷克雅未克；最小的市镇则只有 31 名居民
（1999 年）。大多数市镇的规模都相当小，所有市镇的人口平均
约 2200 人。大多数市镇都位于环冰岛的沿海地区。冰岛人口分
布很不均衡，位于西南沿海的首都雷克雅未克及其周边的雷恰角
半岛区集中了占全国 62% 的人口，雷克雅未克市的人口就占全
国人口的 40%。而约占全国总面积 4/5 的广大内陆地区，则因
地处高原、交通不便、气候恶劣而极少人烟。

表 1 - 3　市镇人口规模及数目（1999 年 12 月）

居民人数	市镇数目	占百分比	居民人数	市镇数目	占百分比
1000 人以下	93	75.0%	10000 ~ 50000 人	4	3.2%
1000 ~ 5000 人	22	17.8%	50000 人以上	1	0.8%
5000 ~ 10000 人	4	3.2%	总计：124		

资料来源：冰岛国家统计局。

4

　　冰岛国旗的旗面为深蓝色，绘有镶白边的红色十字（右边的水平线稍长）。蓝、白两色是冰岛的国色，蓝色表示辽阔的海洋，白色表示大地被冰雪覆盖。国旗上的红色十字来自挪威和丹麦国旗（这两国的国旗均为红底），表示冰岛在历史上同挪威和丹麦的联系。同其他北欧国家一样，十字图案表示历史上基督教对北欧民族文明发展的重要影响。1913 年决定设计国旗图案，该图案于 1915 年 5 月 19 日起正式在冰岛的陆地以及内河航行的商船上使用。1918 年丹麦承认冰岛的独立地位后，1919 年将此旗确定为冰岛国旗。1944 年 6 月 17 日冰岛完全独立后正式成为冰岛共和国国旗。冰岛政府高级官员（如外交部长）出国访问时，东道国为其举行的宴会及其他活动挂长方形国旗，在其乘坐的汽车和下榻的宾馆则须挂燕尾式国旗。总统使用专门的总统旗，旗面上绘有冰岛共和国的国徽。

　　冰岛的国歌名为《吾国之神》（又译《啊，祖国之神!》），由冰岛著名抒情诗人马蒂亚斯·约胡姆松（Matthias Jochumsson，1835～1920）作词，斯淮因比昂·斯淮因比昂松（1847～1927）作曲。这首歌是 1874 年为纪念人类定居冰岛一千年而创作的，也称为《千年颂》。歌词是：

祖国之神，
祖国之神，
你崇高的名字为我们所颂赞。
在久远的年代里，
你的子孙把太阳镶上你的王冠。
对于你，一天就是一千年，
一千年就是一天。
啊，永恒的花，
含着虔诚的泪，

恭恭敬敬辞别人间。

冰岛一千年，

冰岛一千年，

啊，永恒的花，

含着虔诚的泪，

恭恭敬敬辞别人间。

冰岛的国徽为蓝地绘有白边红十字国旗图案的盾徽。盾徽上端是一只红舌金爪白隼和一条白齿红舌金爪金颈的龙。左边是一头长着金黄色牛角和牛蹄的黑牛；右边是一个身缠金、蓝两色束带，手持蓝色拐杖，身披金色斗篷，鹤发童颜、目光炯炯的老人。白隼、龙、牛和老人都是传说中的守护神。盾徽下端的石块代表冰岛多岩石的漫长海岸。在"萨迦"故事中有这样一个传说：公元11世纪末，一个邻国的国王准备进攻冰岛，他派一位巫师先去侦察。巫师变成一条鱼，向冰岛游去，当接近冰岛时，发现四面都有守卫：西面有巨大的神牛，北面有一只巨隼，东面是一条喷火的龙，南面是一位手握巨斧的神人。他回去向国王报告了情况，国王只好打消了进攻的念头。从此，神牛、巨隼、火龙和巨人便成了冰岛的守护神，共同组成今天冰岛的国徽图案。

冰岛的国庆日是6月17日。

冰岛的国鸟是冰岛所特有的鸟类北极海鹦（Puffin）。

三　地形与火山

岛的西北部、北部和东部的海岸线破碎，海岸陡峻，海湾众多，并且有不少深入内陆的峡湾。西部有巨大的法赫萨湾和布莱迪湾伸入陆地。岛的南部海岸较平直，主要是低下的环礁海岸。

冰岛的地形类似一个倒置碗状的高地，在岛的中央地带多为海拔 500 米以上的高地，不少地方高于海拔 800 米。全境平均海拔高度约为 500 米。其中海拔低于 200 米的地方共有 2.47 万平方公里，均位于沿海地区；海拔为 200～400 米的地方有 1.84 万平方公里；海拔 400～600 米的地方有 2.22 万平方公里；海拔 600 米以上的面积达 3.77 万平方公里。高原的边缘是海岸山脉，峭壁直临海岸。沿海只有零星的平原，而且面积狭小，仅西南部的雷克雅未克附近平原范围稍大。最大的瓦特纳冰原位于冰岛东南部，该冰原中部的最高点海拔 1800 米；南部的最高点华纳达尔斯峰是火山山峰，海拔 2110 米（2005 年最新数字），是冰岛的最高峰。

冰岛位于北大西洋的中脊之上，由大约 2500 万前第三纪中新世以来亚欧大陆板块和美洲大陆板块分离所造成的海底地幔物质逐步喷涌而形成。其大部分地区是在最近 100 万年才形成的，是一座相当年轻的火山岛，目前仍然在继续生长变化。它同时是世界上最大的火山岛，岛上处处显露出典型的火山地貌。冰岛是大西洋中部海脊在大西洋北半部露出海面的部分。海脊在此处呈十字状，分别伸向西北方的格陵兰、东北方的扬马延岛、东南面的法罗群岛和南部的亚速尔群岛。全岛由近代玄武岩组成，累积的玄武岩厚达 3000 米，冰岛东部的玄武岩厚度甚至达到 8000～1 万米。玄武岩共分上下两层，在两层之间夹有淡水沉积的砂土和黏土，同时还有薄层的褐煤。上层的玄武岩经过长期侵蚀，已进入准平原状态。在第三纪末期，由于火山作用强盛，曾经形成许多断层和裂谷，有的玄武岩层上升，有的下降，块块断裂，因此冰岛的地形起伏复杂。

由于冰岛地处亚欧板块与美洲板块交界处，两大板块的交界线从西南向东北斜穿全岛，形成纵向断裂谷，构成冰岛中部南北走向的活火山地带，并且以每年平均 1～2 厘米的速度向西移动。地下熔岩往往沿着这一断裂谷冲出地表，造成火山爆发。沿裂谷带的张裂缝分布着喷发玄武质熔岩的盾状火山。在一些深坳谷内

7

可见到呈层状的熔岩，向地下深部转变成无数垂直的玄武质岩脉，称为席状岩墙，这种席状岩墙是从地壳裂缝中挤出的熔岩根部。

地下岩浆的活动迄今仍很活跃，在冰岛的东北部和西南部有很多火山。在最近 1 万~2 万年期间，冰岛共有近 200 座火山活动过，比世界上面积相同的其他地区都要频繁。自公元 9 世纪下半叶有人类定居以来，喷发过的活火山有 36 座，是世界上火山最多和最活跃的地区之一。火山活动的作用现在虽然已经不及第三纪强盛，但有些火山还不时喷发。自公元 9 世纪以来，一共发生过约 200 次较大规模的火山爆发，平均每 5 年爆发一次。冰岛的火山活动主要是溢流喷发，所产生的熔岩要比火山碎屑物（火山灰及火山弹等）多，熔岩量特别大，平均每百年喷出熔岩约 40 亿立方米（4 立方公里），占整个地球熔岩总喷出量的约 1/3。全境有 1.2 万平方公里的土地被冰后期的熔岩所覆盖，占国土面积的 1/9，如果加上此前喷出的熔岩，则冰岛全境有约 30% 的土地被熔岩所覆盖。由于冰岛的地下充满了热与火，因此有人把冰岛贴切地称为"热岛"或"火岛"。

冰岛的火山千奇百怪，类型各异：有其熔岩含气态物质很少的盾状火山，有喷发物为熔岩与固态物质混合体的成层火山，还有比较古老的间冰期火山。鉴于冰岛的许多地形地貌与月球或火星相似，美国宇航局因此选择冰岛作为宇航员登月的训练基地。

1783 年 6 月 8 日到 1784 年 2 月，位于瓦特纳冰原西南的拉基火山大爆发，喷出的火山灰高达 1.5 万米，形成长达 27 公里的裂谷，一共有 100 多个成排的火山口，是位于一条线上的溢流性大喷发，在 8 个多月内一共喷出约 14.731 立方公里的熔岩。这是地球在冰后期熔岩数量最大的一次喷发，熔岩覆盖面积达 565 平方公里。火山还喷出大量火山灰和有毒的二氧化硫气体并造成酸雨，破坏了大片牧场和耕地，一共造成大约 2.8 万匹马、

1.14 万头牛和 20 万只绵羊死亡，约占当时冰岛牲畜总数的 75%。在火山爆发期间以及随后两年发生的严重饥荒中，有近 1 万名居民相继丧生，约占当时冰岛人口的 1/5。火山喷出的尘雾在整个夏天笼罩了冰岛大部分地区，甚至到达欧洲大陆乃至西亚地区，造成法国农作物连年歉收及经济状况恶化，是加剧当时法国社会动荡并引发 1789 年大革命的重要起因之一。这场大灾难被冰岛人称为"斯卡夫陶（该地区一河名）大火灾"。

1875 年 1 月，冰岛北部的阿斯基亚（Askja）火山开始爆发，喷出的熔岩总量约达 20 亿立方米，并形成了火山口湖即厄斯克湖。喷出的大量火山灰覆盖了冰岛东部广大地区，厚度达 10~20 厘米，给冰岛经济带来灾难性后果并引起严重饥荒；同时由于连续多年气候极为寒冷，迫使先后约有 2 万冰岛人远走他乡，连续十多年时间向北美移民。

1963 年 11 月 14 日，当一艘渔船在冰岛南部的韦斯特曼纳群岛（也意译为"西方人群岛"，其主要岛屿是赫马岛）附近海域捕鱼时，突然发现海底火山爆发，短短几天之内就形成一座新的火山岛；以后又多次喷发，使该岛不断扩大，是世界上有历史记载以来最大的一次海底喷发。各国科学家纷纷赶往现场，观察并拍摄了火山喷发和岛屿形成的全过程。在 1967 年 6 月最后的熔岩流出之后，该岛已高出海平面 200 米，高出洋底 290 米，面积为 2.5 平方公里，成为一座永久性岛屿。冰岛人采用北欧传说中火神巨人的名字，称该岛为苏特赛岛（Surtsey，又译为瑟尔塞岛）。不过，在经历了 40 多年之后，苏特赛岛的面积在 21 世纪初缩小为只有 1.6 平方公里。同样位于冰岛西南部海底火山爆发而形成的另外两座小岛，由于新形成的火山岛物质比较疏松，抵抗不住海浪的冲击，所以只存在了几个月就被海浪所吞噬。在历史上，冰岛周围海域曾多次发生海底火山爆发，并形成许多小岛或暗礁。仅在韦斯特曼纳群岛地区，就有海上火山口近 20 座、海底火山口 50 多座。

1973 年 1 月 23 日晚,赫马岛上一位居民看到浓烟和火光,以为是着火而马上报警。当消防队急速赶到时,才发现那是火山爆发,在离居民区仅 200 米的地方出现一条长达 1.5 公里的裂隙。5300 多位居民不得不丢弃全部家产,迅速而有组织地撤离该岛,没有死亡一个人。这次火山爆发持续了半年,熔岩和火山灰吞噬了半个镇子共计 300 多所房屋。但人们居然用海水降温方式把港口给保住了,保证了海港通道的畅通。在火山爆发停息之后,大多数居民又返回该岛居住,重建家园。这次火山爆发使赫马岛的面积扩大了 2 平方公里,达到 18 平方公里。

冰岛著名的火山还有盾状火山——斯恰尔布雷泽火山,在最近 1000 年中曾喷发 20 多次,火山口高 550 米,山坡陡峭,底部直径为 8～10 公里,山顶在夏天仍戴着美丽的雪帽。冰岛最高峰华纳达尔斯峰海拔 2110 米,是冰岛海拔最高的火山,也是一座成层火山。它有史以来只爆发过两次,分别是 1362 年和 1727 年,1362 年爆发引起的大洪水和大量火山灰毁灭了周围的居民区。

冰岛最有名、最活跃的火山是海克拉火山,其名称在冰岛语中是“风帽”的意思。它位于雷克雅未克以东 113 公里,南距海滨 55 公里,正好处在冰岛东部和南部两大断层的接合地带,已经有大约 7000 年的历史,目前正处于中年时期,十分活跃,被称为“北欧不断冒烟的烟囱”。中世纪的基督徒把其火山口称为“地狱之门”,比作有罪灵魂的涤罪所,更比作妖魔鬼怪聚集的地方。这座火山海拔 1491 米,火山口周长 400 多米。有历史记载的 1104 年第一次爆发时破坏了大片地区,迄今一共喷发过近 170 次,其中有近 20 次是较大规模的喷发,不断给其周围地区带来破坏。它最近在 1947、1970、1980、1991、2000 和 2005 年相继剧烈喷发。1947 年 3 月 29 日火山发出的猛烈爆炸声在整个冰岛都能听到，喷出的火山灰高达 3 万米，并在两天后越过大西洋飘落到芬兰境内，整个喷发持续达 13 个月。1970 年 5 月开始的爆发持续两个月，由于火山灰中含有大量的氟，造成约 7500 只绵羊死亡。1991 年 1 月 17 日开始的喷发持续了 51 天，火山灰飘落到欧洲大陆。2000 年 2 月 26 日晚海克拉火山再次爆发，火山口的裂缝长达 6～7 公里，有多个火山口同时喷发，房屋般大小的石块被抛上空中，然后像陨石一样洒落地面，喷出的火山灰高达 1.5 万米，在全国各地都能看见。2005 年 2 月 26 日，海克拉火山喷出了滚烫的熔岩，并伴有大量浓烟从火山口冒出，直上云霄，景象十分壮观。

1996 年 10 月 2 日，位于瓦特纳冰原下的格里姆斯湖火山开始连续爆发，到 10 月 13 日平息；但在 11 月 5 日因融化的冰雪而突然发生大洪水，巨大的水流、泥石和冰块冲向腹地，冲断了一些道路和桥梁，估计损失达 3500 万美元。11 月 6 日，火山再次爆发，整个过程引来许多冰岛人及来自世界各地的游客和记者到附近观看。

假火山口是冰岛所独有的自然景观。当火山熔岩流经水源、沼泽、苔原或其他多水地面时，由于下面的水分急速大量汽化，蒸汽以爆炸般的速度把熔岩冲向高空，犹如真正的火山爆发，并形成与真火山口几乎完全一样的顶部带有漏斗喷口锥状熔岩。这类假火山口成群存在，最小的只有数米高、数米宽；最大的底部直径达 300 米，高 30 多米，远远望去，景象蔚为壮观。在雷克雅未克附近的勒伊兹丘陵、著名旅游胜地米湖边上的斯库图斯塔扎吉加尔等都有典型的假火山口。

冰岛的海边大多是黑色的沙滩，沙滩上细小、黑亮的黑沙是由炽热的熔岩和海水接触后因冷热温差太大碎裂而成。由于熔岩沙粒中富含深色的矿物，缺少浅色的石英类矿物，因此它们都是黑色的。位于冰岛最南端的旅游胜地维克小镇便以黑沙滩而著名。

冰岛海拔为 1400 米以上的山峰共有 18 座,除华纳达尔斯峰是冰岛的最高峰外,其他山峰(高度均为 2005 年数字)是:巴扎尔邦加峰(2000 米)、克韦尔克火山(1920 米)、斯奈山(1833 米)、霍夫斯冰川山峰(1765 米)、海尔泽布雷兹山峰(1682 米)、埃里克斯冰川山峰(1675 米)、埃亚菲亚德拉冰盖火山(1666 米)、通纳河冰川山峰(1540 米)、凯尔灵山峰(1538 米)、索尔瓦尔斯山(1510 米)、海克拉火山(1491 米)、米达尔斯冰川山峰(1480 米)、凯德灵加山(1477 米)、丁德山冰川山峰(1462 米)、特勒德拉火山(1460 米)、斯奈山冰川山峰(1446 米)、盖特兰斯冰川山峰(1400 米)。

冰岛是欧洲第四纪冰川的一个冰盖中心,同整个北欧地区一样,冰川侵蚀和堆积地形是其典型特征。在第四纪冰期时,全境为冰川覆盖,冰厚达 700～1000 米,至今冰蚀和冰碛地貌遍布各地。对于研究各种地貌变化来说,冰岛堪称是一座巨大的天然实验室。

冰岛周围有不少小岛,其中相对较大的岛屿有(2005 年数字):赫马岛(13.4 平方公里)、赫里塞岛(8.0 平方公里,在埃亚峡湾)、赫尔塞岛(5.5 平方公里,在法赫萨湾)、格里姆塞岛(5.3 平方公里)、弗拉泰岛(2.8 平方公里)、毛尔梅岛(2.4 平方公里)、帕佩岛(2.0 平方公里)、维泽岛(1.7 平方公里)、苏特塞岛(Surtsey,1.6 平方公里)。

冰岛地热资源十分丰富。按照地热资源的分布,冰岛全国共有 250 个低温地热区和 20 多个高温地热区。地下 1000 米左右的水温低于 150℃,就属于低温地热区,全国多数地区属于这一类型。反之,如果在这一深度的水温高于 150℃,就属于高温地热区,高温地热区大多分布在贯穿全国的火山带上。雷克雅未克地区属于这一类型。

冰岛有大量温泉和间歇喷泉,其温泉之多居世界首位,被誉为"温泉岛国"。全国到处都有温泉分布，较大的温泉有 800 余处，较小的温泉数目更多。温泉平均水温高达 75℃。许多地名都包含着诸如"赫韦尔"（hver，热泉）、"雷基尔"（reykur，蒸汽喷泉）、"勒依格"（laug，浴场）、"沃尔格拉"（volgra，微温泉）等字样，表明当地存在地热。温泉中含有大量矿物质，每升温泉水所含矿物质可以达到 150～1000 毫克，其中主要是硅酸、氯化钠、硫酸钠、碳酸钠、钙、镁、氟和硼等。

温泉的种类很多，如涌泉、喷泉、间歇泉等；根据其成分不同，则有硫磺泉和碳酸泉之分。高温硫磺泉区即高温地热区，最大的位于托尔法冰原地区和格里姆斯弗顿地区。由于硫磺泉中存在多种矿物质，造成这些温泉周围地方的色彩极为丰富。温泉和蒸汽喷泉有时不容易区别，因为有些温泉同时也喷出大量蒸汽。蒸汽喷泉都位于活火山带，因岩浆侵入接近地表处使地下水加热而变为呈酸性的蒸汽，称为硫气孔。如果地表水或地下水流入硫气孔，蒸汽喷泉四周的泥土就变成蓝黑色或灰色的泥浆不断沸腾翻滚，像一锅滚开的粥，被文人称为"魔鬼的厨房"。

冰岛最大的温泉是博尔卡菲厄泽的代尔达尔通加温泉，热水的流量达 250 升/秒。在博尔加峡湾地区，水温达到 100℃ 的温泉至少有 50 处。冰岛南部赫伊卡谷地的盖锡尔间歇泉（Geysir）是世界著名的间歇喷泉，称为"斯陶里－盖锡尔"，意为"大间歇泉"，是一块长 500 米、宽 100 米的地热喷泉区，分布着许多喷泉。早在 1647 年，它的名称"Geyser"（盖锡尔）便闻名海外，成为西方各种语言中间歇喷泉的通称。这里地下 10 米的水温可达 125℃，在喷发前先是一阵隆隆巨响，接着平静的水面开始上下翻滚，突然有一股强大的水柱带着雾濛濛的蒸汽冲向高空，高达 20～60 米。一阵喷发之后，出现平息，待地下压力再蓄积到一定程度之后，才开始下一次喷发。在 1772 年，这里的喷泉每隔半个小时就喷发一次，以后间隔的时间越来越长：1805

年为 6 小时左右，1840 年为 30 小时，1860 年为四五天，1883 年时长达 3 周；1896 年大地震使它重新活跃，一度每天喷发；以后又越来越少，到 1915 年完全停息。1935 年人们开了一条渠道通到泉眼，使它恢复喷发，后来又停息。它在休眠 7 年后于 1971 年 8 月初突然苏醒，不过其喷发依然很不规律。2000 年发生的一次 7 级地震又唤醒了它。现在看到的间歇喷泉名为斯托库喷泉（Strokkur），其冰岛文意思是"翻滚"，泉眼直径为 1 米，每隔 6～7 分钟喷出 20 多米高的水柱，喷出的白色蒸汽在很远的地方都能看到。

　　与火山活动并生的自然现象是地震，冰川的突然运动和冰盖的变化也能引起地震，冰岛因此是世界上发生地震最多的国家之一。雷克雅未克气象站每年记录的地震达 300 次以上，其中 90% 的震源都在距记录点 20～40 公里的地区内。这里的地震约占整个冰岛地震总数的 35%。1784 年 8 月中旬发生 8 级左右的大地震，造成约 500 户农舍完全毁坏或严重破坏，同时发生多处滑坡。1789 年夏天冰岛南部发生强烈地震，造成公路出现裂缝，地面大面积下沉，有些地方地面隆起，致使湖泊干涸、河流改道。1896 年秋天西南地区的一次强烈地震摧毁了 160 户住房。1976 年 1 月 13 日一次强烈地震使考帕礁镇的全部房屋都受到不同程度损坏，所有自来水管线和电线都遭到破坏，当地居民被迫迁走。强烈地震的震中主要集中在冰岛西南部一条宽 25 公里的地带和北部宽 100 公里的近海区。由于冰岛居民居住比较分散，房屋比较低矮并且有一定的抗震性，因此造成人员的伤亡不多。

　　在冰岛，植被总面积为 2.3805 万平方公里，湖泊总面积为 2757 平方公里，冰川冰原总面积为 1.1922 万平方公里，荒原总面积为 6.4538 万平方公里。在全国土地面积中，耕地占 0.1%，林地占 1.2%（以灌木为主），草地占 22.7%，其余均为荒原和冰原。

四　冰川与河流

冰岛之"冰"主要来自其巨大的冰原和冰川。冰岛的冰川面积广大，这是由于冰岛靠近北极圈的地理位置、湿润的气候以及有积雪的广阔山地的结果。其现代冰川总面积为 1.1922 万平方公里，占全岛面积的 11.5%，主要位于中部和南部。冰岛拥有各种类型的冰川，但主要是台状冰川或高原冰川。瓦特纳冰原面积现为 8300 平方公里（2005 年最新数字，下同，原为 8450 平方公里），是北极区和格陵兰以外欧洲最大的冰原，其最大厚度达 1000 米，总面积和总体积都比欧洲大陆所有冰川加在一起还要大。其他的大冰原有：朗格冰原，953 平方公里（原为 1020 平方公里）；霍夫斯冰原，925 平方公里（原为 995 平方公里）；米达尔斯冰原，596 平方公里（原为 700 平方公里）；德朗加冰川，160 平方公里；埃亚山冰川，78 平方公里；通纳山冰川，48 平方公里；斯奈山冰川，11 平方公里。

在冰岛南部的圆顶火山块上，多为"冰帽式"的冰川堆积。雪线高度在山地北侧是 1000 米左右，在比较湿润的南侧是 700 米左右。由于冰川和火山大范围并存，冰岛因此被称为"冰与火之国"。不过，除了瓦特纳冰原最高部分之外，冰岛的所有冰川地区从气候角度来说都是比较温和的。冰岛的河流大多发源于瓦特纳冰原，其冰岛文之意就是"多水的冰川"。

受全球气温升高和当地地质因素的影响，冰岛所有的冰川目前都在消退，消退的速度自 20 世纪 90 年代以来明显加快。瓦特纳冰原自 1995 年以来每年退缩 37 厘米，厚度也越来越薄，每年冰原的体积减少约 1%。在 1995～2004 年的 10 年中，该冰原的厚度已经薄了 2.7 米。但有些科学家认为，没有必要担心冰川会消失，因为冰川大小经常会有变化。在历史上，从 1890 年开始，冰岛的冰川就开始变薄和缩小，有的小型冰川甚至消失。但是从

1960 年起，冰川又一度出现重新发育的趋势。

　　自 1995 年以来，消退最明显的是冰岛最小也是最美丽的冰川——雪山冰川（Snaefellsjokull，又译为"斯奈山冰川"），它的周长每年都在缩短，厚度变薄。该冰川位于冰岛最西部的斯奈山半岛，离雷克雅未克直线距离仅 115 公里，和日本的富士山十分相似。由于近几年来降雪量很少而大气温度增高，雪山冰川和其他冰川一样都入不敷出，日益缩小。而雪山冰川实际上是一个冰帽，冰雪厚度不大。有的科学家认为，这种气候如果持续下去，要不了几年，这座冰川就会消失。

　　此外，火山喷发和地热也是造成冰川消融的原因。每当有冰雪覆盖的活火山喷发时，冰雪迅速融化，发生洪水，造成灾害。这种"火山洪水"平均 5～10 年出现一次。火山一般都是喷火山灰和火山砾，流出炽热的岩浆。然而格里姆斯湖火山的一次爆发喷出的却是大量冰块，喷射持续了两星期，喷出的冰块达 1.3 立方公里。这是因为在火山喷发前，火山顶上覆盖着非常厚的冰层；火山喷发时，巨大的力量掀开了火山口覆盖的冰层，于是大量的冰块被顶击而冲出地表，便造成了喷冰块的奇异现象。那些喷水或喷泥浆的火山，其原因也与此相类似。

　　冰岛的河流和湖泊众多，水体面积占其国土总面积的 6%，淡水资源十分丰富，是全世界人均淡水拥有量最多的国家，比水源丰富的拉丁美洲和北美洲的人均淡水拥有量还多许多倍。美国的年人均拥有淡水量为 9900 立方米；加拿大为 12 万立方米；而冰岛的年人均淡水拥有量高达 68.5 万立方米。

　　冰岛全境年平均降水量高达 1900 毫米，而年平均蒸发量只有 150 毫米，加上平均地势比较高、地形十分复杂，瀑布和湍急的河流特别多，因此水力资源十分丰富。冰岛较大的河流均发源于冰川，因此河水经常混浊不清，呈乳白色。有一条河名为惠陶河（Hvítá，意为"白水"）就反映了河水的颜色。但更多的时候，冰岛河流的河水呈混浊的黄色或褐色，这是由于强烈的冰川侵蚀和河水侵蚀的结果，使河水夹带大量的悬浮泥沙。

　　冰川河的流量随季节而变化，春季和夏季流量很大，冬天则很小。冰岛最大的河流为肖尔索河，发源于霍夫斯冰原，河长230公里，流经冰岛的南部，流域面积为7500平方公里，全年平均流量为400立方米/秒，其中冬季平均流量为80立方米/秒，春季冰融期为1000～1200立方米/秒，夏季为500～600立方米/秒。全年平均流量为400立方米/秒的另一条大河是厄沃索河。它是由惠陶河和从廷格瓦德拉冰川湖溢流的索格冰川融流汇合而成，长度为185公里，流域面积为6100平方公里。库扎河—斯卡夫陶河的全年平均流量为240立方米/秒。菲厄德勒姆冰河长206公里，全年平均流量是230立方米/秒，其流域面积为7850平方公里，在冬天的最大流量为100立方米/秒，在7～8月间为500～700立方米/秒，泥沙含量为2公斤/立方米。依此计算，在水量大时，该河流每天把约12万吨泥沙带入大海。向东流入大海的达尔冰河年平均流量为220立方米/秒，它在冬季的平均流量为40立方米/秒，在夏天则为600～700立方米/秒。惠陶河年平均流量（在博尔加峡湾入海口）将近200立方米/秒。

　　其他流量较小的河流有：拉阿尔河，全年平均流量150立方米/秒；布雷扎梅尔克桑迪冰河，全年平均流量140立方米/秒；侯尔索河，全年平均流量130立方米/秒；赫拉斯维吞河（在斯卡加峡湾入海），全年平均流量120立方米/秒；马尔卡河，全年平均流量110立方米/秒；斯卡扎劳河，全年平均流量105立方米/秒；斯考尔万达河，长度为178公里，流域面积为3950平方公里，全年平均流量近100立方米/秒。由于许多河流盛产斑鳟鱼，因此冰岛至少有15条河流的名称都叫拉赫索河（Laxá，意为"斑鳟河"）。

　　冰川河多发源于岩石峡谷之中，水流湍急，不适合通航。近些年，冰岛开始流行乘筏漂流，作为一种体育和旅游项目。绝大多数河流都有瀑布，有的瀑布落差高达百米以上。博腾河上的格里穆尔瀑布（Glymur i Botnsa）高达 190 米，是冰岛落差最大的瀑布；福索河上的豪伊瀑布（Háifoss）落差 122 米，为冰岛第二高瀑布；亨吉河上的亨吉瀑布（Hengifoss）落差为 110 米；塞利亚兰河上的塞利亚兰瀑布（Seljalandsfoss）落差为 65 米；斯考阿河上的斯考阿瀑布（Skógafoss）落差是 62 米；菲厄德勒姆冰河上的黛蒂瀑布（Dettifoss）被誉为欧洲最壮观的瀑布，落差为 44 米，其轰鸣声在很远的地方就能听到。

惠陶河上最著名的瀑布是格德瀑布（Gullfoss，意为"黄金瀑布"），落差为 32 米，它位于盖锡尔大间歇泉北面 10 公里处，是冰岛人最喜爱的瀑布。河水经过落差为 11 米的上瀑布和落差为 21 米的下瀑布直泻狭窄的峡谷，景色十分壮丽。河水平均流量为 109 立方米/秒，在春夏时节为 130 立方米/秒，在历史上发大水时最高曾达到 2000 立方米/秒。瀑布下游的峡谷长 3～4 公里，最深处达 70 米。瀑布边上立有一块纪念碑，刻有一个人头像浮雕，纪念一位名叫西格里德·托马斯多蒂尔的妇女，她的农庄离这里不远。20 世纪 30 年代一家英国公司想买下这处瀑布建造水电站，她和她的父亲坚决反对，便向法院起诉，得到后来成为冰岛共和国首任总统的斯文·比约恩松的帮助，最后胜诉，从而使这处壮观的景观得以保留至今，1979 年成为国家自然保护区。通纳河上的赫伦内瀑布落差为 29 米。福索河上的夏尔帕瀑布和斯瓦陶河上的雷基亚瀑布落差均为 13 米。其他著名的瀑布还有森林瀑布、牧羊瀑布等。

冰岛湖泊众多，但是分布不均，大多数湖泊面积很小，在有的地方成群出现。冰岛的湖泊有些是由于沉淀而形成，有些是冰川侵蚀加深了山谷而形成，有些是因熔岩流堵塞而成，有些是由于冰川堵塞而成。主要湖泊有廷格瓦德拉湖（Tingvallavatn，面积为 83 平方公里)、索里斯湖(原为 70 平方公里,现因人为原因扩大至 88 平方公里)、勒格林湖(52 平方公里)、米湖(38 平方公里)、惠陶尔湖(28 平方公里)、朗吉湖(26 平方公里)、格赖纳湖(面积最大时为 18 平方公里)、斯科拉达尔斯湖(14.7 平方公里)、阿帕湖(14 平方公里)、斯维纳湖(12 平方公里)、厄斯克湖(11.7 平方公里)等。

冰岛最深的湖泊是阿斯基亚火山 1875 年爆发所形成的厄斯克湖,最深处为 220 米。其他湖泊最深处依次为:华尔湖 160 米,耶克尔索湖 150 米,廷格瓦德拉湖 114 米,索里斯湖 113 米,勒格林湖 112 米,克莱法湖 97 米,惠陶尔湖 84 米,朗吉湖 75 米。其中,勒格林湖是最著名的冰川谷湖,长 45 公里,最宽处为 2 公里。斯科拉达尔斯湖和斯维纳湖也是冰川谷湖。此外还有冰川湖,比较著名的是惠陶尔湖、阿帕湖、雷扎尔湖等。米湖则是一个潟湖。

五 气候

冰岛之"冰"还来自于它的寒冷气候,特别是冬季经常出现暴风雪天气,被称为"极地冰雪之国"。早在公元 864 年(一说 865 年)挪威海盗弗洛基·维尔杰尔扎尔松登上冰岛,看到一望无际的冰雪,就称它为"冰的陆地"。但实际上,冰岛的气温并不像它的名称所显示的那么寒冷,冰岛的气候属寒温带海洋性气候,虽然靠近北极圈,但与地球上同纬度的其他地区相比,冰岛的气候相对温和,只是往往变化无常。夏季时间短,只有两个月左右,气候凉爽宜人;冬季持续的时间虽然长达近 7 个月,但气候并不特别严寒,有时甚至比较温暖、潮湿,时而解冻。"冰岛"这个名称因此并不完全符实,难怪冰岛人常说:冰岛本来应该叫作"绿岛",而格陵兰岛(Greenland,即绿洲)反倒应该叫作"冰岛"。

冰岛 1 月的平均气温在 -3℃ ~3℃ 之间，7 月的平均气温在 8℃ ~15℃ 之间，比其他同纬度地区要温和得多。全年的温差相当小，夏季和冬季平均温差仅为 10℃ ~12℃。有历史记载的冬季最低气温为 -36.2℃，夏季最高气温为 30.5℃。位于西海岸的雷克雅未克年平均温度为 4℃ ~5℃，1 月平均气温为 -0.5℃，7 月为 11℃。位于北部的阿库雷里年平均气温是 3℃ ~4℃，其 1 月平均气温为 -2℃，7 月平均温度 11℃。位于南部的维克小镇年平均气温是 6℃，1 月平均气温 1℃ 左右，7 月为 11℃ 以上。2004 年 8 月，瓦特纳冰原国家公园的气温一度达到 29.1℃，打破该地有史以来的最高温度记录。

1998 年 2 月底至 3 月中旬，冰岛平均气温创有史以来第二个最寒冷的冬天的纪录：在冰岛北部的阿库雷里绝对最低气温达 -20℃ ~ -25℃，而米湖则达到 -27℃，仅次于 1918 年的大寒冬。在 20 世纪，冰岛气候总的来说比以前要暖和一些，在 1920 ~ 1965 年期间，北部的峡湾从来没有被冰封冻；1919 ~ 1948 年，斯蒂基斯侯尔默的年平均气温比 1859 ~ 1888 年要高 1.4℃。

冰岛虽然地处高纬度地区，但是来自墨西哥湾的北大西洋暖流流经其西、南、东三面，尤其是伊敏格暖流从北大西洋暖流中分出，在冰岛以南折向格陵兰岛流去，使冰岛这三面沿海地区的气候比较温和湿润。只有东格陵兰寒流流经冰岛的北部和西北部，使冰岛西北部的气候寒冷而干燥；尤其是其西北角，有时冬季可被东格陵兰寒流漂来的冰块所封闭，断绝与外界的交通。冰岛海域的水温，在岛的南部冬季为 6℃，夏季为 10℃ ~11℃。

影响整个欧洲天气和气候的三个气压活动中心之一是冰岛低压，它因位于冰岛附近而得名，属于副极地低压带的一部分。这是终年存在的低压，但冬季气压最低，气压坡降最大，范围也最广，从整个北大西洋北部延伸到欧洲西北部；在夏季，它的力量和范围则减弱。

表 1 – 4　冰岛各地平均气温

单位：℃

地　点	1931 ~ 1960 年			1961 ~ 1990 年		
	全　年	1 月	7 月	全　年	1 月	7 月
雷克雅未克	5.0	- 0.4	11.2	4.3	- 0.5	10.6
斯蒂基斯侯尔默	4.2	- 0.8	10.4	3.5	- 1.3	9.9
阿库雷里	3.9	- 1.5	10.9	3.2	- 2	10.5
泰加尔霍德恩	4.4	0.1	9.8	—	—	—
维克小镇	5.7	1.2	11.3	—	—	—
韦斯特曼纳群岛	5.4	1.4	10.3	4.8	1.3	9.6

资料来源：冰岛国家统计局。

发源于冰岛低压南部的温带海洋气团（又称极地海洋气团）是影响欧洲天气最重要的气团。它潮湿温和，经过北大西洋暖流海面时，空气对流旺盛，时常产生冬季雷暴。来自北冰洋的冷气团和来自南方的大西洋暖气团在冰岛以西地区相遇，形成低气压区（气旋）。不断生成的低气压气旋在地球自转的作用下越过冰岛上空快速向东移动，造成北欧地区独特的多阴雨气候现象。

冰岛低压的存在，使冰岛北部常年多刮比较冷的强劲北风或东北风。冰岛南部则常年盛行南风和西南风，雨雪天每年多达200 ~ 220 天，降水量十分充沛，年平均降水量在 800 毫米左右，属凉温带海洋性气候。东海岸的丢皮沃格年降水量达 1180 毫米。南部年降水量约 2200 多毫米。北部海岸受北风影响，气候干冷，年降水量一般在 400 毫米以下。总的来看，冰岛的降水量自南向北呈递减趋势。内陆气候比较极端，冬季比较寒冷。

冰岛虽然经常降雨，但是很少有大雨。雷克雅未克每年平均有降水日 213 天，韦斯特曼纳群岛为 224 天，阿库雷里为 130天。西北部每年降雪至少 100 天，东南部在 40 天左右。由于冰岛经常有大雪甚至暴风雪，因此经常发生雪崩并造成人员伤亡。1974 年东部一座城镇有 12 人因雪崩而丧失生命。1995 年 1 月 16 日的一次雪崩造成西北半岛一个渔村 14 人遇难；同年 10 月 16 日的一次雪崩又造成 20 人遇难，并摧毁了一批房屋。由于冰岛自然灾害比较频繁，所以国家和保险公司设立了多项有关保险的险种。

表 1－5　冰岛各地平均降水量

单位：毫米

地　点	1931～1960 年			1961～1990 年		
	全　年	1 月	7 月	全　年	1 月	7 月
雷克雅未克	805	90	48	799	76	52
斯蒂基斯侯尔默	756	83	36	705	68	42
阿库雷里	474	45	35	490	55	33
泰加尔霍德恩	1235	133	79			
维克小镇	2258	182	169			
韦斯特曼纳群岛	1391	138	84	1589	158	96

资料来源：冰岛国家统计局。

　　由于冰岛夏季的白天时间极长、冬季的白天时间极短，加之其雨雪天数相当多，因此日照时间比较少，并且在夏季和冬季相差极大。雷克雅未克的日照时数为全年白天总时数的 32%，而在西班牙的马德里则为 66%。由于特殊的地理位置，冰岛是欧洲极少数没有实行夏时制的国家之一。

　　在秋、冬、春季节，冰岛的天空常有十分美丽的北极光出现。特别是在秋天和冬初，在晴朗的夜空，人们会看到黄色、绿色、红色和紫色的闪烁光带飘舞变幻，令人神往。极光是地球大气层在太阳辐射作用下发光的自然现象，由于冰岛靠近北极圈，所以是观看北极光的良好地点。

表1－6　1961～1970年月平均日照时间

单位：小时

	雷克雅未克	阿库雷里		雷克雅未克	阿库雷里
1 月	33	7	7 月	206	163
2 月	61	39	8 月	166	123
3 月	121	70	9 月	116	87
4 月	151	132	10 月	79	47
5 月	209	170	11 月	44	14
6 月	147	173	12 月	14	0

资料来源：冰岛国家统计局。

第二节　自然资源

一　矿产资源

由于在火成岩中一般缺乏可开采的矿物，所以冰岛的矿产资源比较贫乏。冰岛虽然有硫磺矿、冰洲石、褐铁矿、方铅矿、菱铁矿、闪锌矿、硅藻土等，但是这些矿产储量都不大，矿层比较薄，没有多大的开采价值，而且许多矿藏已经开采殆尽。

硫磺矿分布于冰岛北部的塞斯塔雷恰高原、克拉布拉山、瑙马山以及凯蒂尔盾状火山。从13世纪开始，人们就开始在这些地区开采硫磺矿，断断续续开采了几百年，以高价销售国外，并曾被丹麦政府所垄断，在16世纪上半叶一度每年出口硫磺达400吨；此后产量不断减少，于1939年最终完全停止开采。

在西北部厄嫩达尔峡湾地区的第三纪玄武岩中发现了大片褐铁矿，但矿层过于单薄，无法进行工业开发。

冰岛从19世纪中叶起开采冰洲石（无色透明的方解石），

23

光学仪器中的偏光棱镜就是用冰洲石晶体制造的。在很长时间内，东部雷扎尔峡湾的海尔格斯塔齐是世界上唯一发现有冰洲石的地方，但是在第一次世界大战之前就已经开采殆尽。

褐煤和泥炭主要分布在冰岛的东部地区，当地居民为解决燃料问题曾进行过少量开采，但由于煤层太薄，没有形成有工业价值的煤矿。现在冰岛早已没有煤炭的生产。

冰岛北部米湖底的硅藻土储量是欧洲最多的，从 1968 年开始在米湖畔大规模开采硅藻土。在朗格冰原西南侧的普雷斯峰以及在洛兹明达峡湾发现了有开采价值的珠光岩矿，这是一种水合流纹岩的火山玻璃，是建筑材料。冰岛有大量天然流纹浮石和玄武岩火山渣，由于它们有良好的保温隔热性能，在建筑等行业中可以做保温隔热材料。在东南部劳纳峡湾的斯温侯拉瑙马的矿脉中蕴藏有黄铜矿、方铅矿、菱铁矿和闪锌矿。在雷克雅未克附近甚至发现了含黄金的石英，但是储量不大。

现代建筑离不开水泥，但是冰岛没有烧制水泥的基本原料石灰石。冰岛人看到海边及近海海底有大量的贝壳，其成分和石灰石基本相同，因此便利用贝壳来代替石灰石，用于烧制水泥。

二　植物和动物

冰岛的土壤属于分布于北冰洋沿岸的冰沼土地带，土壤湿度大并且长期冰冻。植被以地衣、苔藓为主，其内陆高原植被属于山地苔原带；沿海地区的植被则属于典型苔原带。低温对植物残体的分解不易，所以土壤中腐殖质含量很低，呈酸性反应，它的天然肥力很低。

冰岛的土壤有矿物质土壤和有机质土壤两大类。矿物质土壤基本是黄褐色的黄土，是通过物质风化沉淀而形成，虽然适合于农业生产，但是由于冰岛气温低、植物生长迟缓，所以需要施以重肥。冰岛土壤的水土流失和荒漠化情况比较严重，其中以人为因素占相当分量。据估计，自从 9 世纪下半叶人类在冰岛定居以来，因垦殖和砍伐林木等活动，已经使一半以上的植被遭到破坏。

冰岛的植被地貌与欧洲大陆明显不同，也与美洲有很大差异，是世界上植被地貌十分奇特的国家。冰岛古时气候曾经与现在的南欧相仿，这里生长着大量阔叶林，包括红水青冈、山毛榉、槭树、桦树、蔓藤、鹅掌楸、橡树、赤杨、榆树、美国梧桐、柳树、栗树、月桂、核桃树、西洋榛、木兰等几十种树木，还有松树、云杉、冷杉、落叶羽松等针叶树。在上新世，冰岛植物群中喜温的阔叶树全部灭种，被针叶树取代。到了上第四纪，针叶树也完全灭绝，幸存的树种越来越少。森林在腐烂沉积后变成泥炭和褐煤。在冰岛不同的地层中都有被熔岩覆盖的沉积物和褐煤。

冰岛北部属于寒带苔原气候，南部属于温带阔叶林气候。由于气候对植被的影响，冰岛本来位于针叶林带，但岛上风势太大，加上火山熔岩风化物缺少腐殖质，对树木的生长十分不利。今日冰岛自然植被的特点是：除了在东部地区仍有唯一一片真正的树林之外，其他地方都没有树林，高大植物种类很少，大片土地是寒漠或半寒漠。在公元 9 世纪以前无人类居住的漫长时期，岛上没有食草类哺乳动物。当人类和人工饲养动物来到岛上之后，通过放牧和砍伐林木，桦树林和灌木丛逐渐被摧毁，而这些林木本来是易受侵蚀的矿质土的主要掩护者。冰岛的建筑用木材早期来自挪威，后来主要来自北美地区。

冰岛土壤侵蚀演变的驱动力主要是植被破坏、过度放牧、严酷的气候条件和火山爆发。控制放牧密度和开展环境修复是冰岛最主要的水土保持措施。自 20 世纪下半叶起，冰岛在努力防止土壤侵蚀和耕种荒地方面已经取得一定成果。20 世纪 60～70 年代以来开展了植树造林运动，主要种植北美云杉、挪威云杉、西伯利亚落叶松、毛果杨等，但成效仍很有限。为鼓励种树，冰岛设立了植树节，主要是由学生植树，称为"学生植树日"。现在每年植树多达 400 万株左右，平均每人植树约 16 株，居世界首位。

冰岛的无霜期很短，因此植物的生长期也很短。在最好的年份，植物的生长期最早从 5 月开始，通常则是从 6 月开始，到 9 月，随着天气变冷和风暴季节的到来，植物生长期就结束了。由于冰岛夏季气温比较低，所以植物的生长并不茂盛。在南部沿海低地地区，有柳树、桦树、松树、云杉等阔叶树和针叶树；但是在中部高原和北部地区，只能生长一些灌木和苔原植物。

冰岛的显花植物和维管束隐花植物共有 550～600 种。而在大不列颠岛，这类植物有 2300 种。主要原因是自第三纪开始，冰岛的气候变冷，植物的种类不断变少，而它远离其他大陆孤立的地理位置又限制了植物物种的传入。冰岛约有 1/3 的植物属于生命力顽强的北极—高山带植物，2/3 的植物是北方地区广阔分布的植物。在欣欣向荣的夏季，多种植物争妍斗奇，在山区牧场和沿海低地可以看到欧洲其他地区所没有的植物群落，有洁白的蓍草、大红的红景天、浅黄的高山羽衣、深紫色的浜豌豆，还有粉白色的白玉草、金黄色的矮柳丛、满地的驴蹄草、红色的对叶虎耳草（低矮的沙漠植物，5 月开花），偶尔还可以看到粉红色的海石竹、很小的冰川毛茛、著名的冰岛罂粟，还有蔓生、多枝、四季常青的黑果岩高兰（秋季结黑色浆果）、熊葡萄（低矮丛生灌木，秋季结红色粉质浆果）、仙女木（草地低矮常绿灌木，开大朵白花）、无茎麦瓶草等。海滨沙滩上生长着有许多汁液的肉质植物，如平俯滨藜、海滨鸡肠草、无齿卡莕菜、海滨瓣庆等。在高原与山区，主要生长着机体简单的苔藓和地衣类植物，苔藓类植物有 480 多种，地衣植物有 450 多种。砂藓和毛砂藓到处可见，许多地方长着成片的鹿角菜。一种叫"冰岛苔"

的地衣曾是治疗肺病的特效药。

冰岛不少地方有广阔的天然牧场,大批羊群和马群从每年 6 月到 9 月中旬可以毫无拘束地在人烟稀少的地区游牧。放牧牛群的草地则仅限于有人居住的地区。

冰岛的动物种类很少。在人类来到岛上定居之前,北极狐是唯一的陆地哺乳动物。人类带来了牲畜,也在不经意中带来了老鼠。18 世纪后半期从挪威北部引进了驯鹿,现在已经有野生驯鹿种群分布在东部和北部高地地区。在 1930 年以后,为了生产毛皮,引进了水貂养殖,后来水貂也成了岛上的野生动物,但是已对鸟类生存造成一定威胁。其他哺乳动物还有雪兔、林鼷鼠等。冰岛没有爬行动物和两栖动物。

冰岛的鸟类相当多,已知有 200 多种鸟,其中有 72 种鸟过着巢居生活。冰岛是许多水禽繁殖场所,因为这里气候温和、食物很多,并且十分安全。在内陆的湖泊和水库中的鸟类主要是野鸭、天鹅、鹬等。在北部米湖边聚居的野鸭是世界上种类最多、数量最大的野鸭群。在沿海一带陆地及海岛的悬崖峭壁上栖息着大量鸟类,包括鸬鹚、鲣鸟、刀嘴海雀、长嘴海鸟、短嘴海鸟、绵凫、大海鸥、大贼鸥、北极燕鸥等。常见的猛禽有鹰、隼等。白隼是一种北极鸟,属鹰科,是隼类中体形最大的一种,飞行速度快,擅长袭击其他鸟类。白隼有三种色型,完全白色的十分少见,因而十分珍贵。冰岛在 1903 年将一只银白色的隼镶嵌在国徽图案上。

北极海鹦(英文 Atlantic Puffin,拉丁文 Fratercula arctica)是冰岛的国鸟,除冰岛之外在不列颠群岛等地也有少量分布,中文称为"凤头海鹦",属海雀科。其成鸟体长 30 厘米,黑背白腹,有一支呈三角形的彩色大鸟嘴,一对眼睛看起来很无辜,十分惹人喜爱。它们不像鸭子那样用脚划水,而是用翅膀划水,并且擅长在海中潜水,属于潜水鸟,最深可以潜入约 60 米深处的海水中捕鱼。北极海鹦是候鸟，每年4月中旬，数以万计的北极海鹦飞到雷克雅未克附近海域及韦斯特曼纳群岛等海域的小岛上栖息、繁衍，哺育幼鸟，直到8月中旬左右离开。它们在小岛顶端的岩石峭壁中筑巢，不和其他鸟类为伍，是岩鸟的一种。过去有人为了生计爬到数百米高的岩壁上去采集鸟蛋和捕鸟，现在则只是一种体育活动。

在冰岛四周的海洋中，有海豹、海象、鲸类等海洋哺乳动物。在冰岛海域发现过17种鲸，包括长须鲸、小须鲸、蓝鲸、抹香鲸、座头鲸以及海豚等。海豹也有若干不同的品种。

三 海洋资源

冰岛四周有着相当宽广的大陆架，海水较浅，其周围海域又是北冰洋寒冷的洋流和墨西哥湾暖流的交汇处，水温及海水的盐度适中，海水中浮游生物的密度比地中海中部高出百倍，适合于多种鱼类繁衍生长，有着丰富的渔业资源。在冰岛200海里专属经济区范围内，鱼的种类大约有270种，有150多种在这里产卵，其中30多种有经济价值。1995~2000年渔获量在千吨以上的鱼种有27种。冰岛担心其近海渔业资源枯竭，为保护海洋渔业可持续发展，因此采取捕捞配额制等各种措施，限制本国及外国渔船在其海域捕鱼。

冰岛周围著名的渔场有大西洋北部鳕鱼渔场和大西洋东北部毛鳞鱼渔场。大西洋北部鳕鱼渔场位于大西洋的比斯开湾至北纬70~80度，北美大西洋沿岸至俄罗斯新地群岛之间，主要鱼种是大西洋鳕，捕捞季节为1~8月。鳕鱼（中国俗称的明太鱼即鳕鱼之一种）资源最丰富的海区包括：冬季期间在冰岛西南沿岸，常年则在西北部的西海湾。1989年该渔场总渔获量为175万吨，其中冰岛占20%，仅次于占24%的加拿大。

大西洋东北部毛鳞鱼渔场位于挪威海、巴伦支海冰岛与格陵兰之间的法罗群岛—设得兰群岛一带海域，开发历史比较长。毛鳞鱼的索饵场在冰岛北部海域，产卵场在南部和西部沿岸。1977年该渔场渔获量约为 400 万吨，此后明显下降，1989 年仅为 78万吨。在该渔场进行捕捞活动的主要是冰岛人和挪威人，1989年分别占该海域渔获量的 85% 和 13%。

由于 20 世纪下半叶的过度捕捞，鳕鱼和毛鳞鱼等海洋渔业资源明显衰退，渔获量下降。在 1945 年左右捕获的鳕鱼中，年龄在 10 岁以上的鳕鱼占 60% 以上，到了 60～70 年代，捕获的鳕鱼都不超过 10 岁。1966～1969 年捕获的鳕鱼大都只产过一次卵，使鱼群的繁殖能力大大降低。在 1960～1969 年期间，在冰岛周围渔场底栖鱼类的总捕获量中，51% 是冰岛人自己捕捞的，26% 是英国人捕捞的，德国渔船捕捞的占 17%。对于冰岛来说，保护渔业资源是生死攸关的大问题。90 年代中期以后，鳕类的渔获量保持相对稳定；而毛鳞鱼的渔获量仍然起伏很大，1995年为 71.5 万吨，1996 年和 1997 年分别增至 117.9 万吨和 131.9万吨，但 1998 年已猛跌至 75 万吨。

大部分平鲉资源分布在冰岛的南部、西部和东南部海域。一些大洋性平鲉资源分布在雷基亚内斯海脊、冰岛西南部 200 海里内外。马舌鲽（又称大西洋庸鲽）的分布海区比较广，包括西海湾的深滩以及北部、西部和东部的一些海区。大西洋鲱的分布主要局限于东海湾和东南沿岸。其他一些海区也分布着各种渔业资源，如近岸虾类、冰岛栉孔扇贝、海螯虾属和深水虾类。

冰岛陆地上还有一定数量的淡水渔业资源，包括鲑鱼（即三文鱼）、鳟鱼、虹鳟等；尤其是鲑鱼，在湖泊、小溪和河流中大量存在。同海洋渔业相比，淡水渔业的重要性要小得多。但是在河流及湖泊等淡水水域，每年出售捕捞权给所有者可带来总额约 70 万～100 万美元的收入，此外还可以给游客提供垂钓等旅游服务。

冰岛既有未受污染的淡水水面，又有丰富的地热资源，地热水的温度和盐度均适合鱼类的生长，水产养殖业因此比较发达。主要养殖的鱼种是鲑鱼、鳟鱼和虹鳟。冰岛养殖鲑鱼的历史比较长，但在 20 世纪 60 年代才建成第一批培育鲑鱼鱼苗的鱼种场。鲑鱼养殖主要有两种方法，即网箱养殖和地热水池养殖。养殖鲑鱼有两种用途，一是养殖幼鲑，然后在内河或者海洋进行人工放流；二是养殖成鱼，上市出售。

第三节　居民与宗教

一　人口

受地理条件和自然条件所限以及历史原因，冰岛境内人口稀少，人口密度平均每平方公里仅为 3 人（2005年），是欧洲平均人口密度最低的国家，也是世界上平均人口密度最低的国家之一。在历史上，冰岛的人口增长曾经长期停滞，甚至几度因瘟疫和自然灾害而明显下降，从 19 世纪起人口才有较快增长。

第二次世界大战结束以来，冰岛人口自然增长率提高很快，人口几乎增长了两倍。1950 年时人口总数为 14.3973 万人，1992 年已经达到 26.2202 万人，年均增长率为 1.44%，在欧洲国家中居第二位。1999 年人口总数达到 27.87 万人。1996 年城市人口占总人口的 91.9%；农村人口占总人口的 8.1%。1997年男女性别比为：男性占总人口的 50.11%；女性占总人口的49.89%。1997 年各人口年龄段分布比例如下：15 岁以下人口占总人口的 24%；15～29 岁占 22.9%；30～44 岁占 22.8%；45～59 岁占 15.2%；60～74 岁占 10.2%；75 岁以上占 4.2%。2005 年人口为 29.6 万人。其中 14 岁以下的人口占总人口的

22.1%（男性 3.3302 万人，女性 3.2257 万人）；15～64 岁的人口占 66.2%（男性 9.9513 万人，女性 9.6886 万人）；65 岁及以上的人口占 11.7%（男性 1.5723 万人，女性 1.9056 万人）。由于人口年龄结构比较低，在欧洲被誉称"最年轻的国家"。

预计到 2010 年，人口总数会到达近 31 万人。1995 年人口出生率为 16‰，死亡率为 7.2‰，自然增长率为 8.8‰；男性平均寿命为 76.5 岁，女性平均寿命为 80.6 岁。

在历史上，从公元 874～930 年，大约有两万多名挪威人相继移至冰岛定居，挪威当时的人口约 25 万。冰岛的人口从人数很少迅速增加至约 4000 多户人家，除来自挪威的移民之外，也有少部分来自爱尔兰。由于当时的经济处于繁荣时期，到 1100 年前后，冰岛人口达到 7 万人左右，这个数字大约保持了两个世纪。此后由于不断遇到各种瘟疫和灾祸，以及由于外族统治并垄断对外贸易造成食品短缺，造成了人口数量减少甚至急剧下降。

在 1300 年前后，在斯卡加峡湾及其周围地区有 600 人因饥饿而死亡。1347 年，天花大流行，仅冰岛南部死于此病者近千人。1347 年最先发生在意大利西西里岛的黑死病（鼠疫）向北传染到冰岛并于 1402～1404 年大爆发，估计夺去了冰岛约 50%～60% 人口的生命。1494 年，鼠疫再次在冰岛全国流行，又造成大约 1/3 人口的死亡。1512 年，冰岛再次蔓延天花。在 17 世纪初的几个冬天，出现了千年一遇的严寒，死于严冬的人数以千计，有些人不得不以老鼠和野兽充饥，或者到海边打捞海藻和海菜为生，史书上称为"悲惨的年代"。

1703 年冰岛进行了第一次全国性人口调查，这也是欧洲第一次精确的人口普查。调查结果显示，是年全国人口为 5.0358 万人，当时把居民分成三类：全部靠农业为生的农民占 69%，除农业外在春季还从事一些渔业活动的农民占 15%，全年都附带从事一些渔业活动的农民占 16%。1707 年和 1709 年天花大流行，大约 1.8 万人因此而死亡，约占当时人口的 1/3。
1783～1784年拉基火山大爆发造成人口大幅度下降，到 1786 年
时冰岛只有 3.836 万人。当时有人甚至提议把冰岛居民全部迁
走，听任它成为荒岛。此后，由于丹麦统治者被迫放宽对贸易的
垄断，经济得到恢复，冰岛人口又逐步增长，到 1801 年时达到
4.724 万人。

19 世纪时，冰岛的婴儿死亡率仍然很高，1841～1850 年期
间，婴儿死亡率曾高达 31.3%，几乎有 1/3 的新生婴儿夭亡；
1861～1870 年期间略有下降，为 25.3%；1891～1900 年期间仍
为 12%。由此造成人均寿命很低，在 1850～1860 年期间，男性
平均寿命为 32 岁，女性为 33 岁，当时寿命较长的冰岛人为数
极少。进入 20 世纪后，随着居住条件、社会福利、营养和卫生
条件的改善，儿童死亡率逐渐下降，平均寿命逐渐提高。在
1951～1960 年期间，男性平均寿命已提高到 71 岁，女性提高到
75 岁，成为世界上平均寿命最高的国家之一。1973 年，人口死
亡率为 6.9‰，是欧洲最低的国家。1900 年时，城市人口只占
全国人口的大约 1/10，到 21 世纪初已经占全国人口的 9/10 以
上。

在第二次世界大战期间及战后初期，由于生活水平迅速提
高，人口增长率快速上升，并在 50 年代达到顶峰；但自 1960 年
以后则不断下降，主要原因是出生率降低并不断有人向国外移
民。进入 90 年代后，随着冰岛经济快速发展，出生率有所提高，
冰岛人向外移民数量减少，而东欧和亚洲移民移入数量逐年增
多，人口增加很快。到 2006 年 1 月 9 日，冰岛人口已达到 30 万
人。据冰岛国家统计局 2006 年 3 月发布的资料，2005 年冰岛总
死亡人数为 1836 人，其中男性 945 人，女性 891 人，死亡率约
6.4‰；男性预期寿命平均 78.9 岁，女性 82.8 岁，超过欧盟 25
国女性平均预期寿命 81.2 岁、男性 75.1 岁（2004 年）。最近数

十年来，冰岛婴儿死亡率大幅下降，2001～2005年期间新生儿死亡率2.5‰，是世界婴儿死亡率最低的国家。冰岛65岁以上的老人占总人口的11.8%（2004年），早已超过国际上占7%以上即为老龄化国家的标准。

冰岛的生育率目前居欧洲最高之列，仅次于爱尔兰，平均每个妇女生育近两个孩子，远高于欧洲大陆平均1.4人的水平。不过由于冰岛人口太少，政府因此仍采取多种措施鼓励生育。冰岛法律规定，只要年满16岁以上就可以生育，而不论是否正式结婚。现在有大约50%的孩子是非婚生，而且越来越多的孩子生活在重组的家庭里。政府的各项家庭政策都有利于维持比较高的生育率。

冰岛的人口分布极不平衡，有约40%的土地属于无人区。近些年来，冰岛人口出现向城市、尤其是向首都地区集中的趋势，使首都地区的人口不断增长。雷克雅未克及其周边地区的面积虽然不足全国的2%，目前人口却占全国总人口的60%以上，人口密度为每平方公里90多人。全国其他地区的人口平均密度则是每平方公里不足1人。冰岛人口相对集中的程度在世界上也属少见。除首都外，还有3个人口逾万人的城市。其他地区的人口则有所减少，尤其是西北部人口减少特别明显。一些在20世纪30年代还在经营的农庄，到六七十年代就全部荒废了。分布在沿海小渔村的人口尤其分散。人口分散居住和恶劣的自然条件，使基础设施建设的成本很高，提供各种服务的成本昂贵。但另一方面，人们可以就近利用各种自然资源，包括各地的渔场、牧场以及地热资源等。

经济合作与发展组织（OECD）于2003年8月公布对20多个欧洲国家的一份调查显示，冰岛老龄劳动力人口（50岁和50岁以上）所占比例排名第一。这和冰岛的法定退休年龄（男女均为67岁）在欧洲乃至在全世界都属于最高之列有关。

表 1-7　冰岛人口变迁及未来预测

单位：人，%

年　份	人口总数	男　性	女　性	年增长率
1703	50358	22867	27491	—
1762	44845	—	—	- 0.20
1769	46201	21129	25072	0.43
1785	40623	17848	22775	- 0.80
1801	47240	21550	25690	0.95
1850	59157	28234	30923	0.24
1901	78470	37583	40887	0.92
1950	143873	72249	71724	1.71
（以上为人口调查统计数字）				
1960	177292	89578	87714	2.08
1970	204578	103441	101137	1.44
1980	229187	115529	113658	1.14
1985	242089	121672	120417	—
1990	255708	128317	127391	1.10
1994	266783	133781	133002	
1995	267806	134222	133584	1.00
1996	269727	135176	134551	1.01
1997	272069	136284	135785	1.01
1998	275264	137874	137390	1.01
1999	278717	139518	139199	1.01
2000	283361	141870	141491	1.01
2001	286575	143450	143125	1.02
2002	288471	144287	144184	1.01
2003	290570	145401	145169	1.01
2004	293577	147170	146407	1.10
2005	300000			
（以上为每年 12 月人口登记数字）				
2010	304711	152323	152388	
2020	325690	162663	163027	
2030	342220	170485	171735	
（以上为人口预测数字）				

资料来源：冰岛国家统计局。

34

表 1 - 8　人口年龄结构

2003 年 12 月	人数	百分比	2003 年 12 月	人数	百分比
总人口	290570	100	15 ~ 64 岁	190670	65.6
0 ~ 14 岁	65749	22.6	65 岁以上	34151	11.8

资料来源：冰岛国家统计局。

表 1 - 9　1991 ~ 2003 年人口变化情况

单位：人

	年　平　均		
	1991 ~ 1995 年	1996 ~ 2000 年	2003 年
成活出生人数	4497	4215	4143
死亡人数	1782	1853	1827
其中婴儿死亡(1 岁以下)	22	15	10
出生超过死亡人数	2716	2361	2316
移入人口	3038	4441	3704
移出人口	3363	3773	3837
净移入人口	- 326	668	- 133
人口增长	2418	3081	2099
结婚	1249	1539	1473
婚姻消失	1198	1201	1201
其中:丧偶	683	691	670
离婚	515	509	531
登记伴侣	—	14	12

资料来源：冰岛国家统计局。

表 1 - 10　人口的地区分布

单位：人

	1910 年	1950 年	2003 年
全国人口	85183	143873	290570
首都区	15006	65555	181917
雷克雅未克市	11600	56251	113288
科帕沃古尔市	—	1647	24352
哈布纳菲厄泽市	1547	5087	21207

	1910 年	1950 年	2003 年
西南区	2589	5093	16953
西部区	10268	9975	14438
西峡湾区	13386	11166	7837
西北区	9012	10264	9145
东北区	11959	18368	26835
阿库雷里市	2239	7711	16086
东部区	9713	9705	11887
南部区	13250	13847	21558
200 人以上居民点总人口	28930	108739	269461
200 人以下居民点及农村人口	56253	35234	21109

资料来源：冰岛国家统计局。

二　民族

冰岛人是冰岛的主体民族，有 28 万多人（2004 年），占冰岛总人口的 96%。冰岛人是世界上人数最少的民族之一，属于欧罗巴人种北欧类型，外观多为金发碧眼，性格多为吃苦耐劳、豪放朴实。每个人要凭借自己的勤劳智慧谋生，人与人之间没有什么上下等级和尊卑的差别。相互称谓很少用尊衔、尊称，有时甚至连"先生"、"女士"的称呼都不用，更不必说"阁下"这类称呼。

公元 800 年，爱尔兰僧侣最先发现冰岛。9 世纪下半叶北欧的诺曼人陆续迁入，最早在这里建立永久性定居点。移民多数来自挪威，少数来自瑞典及不列颠群岛等，经民族融合，于 11 ~ 13 世纪形成冰岛民族。1262 年冰岛沦为挪威属地，1380 年后归丹麦统治，1904 年实行内部自治，1918 年初步获得独立，1944

年 6 月取得完全独立。原以渔业及牧业为主，现在旅游业以及高耗能产业和高科技产业十分发达。冰岛人保持了他们祖先所用的古挪威语，也保留了许多北欧的古代神话和传说。

许多冰岛人甚至能说出他们祖先的名字。冰岛人含挪威血统的约占 60%，含爱尔兰血统的约占 30%，含其他血统的约占 10%。根据 1995 年的统计资料，冰岛的民族构成情况如下：冰岛人占 95.9%，丹麦人占 0.8%，瑞典人占 0.5%，出生在美国的人占 0.5%，德国人占 0.3%，其他占 2%。大约有 5 万冰岛人侨居国外，主要分布在加拿大和美国，只有老一代冰岛侨民仍会说冰岛语。加拿大曼尼托巴省温尼伯市在 20 世纪上半叶曾出版两种冰岛文周报，到 20 世纪下半叶合并为一种，但现在主要使用英文出版。

冰岛人的国籍由《冰岛宪法》第 68 条（"除非依照法律，任何外国人均不能取得公民身份"）和 1952 年第 100 号法令《冰岛公民身份法》加以规定。该法的原则类似于丹麦和挪威所适用的原则：凡希望入冰岛籍的外国人须向议会提交申请书，通常是通过司法部递交。一般来说，在该国居住 3～5 年是必须具备的入籍条件。

2003 年 2 月 12 日，冰岛议会做出新的决议，允许冰岛人在成为外国公民之后可以保留其冰岛国籍；同样，外国人在加入冰岛国籍后也可以保留其原有国籍。而此前的法律规定，冰岛公民一旦加入外国国籍，就自动丧失冰岛国籍，外国人在加入冰岛国籍之后也丧失其原有国籍。

据冰岛国家统计局截止到 2005 年 12 月 31 日的统计数字，在过去 10 年内，冰岛外籍居民增加了两倍。2005 年底共有约 1.4 万名来自 120 个国家的外籍居民居住在冰岛，占冰岛人口总数的 4.6%，比 2004 年增加了 1%。在外籍人口中，以波兰人最多，其次是丹麦人、德国人和菲律宾人。冰岛东部地区外籍人口

最多，约占当地总人口的 18%，这与正在实行的东部大开发需
大量使用外籍工人和工程技术人员有关。例如在卡拉纽卡水电站
工地工作的全部 1485 人（2006 年 1 月）中，冰岛人只占 20%。
统计还显示，冰岛东部地区的当地居民有外迁的迹象。

表 1 - 11　冰岛人口的国籍构成

单位：人

	1980 年	1990 年	2003 年
总人口	228785	255855	290570
冰岛人	225545	251043	280390
外籍人	3240	4812	10180
其中：北欧人	1360	1578	1606
其他欧洲人	886	1698	5454
美洲人	731	861	858
非洲人	38	125	299
亚洲人	114	404	1842
大洋洲人	104	144	58
无国籍者	—	—	38
不明国籍者	7	2	25

资料来源：冰岛国家统计局。

三　语言文字

冰岛语是冰岛的国语和官方语言，属于印欧语系日耳曼
语族的北日耳曼语支（又称为斯堪的纳维亚语支），
是在 9~10 世纪挪威西部移民所用的古代北欧语（the Old Norse
language，又译为"古诺尔斯语"或"古斯堪的纳维亚语"）基
础上发展而来。1000 年前，整个斯堪的纳维亚半岛都通用古代
北欧语，后来逐渐发展成今天的挪威语、瑞典语和丹麦语。许多
世纪以来，其他斯堪的纳维亚语言无一不受到邻国语言的影响，

唯有冰岛语仍然保持着古代北欧语的许多原始特点，纯洁古朴，几乎没有受到其他语言的影响，外来词、国际词汇极少，自9世纪以来基本上没有发生大的变化。现代冰岛人可以很容易读懂古代挪威文献，而现代挪威人则无法做到。在现代斯堪的纳维亚诸语言中，只有冰岛语跟古代北欧语最为相似，是欧洲保留得最古老的语言之一。有些语言学家把它戏称为欧洲"最保守的语言"，是古代北欧语的活化石。

北日耳曼语支是印欧语系—日耳曼语族的一个分支，包括通行于斯堪的纳维亚地区、芬兰的一部分地区以及法罗群岛和冰岛的语言。北日耳曼语支还可以细分为两个分支，即"西北日耳曼支"和"东北日耳曼支"。其中，"东北日耳曼支"受低地德语的影响非常显著，包括丹麦语、瑞典语以及这两种语言的各种方言和变种。"西北日耳曼支"包括法罗语、冰岛语和挪威语。除了从地域角度的划分之外，还有一种按照语言之间相互关联程度来划分的方式，即把挪威语、丹麦语和瑞典语称作"陆地斯堪的纳维亚语"，而把法罗语和冰岛语称作"海洋斯堪的纳维亚语"。

冰岛语和现代的挪威语、瑞典语及丹麦语之间的差别很大。挪威人、瑞典人和丹麦人一般很难掌握冰岛语，但是他们之间在进行交流时，很容易明白彼此要表达的意思。尽管从13世纪到20世纪上半叶冰岛曾经受到挪威和丹麦的统治近7个世纪，但是冰岛民族语文并没有因此受到多大影响。

古冰岛语文之所以能够比较好地保存至今，有多方面的原因。一是因为冰岛是个岛国，远离欧洲大陆，过去长期处于和外界基本隔离的状态，其语言与外部世界的其他语言接触甚少；二是用冰岛语写作的《萨迦》和《埃达》等记叙冰岛及北欧的历史和神话传说，在冰岛始终广为流传，成为冰岛语文的典范；三是因为早在1584年《圣经》就被翻译成冰岛文，几乎人手一册

冰岛

的《圣经》成为人们学习冰岛文的最好课本之一；四是因为冰岛人民十分注重保护自己的语言，在近代以来引进各种新知识的过程中，尽可能使用意译的方式，而很少向其他语言（包括英语）直接借词，因此被称为"内向型语言"。在19世纪时，冰岛学者把荷马史诗译成冰岛文，此后又把莎士比亚的全部作品译成冰岛文，世界各国的文学作品也都被大量译成冰岛文，从而大大丰富了冰岛语文献。

在今天的冰岛语中，很少有国际上通用的术语，外来语词也很少。例如，冰岛语把英文的"telephone"（电话）叫做"simi"（原意为"线"），该词出自古冰岛语的"sima"一词；把"jet"（喷气式飞机）叫做"thota"（意为"移动很快"）；把"电"意译为"rafmagn"，字面意思是"线状无烟火药能（量）"，而不借用英语的"electricity"一词。更多的新词则是采用组成复合词的方法创造出来，其情况类似于汉语文中造词的"生词熟字"效果。

冰岛语曾经吸收丹麦语、凯尔特语、拉丁语和罗曼语族的一些词汇，但由于19世纪在振兴民族文化浪潮中开展了纯化语言运动，这些外来词已经大多让位于原冰岛语组成的词汇，从而使现代冰岛人仍能阅读1000年前的古冰岛语史诗。由于冰岛在历史上曾经长期受丹麦统治，所以许多老年人能熟练掌握丹麦语。而现在的年轻人则大都会讲英语。由于民族成分十分单一，除冰岛语之外，冰岛不通用其他语言。但是在对外经贸及旅游活动领域，英语为通用语言。

冰岛虽然地域广阔、人口居住分散，但是全国居民所说的冰岛语并没有方言差别，这主要是因为冰岛的农牧民流动性比较大，没有出现过分割的方言文化区。在古冰岛语和现代冰岛语以及在其口语和书面语之间也没有多大差别。但是现代语音和古代语音相比变化要大一些，主要是一些元音在12～16世纪期间发生了较大变化，但是这对书面语没有产生什么影响，语法结构的变化也很小。冰岛语和法罗语有近亲关系，但是不能互通。

冰岛语保留着完整的屈折变化系统，为主—动—宾型语言。动词有人称、时态等变化，名词有4个格，名词、代词有单、复数及阴、阳、中3性（其他斯堪的纳维亚语现只有中性和通性），定冠词通常作为后缀附着于名词之后。冰岛语的语法和词汇相当稳定。冰岛语使用拉丁字母，其字母表中还使用源自古代北欧文字的两个特殊字母分别表示清、浊齿擦音，即ᵋ（th的浊音，如同英语"they"的发音）和刺状符t（th的清音，如同英语"thing"的发音；该字母不是拉丁字母p）。

冰岛政府的语言政策主要包括两个方面：一是努力保护冰岛语及其文字；二是努力发展冰岛语文，使之跟上时代的步伐并在尽可能广泛的领域使用，尤其是不断创造出各种新词语。此外，政府还支持开发使用冰岛语文的电脑软件及可用冰岛语文控制的电子设备。

冰岛政府于1995年11月16日批准了文化部的提议，把这一天作为每年的"冰岛语日"。这一天是19世纪冰岛著名诗人约纳斯·哈尔格里姆松（1807～1845）的诞辰纪念日。确定"冰岛语日"的目的是为了促进冰岛语的保护和发展。由于目前在冰岛讲英语的人太多，电影、电视上都说英语，不少人担心冰岛语会日渐衰落乃至消亡，因此极力推行和保护冰岛语。冰岛大学人文学院成立了"维格迪丝外国语研究中心"，以冰岛前总统维格迪丝·芬博阿多蒂尔命名的这个中心是为了表彰她为保护冰岛语所做出的不懈努力。该中心的宗旨是拯救濒临灭绝的语言和文化，研究语言翻译的艺术、社会科学和人文科学的交融、国际新闻对世界的影响、拉丁语言及电影、古代和现代冰岛语等。

四　宗教

冰岛绝大多数居民都信奉基督新教，是路德派教徒。因路德宗教义的核心为"唯信称义"，因此又称为"信义宗"。冰岛宪法第 62 条规定，基督新教路德宗是国教，受国家的支持和保护。基督教福音信义会是冰岛的国教会，其教徒曾经占全国总人口的 97%，2004 年占 85.4%。

公元 1000 年基督教传入冰岛，开始时设有两个主教区，在 1152 年之前都属于瑞典的隆德大主教区。宗教改革之后，冰岛随丹麦而改信基督新教路德宗。1550 年路德宗成为冰岛的国教，同时排斥包括天主教在内的其他各种宗教。直到 19 世纪末，天主教以及自由新教派等其他宗教才开始活动，但是国教会在冰岛始终占主导地位。

1801 年原来的北方主教区和南方主教区合并为一个主教区，雷克雅未克成为全国主教的驻地，在全国设有 21 个地方教区和 120 个堂区、288 个会众组织，当时全国有 114 名国教士。目前冰岛国教仍为一个主教区，下辖两个委任主教区，有 16 个地方教区；堂区在 1999 年时有 113 个，2004 年减为 109 个；会众组织在 1999 年时有 282 个，2001 年为 279 个，2002 年为 281 个，2004 年为 279 个。冰岛教会设有教会大会，对教会起咨询作用。国内有一所培养路德宗牧师的神学院，冰岛的神职人员绝大多数由该神学院培养，只有少数神职人员曾经出国留学。

冰岛人宗教信仰的情况不断有所变化。至 2000 年 12 月 1 日止，有 87.8% 的冰岛公民信仰基督教路德宗，比上年同期减少 1%，去教堂做弥撒的信徒占 12%；有 3.9% 的公民信仰基督教的其他教派，其中 1% 信奉罗马天主教；此外有 6% 的人信仰其他宗教，而 2.2% 的人不信仰宗教。

独立信义会成立于 1899 年，其教徒有 2000 人。救世军于

1895年传入冰岛。基督复临安息日会于1897年传入，但是信徒很少。普利茅斯兄弟会于1911年进入冰岛。瑞典五旬节派于1920年进入冰岛，拥有比较多的信徒和教堂。1896年罗马天主教重新在冰岛开展活动，以雷克雅未克地区较为集中，势力比较小，但在缓慢发展，雷克雅未克现在有两个堂区，整个冰岛是一个主教区。从1977年开始，冰岛罗马天主教会的管辖权由教廷传信部移交给斯堪的纳维亚主教会议。在2002年底时，冰岛有约5210名天主教徒。

"挪威神信徒联谊会"是20世纪60年代开始在冰岛复兴的一种多神教，信仰"阿萨"（Asa），1973年获得政府承认，并得到资助，创立者是冰岛一位农场主。这种宗教本来是古代挪威在基督教传入之前的古老宗教，"阿萨"意即"最伟大的诸神"。该教崇拜的神祇主要有：众神之王奥丁；奥丁之妻埃丽卡；奥丁之子托尔，雷神，其象征是一个锤子；农耕与丰收之神弗雷，以其魔剑而著称，其特征是一个男性的红色的生殖器的雕刻形象；弗雷佳，弗雷萨的胞弟，爱神；北亚特兰大之王伊顿；火神罗格；射箭术与滑雪术之神尤尔；此外还有其他若干比较次要的诸神。该教计划在宗教仪式上恢复使用动物祭品（冰岛马）、酿制的蜂蜜酒和烈性的挪威酒，但是冰岛的法律不允许这些。在80年代末约有100名信徒、10名教士。该教曾期望在2000年冰岛基督教化1000年时变成非基督教国家，但这个愿望显然已经落空。

其他比较小的宗教及教派组织还有巴哈伊教、初浸礼会、冰岛佛教运动、冰岛穆斯林协会、国际之路自由教会、耶稣基督末世圣徒教会（摩门教会）、冰岛俄罗斯东正教会、安息日会、冰岛曹洞禅宗、耶和华见证会等。

在政教关系方面，宗教改革之后，路德宗成为唯一合法的教派，其他各种教派都被禁止。1874年，政府宣布各种教派都有自由活动权。1917 年颁布的宪法明确规定，保障公民的信仰和道德观自由、宗教结社自由。但路德宗依然是国教，并由政府负责支付牧师的津贴以及修建、维护教堂和学校的费用。其他被政府承认的各个教派也能够得到政府的资助。国教会主持的洗礼、婚丧礼以及颁发的证书，对于其他各个教会都有法律效力。国家征收教会税，非国教徒的公民也要支出相等的金额给冰岛大学或者赞助该大学的一个基金会。如果公民捐赠财物给宗教团体，经财政部确认之后，可以从捐赠者的纳税款中扣除其份额。对所有宗教组织都免征其房屋的土地税。宗教事务由政府的司法与教会事务部负责处理。冰岛国家电台以固定时间播出宗教节目，大多是关于路德宗的内容，平时每天播 5 分钟，周日播 1 小时。

1976 年，冰岛与梵蒂冈建立了外交关系。

第四节　主要城市和风景名胜

一　首都

冰岛的首都雷克雅未克（Reykjavik），位于法赫萨湾西南的塞尔提亚纳半岛上，是冰岛唯一的大城市，也是世界最北边的国家首都。公元 874 年开始有人居住，1944 年成为冰岛共和国首都。雷克雅未克西面滨海，北面和东面有高山围绕。每当朝阳初升或夕阳西下，山峰呈现出娇艳的紫色，海水也变成深蓝。入冬以后，山巅覆盖着白纱似的积雪，分外壮观。其所处的塞尔提亚纳半岛，面积不大，东西长约 5 公里，南北宽约 2 公里，半岛上的平原地区海拔为 17 米，其他地方丘陵起伏。

雷克雅未克市人口达到 11.38 万（2004 年底），是全国人口最多的城市，目前人口仍在不断增加。雷克雅未克不仅是冰岛的政治中心、经济中心，同时也是文化教育中心。它虽然没有世界上其他大都市那样的高楼大厦和繁华的商业中心，但却是道路发达、环境极为整洁的现代化城市。这里有一定规模的工业和各种生产企业，也有一流的旅馆和服务业。

"雷克雅未克"一词在冰岛语里是"冒烟的港湾"之意。传说在公元874年，挪威探险家英格尔夫·阿纳尔松乘船在浩瀚的北大西洋洋面上漂流。在航行途中，他隐约看到洋面上出现一块陆地。出于对上帝的信仰和挪威的传统习惯，他将自己从挪威带来的两根圣座柱（氏族主人座前两侧有雕刻的柱子）朝陆地方向抛进海里。他认为，圣座柱漂浮到的地方，肯定是上帝安排他居住的地方。带着这种信念登上陆地后，他花了很长时间，才在这个陆地的西南角找到他抛出的圣座柱，便在这里定居下来。他看到这里经常有烟状的白雾从地面袅袅升起，于是就给这个地方取名为"雷克雅未克"。后来才知道，这里的烟雾是温泉蒸腾出来的水汽。

今天的雷克雅未克就是以当年英格尔夫·阿纳尔松的住地为中心发展起来的。但是在很长时期内，这里人口很少，只是一个小村庄。17世纪初成为丹麦国王的王家庄园，1703年人口只有150人。1780年，这里成为一个商业中心。1786年丹麦国王颁发特许状，它才成为冰岛的第的一座城市，此时的居民也只有300人，还不到当时全国人口的1％。在很长时间内，它是冰岛唯一的一座城市。1798年议会从廷格维利平原迁至雷克雅未克，两年后议会便被取消，代之以由3名法官组成的高等法院。1801年北方主教区和南方主教区合并，雷克雅未克从此成为全国主教的驻地。此后，这里人口不断增多，城市不断扩展，迅速发展成为冰岛的政治、经济、商业和文化中心。

1850年时该市人口为1150人，仅占当时全国人口的1.94％，1901年时已经占全国人口的8.52％，1920年为

18.6%，1940 年为 31.44%，1960 年达到 40.84%，1970 年为 39.93%。1845 年冰岛议会恢复之后，议员们是在一所学校里开会，直到 1881 年才搬进现在的议会大厦。1911 年 6 月 17 日在约恩·西居尔兹松诞辰 100 周年纪念日时成立了冰岛大学，当时临时借用议会大厦的房间作教室和办公室，到 1940 年才建成大学校舍。1986 年曾纪念建城 200 周年，为纪念英格尔夫·阿纳尔松这位冰岛的探险人和最早的定居者，在市中心一块绿草茵茵的小山丘上建立了他的雕像。

受海洋暖流的影响，雷克雅未克的气候比较温和，7 月的平均气温为 11℃，1 月为 –1℃，平均每年有 1300 多小时有充足的阳光。雷克雅未克的地热资源十分丰富，许多地方地下 1000 米处的地下水温度超过 200 度。其最著名的街道称为"通往池塘的路"，在 20 世纪以前，人们就是从这条路前往地热池塘去洗澡或洗衣服的。市内铺设了总长达 590 公里的热水管道，为全市居民提供热水和供暖，热水输到用户家时还能达到 90℃ 的温度。全市分为 10 个区，每个区都建有一个热水站。由于温泉之惠，这里的人们很少使用煤或石油作燃料，全市最后一口工业烟囱于 1998 年已定向爆破，因此整个城市空气清新，令人心旷神怡。由此，雷克雅未克得到了"无烟城市"的美称。由于不用烧煤又没有尘土，本来就很漂亮的建筑物上更是一尘不染，因而也是世界上最清洁的城市。市中心有一座美丽的小湖托宁湖，在温和的夏季，成千只天鹅、鸭子、各种水鸟聚居于此。而在寒冷的冬季，由于修建了专门的地热管道，可向湖中排放温度适宜的温水，供野生水禽过冬。

雷克雅未克城市布局匀称和谐，没有摩天大楼。居民住房小巧玲珑，大多是两三层小楼，最高的也只有四五层，风格各异，色彩鲜明，多用红、蓝、绿等颜色涂顶。所有建筑几乎都是在 20 世纪建成的。市内街道不宽，整个老城区街道经纬分明，给人以古色古香、整齐美丽、宁静优美之感。20 世纪 50 年代，这里还几乎没有一条柏油路，但仅仅在 10 年之后便全部铺设成柏油路。

市中心附近是现代化的新城，主要公共建筑如议会大厦、市政厅、北欧文化宫、国家博物馆、国家图书馆、冰岛大学等都建于此，均具有北欧特色。此外还有一些文化场所，如国家美术馆、自然博物馆、国家剧院、电影院等。状似水晶球的"珍珠楼"是冰岛现代建筑艺术的代表作，也是该市最漂亮的景点之一。它是首都热水供应公司建造的半球形建筑物，楼内有展览厅、温泉模型、餐厅、环形观景平台等，游客可通过观景平台安装在眺望台上的望远镜观赏全市景色。竖立在雷克雅未克海滩上的两个圣座柱是 9 世纪的首领英格尔夫·阿纳尔松带来作为定居的标志物，现已作为首都的标志。

冰岛总统府距雷克雅未克市中心 400 米，是一座面向大海的白色小楼，楼顶飘着一面蓝底红十字的冰岛国旗。这里没有围墙和篱笆，也没有卫兵和岗哨。冰岛总统在这里会见外国贵宾并举行重大活动，但他并不住在这里。在冰岛国家独立之前，这里是镇守冰岛的丹麦总督府，周围设有 4 门大炮朝向大海，是中世纪时用来抵御海盗袭击的。

雷克雅未克大教堂是最醒目的标志性建筑，位于市中心的山丘上，以 17 世纪牧师、诗人哈尔格里米尔·彼得松（1614～1674）的名字命名，称为"哈尔格里米尔大教堂"。这座教堂于 1946 年动工修建，1985 年正式落成，前后花费 40 年时间。大教堂高达 75 米，外形像一架巨型航天飞机，内有电梯直通教堂顶楼，从这里可以饱览全市风光。教堂前矗立着最早发现北美洲大陆的冰岛探险家莱夫·埃里克松的雕像，这座雕像是美国政府于 1930 年赠送给冰岛的。

霍夫蒂楼（意思是"海角"）是一座木结构的白色楼房，位于海边，是该市的著名建筑。里面装饰很讲究，有木制沙发，木板地上铺着地毯，墙上挂着冰岛风景画，墙角摆着木雕，大厅中间有个大吊灯。该楼始建于19世纪末，1951年以前曾是英国驻冰岛大使官邸，现在属于冰岛政府所有。1986年11月11~12日，里根和戈尔巴乔夫在这里举行了历史性的美苏首脑会谈，因此有人称霍夫蒂楼是冷战结束的标志性建筑。当时这里专门安装了通往美苏两国驻冰岛使馆的通讯设施。冰岛及其首都雷克雅未克一时吸引了全世界人们的目光。该市的旅馆设施总共不足1000个房间、1600个床位。美苏首脑在此举行会晤的消息公布后仅几个小时内，所有房间便被抢订一空，几百辆出租汽车也全部租出，不少居民还出租自己的私人汽车。当时小客店的收费标准一下子提高了3倍。一些公寓房每晚要价2000美元之多。市面出售一种印有里根和戈尔巴乔夫像的短袖衫每件要价25美元。数以百计的美、苏代表团成员以及工作人员、世界各地前去采访的大约2000名记者云集这座城市。自从这次首脑会晤之后，雷克雅未克成了各国旅游者瞩目的地方，许多重要的国际会议也相继在这里召开。在此之前，美国总统尼克松于1973年曾来到这里和法国总统蓬皮杜举行首脑会晤，惊叹冰岛是"被上帝遗忘的地方"。

冰岛自然博物馆建于1889年，现在设有地质地理部、植物部和动物部。露天博物馆建于1957年，占地12公顷，汇集了冰岛历史上各个时期各种建筑风格的民舍，展示冰岛居民历史上的民俗与文化。

雷克雅未克市的人口自近代以来增长迅速，从1801年的600人增加到2000年的11万人，在200年间增长了近200倍。其中在19世纪的100年间仅增长10倍，在20世纪的100年间又在此基础上增长了近20倍，在世界城市发展史上实属罕见。

表 1-12 雷克雅未克市人口变化

年 份	人 数	年 份	人 数	年 份	人 数
1801	600	1940	38308	1990	97569
1860	1450	1950	55980	1995	104258
1901	6321	1960	72407	2003	113387
1910	11449	1970	81693	2004	113848
1920	17450	1980	83766		
1930	28052	1985	89868		

资料来源：冰岛国家统计局。

　　雷克雅未克市的物价水平近些年来高居世界前列。据英国经济学家情报社每年对世界各大城市包括房租、食品、服装、娱乐和交通等生活费用所进行的调查统计，雷克雅未克在2003年全球最为昂贵的城市排行榜上位列第9位；2004年升为第8位，紧随挪威奥斯陆、丹麦哥本哈根等之后；2005年进一步升为世界第3位，仅次于挪威奥斯陆和日本东京。

　　雷克雅未克市附近一共有3座地热电站为全市居民提供热水和电力，其中最大的一座是雷克雅未克能源公司建造的集发电和提供热水功能于一体的奈斯亚维里尔地热电站。该电站一共钻有20眼地热井，井深为1100～2000米不等，最高温度达380℃。电站现有3台发电机组，总装机容量为9万千瓦，热水生产能力为1100升/秒。该电站建于20世纪90年代初，位于首都东部的亨吉尔火山地热区一个山谷间，厂房为当地主色调白色，厂内一尘不染，设备高度现代化。

　　电站生产分为采热、发电和冷水加热3个步骤：利用地热井中采集的热蒸汽推动涡轮发电机发电，并采集地表水作为整个采热和发电过程中的冷却用水，冷水在冷却过程完成后升温至85℃～140℃，然后通过直径90厘米的管道输送给雷克雅未克市作为优质生活用水和取暖用水。由于采用了性能良好的隔热材料，热水在长达 35 公里的传输过程中温度仅下降 2℃。雷克雅未克全部采用地热供暖和沐浴，一年消耗热水约 5000 多万吨，相当于每人每年节省两吨燃油。

表 1-13　雷克雅未克的气温和降水量

2005 年	月平均气温（℃）	月降水量（mm）	2005 年	月平均气温（℃）	月降水量（mm）
1 月	-0.2	66	7 月	11.0	47
2 月	1.5	105	8 月	10.5	72
3 月	3.7	37	9 月	6.3	41
4 月	4.2	77	10 月	3.0	49
5 月	5.7	14	11 月	1.6	60
6 月	10.5	40	12 月	2.3	136

资料来源：冰岛国家统计局。

雷克雅未克在 20 世纪的迅速发展在相当程度上要归功于其港口建设。该港口于 1913 年动工兴建，历时 17 年才竣工。由于受大西洋暖流的影响，这座港口成为优良的不冻港，为发展对外贸易作出了重要贡献。这里有多条航线通往欧洲和北美各地，是船舶停泊的重要枢纽。该市还拥有造船厂、纺织厂、渔产品加工厂等多家生产企业。距雷克雅未克西南 47 公里的凯夫拉维克机场是冰岛最大的航空港，它既是国内航线汇聚之处，也是国际航线的中转站。

雷克雅未克的文化活动丰富多彩。例如每年 5 月 14 日～6 月 5 日举办雷克雅未克艺术节。该艺术节于 1970 年首次举办，在艺术节期间有精彩的音乐会、舞蹈、话剧、歌剧以及展览会，向人们展示冰岛文化的过去与现在，并邀请国际知名艺术家参加。雷克雅未克爵士音乐节（9 月 29 日～10 月 3 日）、雷克雅未克气浪音乐节（10 月 20～24 日）等也十分有名。

二　其他城市

科 **帕沃古尔市**　冰岛第二大城市，人口2.58万（2004年）。位于冰岛西南端，在雷克雅未克市的东南，与其相邻，是重要的港口城市。该市工业比较发达，主要工业有木材加工业、塑胶原料加工业及渔产品加工业等，它还是冰岛重要的渔港。该市拥有有图书馆、美术馆和自然博物馆等文化设施。

哈布纳菲厄泽市　冰岛第三大城市，人口2.2万（2004年）。该市在雷克雅未克市以南15公里，驱车只需要15分钟，被称为雷克雅未克的另一座大门。

在冰岛语中，该市名称的意思是"港口峡湾"，因所处的峡湾是一座天然良港而得名，汉语中因此也意译为"海港市"。该市具有悠久的历史，早在12世纪编撰的《得土记》一书中就已经提到此地，据记载在14世纪末已经有人在这里定居。中世纪时，这里是冰岛一个重要的港口和商贸中心。英格兰人于15世纪到这里旅居和经商，德意志商人则紧随其后，并且挤走了英格兰人。在1602年之前，来自汉堡等地的汉萨同盟的商人在这里占了主导地位。此后直到18世纪末，丹麦对冰岛实行贸易垄断，在此期间，这里是冰岛最繁忙的贸易中心。1793年，著名商人、企业家比亚尼·西韦森到这里定居，创办了一家渔业公司和一座船厂，并从事对内对外贸易，尤其是经销渔产品。在丹麦结束对冰岛的贸易垄断之后，他是最早获得贸易许可的冰岛商人之一，被誉为"哈布纳菲厄泽之父"。从1870年开始，这里的渔业获得迅速发展，因此人口渐多、经济逐步发达。1908年正式获得城市地位。

第二次世界大战之后，这里的渔业更加繁荣，成为冰岛主要的渔业中心之一，并建成了冰岛第一座渔产品批发市场。冰岛最大的造船公司也设在这里，1973年制造出第一艘尾滑道拖网渔船。港口运输也迅速发展，目前这里已是冰岛第二大贸易港口。该市有电气设备制造等企业。有一家工厂利用看似毫无用处的火山渣生产隔热材料矿石棉。在其南边附近的斯特勒伊姆维克建有1969年投产的冰岛第一家电解铝工厂。该厂之所以建在这里，主要是靠近港口，有利于运输原材料和制成品，此外也因为可以充分利用这里丰富的地热资源。该市还建有钢厂、奶制品厂、啤酒厂等。文化教育设施有十年制学校、高等中学、幼儿园、医院、福利院、公园和图书馆等。福利事业发达，人民生活水平和消费水准很高。

哈布纳菲厄泽市有一座城市博物馆，通常举办三种展览，一是常年展出的该市历史展览，通过许多图片、文字和实物系统地展示该市及周边地区从古至今的历史；第二个展览是儿童玩具展；第三种是举办短期的专题展览或来自国外的巡回展览。该市于1984年与中国河北省保定市结为友好城市。

阿库雷里市　阿库雷里市是冰岛最北部的城市，位于冰岛最北部埃亚峡湾的尽头，距离北极圈只有100公里。在人口数量上是冰岛第四大城市，有1.6万人（2003年），同时是冰岛北部最大的港口。从雷克雅未克乘飞机到此只需45分钟，乘车则需要5个小时。

阿库雷里背倚雪山，面临碧水，风景秀丽，被人们称作冰岛北部的"雅典"。在夏秋两季，由于冰岛中部高原的阻隔，大西洋潮湿的海风吹不过来，而这时北冰洋又没有寒潮南下，气候因此温和湿润，形成北极圈边特有的温带气候。这里园艺发达，牧草繁茂，景色宜人，成为北方著名的旅游中心。阿库雷里的夜半太阳可谓当地的一大奇景，每年的6月和7月，这里几乎可以终日看到太阳。冬季虽然日照时间很短，但是在阳光照耀下，陡峭山崖上的积雪熠熠闪光。

在16世纪以前，这里没有人烟。从16世纪末叶开始，才有

渔民在这里定居，不久又来了商人。第一批来这里的人起了
"阿库雷里"这个名字，意思是"温暖肥美之乡"，因为这里气
候温和，土地肥沃，不像高原贫瘠地带那样荒凉，因此成为冰岛
农业的发源地之一。1850 年时人口只有约 350 人，仅占当时全
国人口的 0.60%；1901 年达到 1370 人，占当时全国人口的
1.74%；1940 年为 5564 人，占全国人口的 4.58%；1950 年为
7188 人，占全国人口的 5%；1970 年为 10755 人，占全国人口
的 5.26%。

　　在 18 世纪末 19 世纪初，就有人开始在这里培育园艺，种植
大麦、燕麦、胡萝卜、马铃薯和甜菜，也种植一些耐寒的花卉和
树木，包括玫瑰、山梨、山楂、白桦树等。20 世纪初，这里成
立了一家园林公司，在城市附近开辟了几个美丽的公园。几乎家
家都喜欢在住宅周围种植各种花草树木，其园艺闻名全国。这里
有农业试验站，还有一座地球上最北边的植物园，用这里特有的
地热资源培育了从冰岛全国及世界各地引进的 2000 多种花草树
木，包括从遥远的中国引进的菊花。每当树木披绿、鲜花盛开之
时，植物园内清香扑面，令人心醉。因此，阿库雷里又有"最
靠近北极圈的花园城市"的美称。

　　它还是一座有百年历史的港口城市，港口于 19 世纪末建成，
阿库雷里也正式建市。由于海湾延伸至内陆达 50 公里，阿库雷
里地处海湾的最深处，后面又有山丘，加上海湾两岸山崖陡峭起
到屏障的作用，多变的海上气候对它影响不大，这些得天独厚的
优越条件使其成为风平浪静的天然避风港。港口在冬季基本上不
结冰，方便了水产品及各种货物的出口，因此是冰岛北部重要的
渔港、农畜产品集散地和重要的贸易中心。市郊有机场，可提供
便捷的交通。

　　该市已经被指定为冰岛的冬季运动中心，它拥有多个最好的
滑雪场，还开展乘雪地摩托、骑马、冰上钓鱼等多种活动。该市

每年在夏季举行"北极高尔夫球公开赛",在"午夜阳光"下可持续通宵。阿库雷里市的人口虽然只有1.6万人,但全市的建筑面积却很大,大约相当于一座20万人口中等城市的建筑面积。

阿库雷里的自然历史博物馆展出冰岛的各种鸟类、海兽、海藻及陆地植物的标本等,有专门研究菌类、苔藓等低等生物的研究中心。工业展览馆陈列着这座城市生产的所有产品的样品,有呢绒、毛毯、地毯、服装、皮鞋、肥皂、蜡烛、糖果、罐头、鱼制品等。这里的文化教育事业比较发达,设有公共图书馆、博物馆、少年宫、剧院、体育馆和阿库雷里大学等。民俗博物馆是由几栋早期开发者住过的老房子组成,房顶覆盖着传统的建筑材料——草皮。

阿库雷里还是冰岛北部的制造业中心,主要工业有食品加工业、服装业和纺织业;主要产品有毛纺织品、鱼肝油、鞋、鱼类和乳制品等。阿库雷里还是冰岛著名的渔产品加工中心。附近海域盛产沙丁鱼等鱼类,市区建有全国最大的鱼类加工厂。这里生产的大冻鱼、鱼罐头、鱼粉、干鱼等渔产品远销欧美、非洲等地。

阿库雷里是游客环游冰岛的必经之地,人们可以从这里乘船前往接近北极圈的格里姆塞岛(面积5.3平方公里)。该岛距离冰岛本土有41公里,岛上有一座100米高的悬崖是海鸟的王国,至少有60种以上海鸟在这里栖息生活。位于阿库雷里东北50公里的胡萨维克是一个美丽的小镇,它是冰岛东北部的重要市镇,人口约2500人。该镇提供人们到海上观鲸和游览岛屿等主要旅游活动。镇上有一座鲸类博物馆,展览各种鲸的标本。

阿库雷里2005年1月的最低气温为-11.9℃,最高气温可达到11.7℃;7月的最高气温为22.5℃,最低气温为1.4℃。全年总降水量为562毫米。

表 1-14　阿库雷里市 2005 年气温和降水量

2005 年	月平均气温(℃)	月降水量(mm)	2005 年	月平均气温(℃)	月降水量(mm)
1 月	-0.6	58	7 月	11.9	38
2 月	0.8	11	8 月	9.5	74
3 月	2.5	21	9 月	4.7	92
4 月	2.9	28	10 月	1.0	104
5 月	4.4	7	11 月	-0.3	38
6 月	9.5	55	12 月	-0.7	36

资料来源：冰岛国家统计局。

三　主要风景名胜

冰岛最著名的旅游路线是由黄金瀑布、间歇喷泉以及古议会谷国家公园所组成的黄金圈（又称为"金三角"）之旅，包括盖锡尔地热区、古议会谷国家公园、黄金瀑布及凯里兹火山口、埃登（Eden）温室和斯考尔霍特（Skalholt）教堂等景点。

冰川旅游　冰岛现已开发了 4 个冰川游览地供观光游览：瓦特纳冰原、米达尔斯冰原、郎格冰原和雪山冰川。瓦特纳冰原在冰岛东南部，面积达 8300 平方公里，是欧洲最大的冰原。在冰山湖上乘坐游艇观赏形态各异的浮冰是该冰原游览的一大特色。米达尔斯冰原位于冰岛南部，以其各具特色的瀑布及邻近迷人的海滩风景而著名。郎格冰原的熔岩瀑布为西部郎格冰原所特有，它是一种从熔岩中而不是从河流中流出的瀑布。世界上水流量最大的温泉——代尔达尔通加温泉也为郎格冰原增色。雪山冰川距离首都雷克雅未克只有 3 小时的车程，风景格外迷人。游客不仅可以乘坐双人雪地摩托车欣赏冰川美景，还可乘船游览北部海湾，那里有多个岛屿及生存、憩息在岛屿上的各种海鸟。

古议会谷 位于廷格维利（Thingvellir）平原上的议会旧址，在首都雷克雅未克以东偏北约 40 公里。公元 930 年，在廷格维利平原上成立了露天议会。它标志着冰岛作为一个独立国家的诞生，是冰岛民族的摇篮。它是世界上历史最悠久的议会会址，从 930 年开始，直到 1798 年议会迁址到雷克雅未克之前，这里一直是固定的开会地点。冰岛人民和政府历来十分重视该旧址，1928 年这里成为法定保护区和国家公园。

古议会旧址实际上是一片空旷的平地，位于一个又长又宽的断层旁边。这个断层正是欧亚板块和美洲板块的交界处，欧亚板块高高在上，两大板块的落差有 10 多米。由于远古的火山活动，两大板块交界处的地貌是黑褐色的岩石，并形成粗细不匀、纵横交错的裂缝。这些裂缝还在不断扩大，在板块漂移的作用下，欧亚板块与美洲板块至今仍以每年平均 2 厘米的速度向两边分离。地层下陷，谷地的两边形成长 7 公里、高 30 米、类似于屏风的阿尔曼纳加峭壁。峭壁的前面是一座山岗，对面的正东方为一片斜坡。这个裂谷景观就是古议会的旧址。

站在欧亚板块的岩石上极目远眺，对面是广阔的大平原即廷格维利平原，中间镶嵌着弯弯的廷格瓦德拉湖（意译为"议会平原之湖"，简称"议会湖"或"国会湖"）。它是冰岛最大的天然湖泊，面积达 83 平方公里，湖水清澈，湖面宽阔而平静，并出产鳟鱼和鲭鱼。湖水通过李格河和厄尔菲萨河流入大西洋。在冬季飘零的雪花与淡淡的雾霭中，议会湖时隐时现，显出几分宁静与神秘。如果是在夏天，这里的景致会更加清晰，翠绿的草地，弯弯的水泊，成群的飞鸟。

走下这块龟裂的岩石，穿过一条夹缝，便来到了美洲板块。会议石又称"法律石"，作为古议会开会时的"主席台"，就在美洲板块紧靠欧亚板块处。这是一块平整的大岩石，当年的议长就是站在这块大岩石上，背对高高的石壁，面对成千上万的听众，大声宣读议会的某项法律、某项决定。声音在平原上回荡，从高耸的石壁产生回声，成为最古老的扩音器。听众可以在广阔的绿色平原上安营扎寨，舒服地听讲，因为声音很清晰。

离会议石不远有一座水潭，称为"沉潭"，是古代处死通奸女子的地方。根据古议会的法律，通奸双方都要受到严惩，男子被砍头，女子被绑上重物沉入水潭，在这里当场宣判，当场执行。在不远处还有另外一汪泉水，深不可测，被称为"许愿泉"。人们相信在这个泉边许愿十分灵验。

这里还是冰岛人民举行大会和隆重庆典的地方。1930年，在这里举行了古议会成立千年纪念大会，有3万多冰岛人参加。1944年6月17日，有4万多冰岛人来到这里，庆祝最终摆脱丹麦统治、成立冰岛共和国。这里的裂谷、议会旧址及议会湖已辟为国家公园，来这里游览的人们不仅可以追寻古迹、观赏美丽的风光，还可以在湖里垂钓并品尝美味鲜鱼。

2004年3月，冰岛总理达维兹·奥德松宣布将议会旧址国家公园的面积扩大6倍，从40平方公里扩大为240平方公里，以便更好地保护议会湖旧址周围脆弱的生态环境。2004年7月在我国苏州举行的世界遗产委员会第28届会议上，冰岛议会旧址国家公园被批准为世界遗产项目，这是冰岛的历史遗址首次入选世界遗产名录。

米瓦登湖　简称"米湖"，是冰岛最著名的旅游景区之一，它以其富有神秘色彩的迷人风光和极为多样的鸟类而闻名。从阿库雷里乘汽车一个多小时便可到达米瓦登湖。米瓦登湖位于奥达伦熔岩带的北缘，由于地下是多孔的熔岩，地下水通过岩石缝隙渗入低处汇聚成湖，水深4米，面积为38平方公里，是冰岛第四大湖。雷克塞河从北面把湖水导入大西洋。湖内分布有许多奇形怪状的熔岩岛，栖息着各种水鸟；仅野鸭就有16种之多，数量达到10万~15万只。在湖东的山坡下，有一簇簇黝黑的嶙峋怪石，这些怪石有的状如尖塔，有的又状若城堡，簇拥在一个狭长的谷地周围，远远望去，犹如一座雄伟的黑色城堡，这是米瓦登湖的第一大奇景。

在黑色城堡附近，矗立着一座圆锥形火山，叫惠尔山，海拔163米，这一带的熔岩就是这座火山喷发的结果。继续向东，山路的左边是一列山丘，上面有一条很宽的岩石缝隙，沿着缝隙前行会出现一湾宽阔的水面，这就是米瓦登湖的另一大胜景即地下温泉。地下温泉的水温常年保持在27℃左右，可供终年沐浴。再向东，公路两边有许多大小不等的缝隙，团团水汽从洞中冲出，使这一带谷地弥漫着黄色的烟雾，这是米瓦登湖的第三大奇观即克拉夫拉热气田。克拉夫拉热气田的水温高达270℃，是发电的最廉价动力。当地充分利用这里的地热资源，建立了冰岛第一座地热发电站。1974年，米湖被设为自然保护区。

大间歇泉　世界著名的间歇泉之一，位于冰岛西南部奥德恩斯的赫伊卡达伦居民点附近。大间歇泉是一个直径为18米的圆池，水池中央的泉眼为一口径约10多厘米的"洞穴"，洞内水温在百度以上。每次喷发之前，开始只听到洞内隆隆作响，逐渐地响声越来越大，而且沸水也为之升涌，最后冲出洞口，向高空喷射，旋即化为琼珠碎玉般从高空处呼啸而下。每次喷发过程，大约持续1~2分钟，然后渐归平息，如此反复不已，景色十分壮美。

大间歇泉的水柱最高时可达到51.8米，但自20世纪90年代以来喷水高度明显下降，只有20多米，而且间歇的时间也不大有规则，从1~2分钟到10多分钟不等。这座著名的大间歇泉十分壮观，在其周围还有许多小喷泉，构成面积不小的间歇喷泉区，现在都已辟为旅游观光区。在古时，人们在热气腾腾的温泉口上放上小木箱用来蒸面包。现在，当地居民引用地下热水为家庭取暖以及建造温室培育瓜果蔬菜。

在温泉区南边有一个火山口，里面有一个湖，火山口的名字叫巨盆。很多雷克雅未克人在附近盖了小房子，供他们在岁末和暑假时居住。离巨盆不远处有个叫温泉城的小镇，那里矗立着一排排暖房。从温泉城到雷克雅未克开车只要45分钟。

蓝湖（Blue Lagoon）　这是方圆3公里的天然温泉池，位于雷克雅未克市与凯夫拉维克国际机场之间，在机场以南约20公里，距离雷克雅未克40公里。湖底蕴藏了大量的硅，使湖水终年保持美丽的宝石蓝色，因此而得名。蓝湖的四周是一片片黑色的火山熔岩，愈走近蓝湖，地面便愈崎岖不平。地底蕴藏的地热资源让蓝湖的温泉一年四季温暖如春，从20世纪70年代开始成为深受当地人喜爱的泡汤胜地，最近新修建完成新蓝湖温泉海岸，融合富有当地特色的简练的现代风貌，成为著名的国际旅游胜地，每年吸引10多万游客，为冰岛赚进不少外汇。

在湖的背面是著名的斯瓦辛基（Svartsengi，意思是"黑草地"）地热发电厂，发电厂3座巨大的烟囱已成为当地地标。该电厂从2000米的地下抽取热水发电，发电厂流出的热水则注入湖中，由于水中盐分太高，不适合用于家庭取暖。湖面上永远漂浮着浓密的水蒸气，有时能见度很低。冬季四周白雪皑皑，在湖中泡汤仿佛置身于濛濛仙境。蓝湖温泉中心的出现，完全是出于意外。1976年，斯瓦辛基发电厂在这里动工兴建，工人把海水注入周围的低洼火山岩地，不料却把岩层里的矿物溶解，后来人们发现这些矿物泉水对治疗皮肤疾病有极佳功效，于是蓝湖温泉中心便由此而来。蓝湖湖水有极高的硅含量及矿物质，其中所含的镁离子比死海高出4倍，因此泉水不但有护肤作用，还有治疗骨痛功能。温泉底部的白泥对皮肤疾病和肌肉疲劳等都有很好的疗效。除了单纯的泡汤之外，蓝湖也有桑拿浴、SPA等数种疗法，由火山运动产生的特殊矿物质，有益皮肤保养，堪称是天然美容院。

维克小镇 位于冰岛最南端的旅游胜地维克小镇以其黑沙滩而著名。这里细小、黑亮的黑沙是炽热的熔岩和海水接触后，因冷热温差太大引起碎裂而成。由于熔岩沙粒中富含深色的矿物，缺少浅色的石英类矿物，因此它们都是黑色的，而且黑得十分天然、通透，与依然清澈的海水形成鲜明的反差。该镇只有600多居民，十分安宁和睦。从这里乘海陆两栖船下海，前行10海里便到大西洋。

第五节　民俗与节日

一　民风习俗

姓名特点 冰岛人取名至今仍保留着古代北欧人的习惯，由本名即自己的名字加上父亲的教名组成全名，而没有真正的姓氏，这种情况在世界上是很少有的。古代挪威人有这种取名的风俗，但随着人口数量的增多，慢慢地没有人再沿用这个习俗了。而冰岛却由于许多原因而保留了这个习俗，并形成人名重复率很大的现象。从十七八世纪开始，一些有名望有地位的冰岛人才按照外国的习惯给自己加上姓，但目前只有少数冰岛人仍然保留其姓氏。

1913年冰岛曾经发布一项法令，规定甚至鼓励人们取名时采用姓氏。但在1925年作为第54号法令颁布的《姓名法》，出于保护文化传统又倒退回原来的习俗，禁止采用姓氏，而是给每个子女取一个或两个本名，再加上其父亲的教名。男孩子在父亲的教名后面加上"son"（"儿子"之意，汉语音译为"松"），女孩子则在父亲的教名后面加上"dottir"（"女儿"之意，汉语音译为"多蒂尔"）。例如丈夫奥拉夫·埃里克松与妻子比亚尔尼·奥斯卡多蒂尔生的儿子取名尤纳尔，其全名就是"尤纳尔·奥拉夫松",他们所生的女儿取名黑尔加(Helga),其全名就是"黑尔加·奥拉夫多蒂尔"。这里都没有姓氏,而只是表明其父亲的教名是"奥拉夫",他(她)们是奥拉夫的子女,全家4口人因此没有共同的姓氏。这个法律现在已不严格实行,有少数人是使用母亲的教名再加上"松"(儿子)或者"多蒂尔"(女儿)。

此外,还有其他若干起名的方法。对于外来人,在称呼中加上他以前的住址;对于老居民,则在称呼中加上他现在的住址。由于大多数人没有姓氏,妇女在结婚之后便不改变其原名,即不随其丈夫的名字。

现代冰岛人在日常交往中相互称呼十分随意,只称呼各自的教名即名字的前半部,相互之间从不单独称呼名字的后半部(例如"埃里克松"、"奥斯卡多蒂尔",因为这意味着称呼"埃里克的儿子"、"奥斯卡的女儿")。在正式场合则使用人名的全名,但名字的后半部不如前半部重要。在诸如电话簿中,人名的排序是以名字的前半部即教名的字母顺序来排列的。不过,目前在国际性场合也往往把名字的后半部当作姓来使用。尽管没有姓氏,但是冰岛人自古有记录家谱的传统,凡是在11世纪以后出生的人大多在教堂里留下记载。2002年,冰岛设立了世界上独一无二的千年家谱网站,几乎每个人都能查出自己在1000年前的祖先。

爱好读书　冰岛人普遍有喜好读书的习惯。尤其在冬季,由于夜晚时间特别长,户外寒冷,人们便很少外出,习惯在温暖的房屋里以读书为乐。在冰岛,不论是农民家还是渔民家都有自己的书房。长此以往,使得冰岛人的文化水准普遍比较高,虽居住在地球一隅,知识面却比较广,视野也相当开阔。"书多人贤",冰岛的人口素质因而普遍比较高,社会上的犯罪率极低,腐败现象也极少,并且成为世界上最早消除文盲的国家。这些都同冰岛人喜爱读书的良好习惯密不可分。

　　仅在 2004 年 12 月，当时只有 29 万人口的冰岛就销售了 40 万册书，平均每个人在这一个月就购买了 1.3 册书，创世界最高记录。在每年的 12 月都会出现购书高潮，书店里购书人摩肩接踵，盛况空前。在这一个月中，有些书店甚至可以完成全年图书销售量的 80% 左右。有一家书店在 2004 年 12 月 23 日一天的营业额，竟占全年总营业额的 7%。圣诞节前夕，书店的生意最好，这在冰岛已成为一种惯例。在圣诞节假期及随后的漫漫寒冬黑昼中，人们可以在家里尽情享受阅读各种新书之乐。此外，书籍也是最受人们喜爱的圣诞礼物，尤其是传记和回忆录。与此同时，各种报刊相继发表新书评论。咖啡馆举办读书会，作者到现场朗诵新书片段，人们纷纷议论各种新书的内容，形成一年一度的读书热。

　　冰岛人爱读书有着悠久的历史。当 18 世纪冰岛仍被丹麦占领时，去那儿旅行的欧洲人就惊讶地发现，虽然渔民们过着贫穷的生活，但是破旧的小屋里却摆着放满书的书架。他们特别喜爱阅读描写古代冰岛英雄的传记。这些"萨迦"故事由历代僧侣用羊皮纸记录并保存下来，成为流传很广的中世纪北欧的传记文学。古代英雄的故事和传记在冰岛家喻户晓，在人们的日常闲谈中经常被提起。冬季漫长黑暗的夜晚，一家人总是围坐在一起，由家长朗读这一类故事来度过长夜时光。

　　诗歌的国度　冰岛人普遍喜爱诗歌，不仅喜欢阅读诗作、背诵或大声朗诵诗歌，而且有不少人会写诗，也喜欢写诗，据估计在 30 万人口中至少有几千人之多。他们还把各国的诗作译成冰岛文出版，其中包括中国的古代诗篇及现代诗篇。毛泽东诗词很早就有冰岛文译本。冰岛人喜爱诗歌和他们自古就有《埃达》诗篇以及人们普遍喜爱读书有关。人们经常举办各种诗歌朗诵会，既有家庭的小型诗歌朗诵会，也有公共协会组织的诗歌朗诵会。冰岛不少议会议员也是诗人，包括曾任冰岛议会议长的布伦达尔。

冰岛自古就有写诗和朗诵诗的传统。在节日和喜庆集会上，人们常常登台朗诵诗歌以及古代"萨迦"助兴，诗人以及朗诵者都受到人们的尊敬和爱戴。在冰岛历史上曾涌现许多诗人。儿童们从小就学习、朗诵诗歌以及写作诗歌。

喜爱游泳　冰岛的大小城市几乎都有地热温泉游泳池，不仅在夏天，人们在冬天也可以在温泉游泳池中尽情地畅游、嬉水。冰岛的游泳池大多数设在室外，游泳池外银装素裹，游泳池内则温暖如春，人们一年四季都可以在温暖的水里游泳。为了通过游泳增强体质，政府的法律明文规定，小学生必须要学会游泳。游泳现已成为冰岛人十分普及的健身活动。

冰岛人在业余时间喜欢从事户外活动，到冰川雪地驾摩托，到海边垂钓，以及到地热温水游泳池游泳，是冰岛人爱好的体育活动。在汽车普及之前，雪橇是冰岛人冬天主要的交通工具。雪橇的"轮子"是两根两端翘起来的滑木。因冰岛树木很少，木材价格昂贵，因此，冰岛人往往用两根弯曲的鲸骨来制作滑木。如果连鲸骨也难找到，他们便就地取材，用海豹的肠子或皮革先把一些又细又长的鱼捆绑起来，放在外边冻起来，等这些细长的鱼黏在一起冻硬之后，便可以用作雪橇的滑木。钓鱼也是冰岛人的一大乐趣，而且可以一边钓，一边吃。人们把从河里钓到的鱼，不用从鱼钩上取下来就直接放到100℃以上的温泉中去煮熟，既新鲜又简便。

"国宝"冰岛马　冰岛马是冰岛人引以自豪的三样"国宝"之一（另外两样是鱼类和地热温泉）。身形矮小的冰岛马是欧洲著名的矮种马，也称"日耳曼矮种马"，具有耐寒抗病、体魄强壮、有耐力、性格温顺、步伐稳健、善奔跑等优点，成为各国皇家卫队和赛马爱好者的抢手货。它天生比世界上任何地区的马多会两种步法。马的自然步法通常有三种，轮换着将一蹄起空三蹄落地的叫"徐行"（walk），两腿交错行进则称"慢跑"（trot），再有三节拍的一蹄落地又双蹄腾空便是奔跑了（galopp）。而冰岛马，除此之外还会两种特殊步法。它会轮换着两腿腾空再三腿腾空，或快或慢，都能平稳地保持重心，蹄落蹄起，清晰而响亮地奏出一曲明快的特殊乐章，令所有的骑手陶醉，这种步法称为"碎步跑"（toelt）。另外的一个绝招，是同侧的两只脚同时起落的飞跑（flying pace），在几百米的短距离内，飞跑的速度可以达到每小时 45 公里。

冰岛马是世界各地赛马商的最爱，因为世界上很少有像冰岛马那样天然的顽强无比的耐力、剽悍的体魄和俊美的外形。冰岛人将冰岛马引以自豪，被称为"人类最好的朋友"。在冰岛语中用以形容冰岛马的词汇就有 1000 多个。冰岛人主要把它用于出口和旅游业的野外郊游等项目。

冰岛马长得很可爱，个子矮小，身高只有 1.35 ~ 1.40 米，并不给人以雄壮威武的感觉。这种马的祖先最早是从挪威引进的日耳曼矮种马，后来与凯尔特矮种马杂交，自此以后一直保持血统的纯正，是冰岛所独有的特种马。公元 930 年，为了避免冰岛马混种，冰岛制定了禁止马匹进口的法规。同时，冰岛马只要出了本国，哪怕只是参加一次国际马赛，也不允许再度回国。经历了 1000 多年的变迁，除了冰岛本土，这种马中精品在世界各地都已经不复繁衍。为了在输出国外之后继续保持其种群的纯正，在丹麦、瑞典、英国、德国、美国等多个国家都有冰岛马协会，并建有专门的网站交流信息。2000 ~ 2005 年，冰岛政府为冰岛马的研究和繁殖投入 8 亿克朗（约合 1290 万美元），重点投入冰岛马的优良配种、兽医研究和繁殖中心的建立，每年为此拨款 1.3 亿克朗（约合 210 万美元）。虽然投入的资金较多，但得到的回报更多，冰岛养马业因此获得巨额收益。

二　饮食习惯

昂贵的蔬菜水果　由于气候条件限制，本地温室只能生产一部分蔬菜水果，大量依靠进口。进口蔬菜只能采用空运方式，运费高昂，而海运时间太长会造成腐烂变质，这样，新鲜蔬菜十分珍贵，价格也十分昂贵，是冰岛人的奢侈品。在超市中，一根黄瓜被切成 3 段卖，芹菜被掰成瓣卖，圆白菜、大白菜被切成 1/4 棵卖，辣椒论个卖，这在全世界都是绝无仅有的。在历史上，冰岛人除了吃鱼虾和牛羊肉，主要是吃土豆和洋葱。菜谱十分简单，尤其在冬天到来之前，必须储存足够的食品，否则可能饿肚子。

据北欧竞争管理局 2005 年 2 月一项新的调查报告显示，冰岛的食品价格较欧盟国家高出 42%，而且冰岛和挪威的食品种类也较欧盟国家少。北欧竞争管理局对北欧国家的食品市场进行了调查，得出结论，北欧国家的食品价格与其他欧洲国家相比处于上涨趋势。冰岛政府为保护国内农业而对进口农产品征收高额关税，导致冰岛食品价格偏高，一旦取消此类关税，食品市场价格就会明显降低。

据 2005 年一项调查显示，冰岛的服装价格居欧洲首位，比欧盟国家平均高出 49%。冰岛也许是世界上服装价格最高的国家。这一结论是对欧洲 31 个国家的妇女、儿童和男士服装及鞋类的 285 种产品价格进行调查而得出的。冰岛服装价格高的原因是由于税多和市场小所致。

正是由于这里物价极高，人们不得不勤奋工作，许多人都做两份工作。在农村，农民和渔民都辛勤劳作，尤其在夏天，尽量多干活、多收获，为过冬做准备。

限制烟酒　2002 年冰岛人喝酒超过 1400 万升，即每个 20 岁以上的冰岛人一年平均喝了 70 升酒。2001 年以来，酒的人均消费量增加了 6.77 升，如果把其折合成纯酒精，消费量增加了 4.71%。销售量增加最多的是低于 22% 酒精度的葡萄酒，增加了 13%。其中红葡萄酒销售量增加了 16%；啤酒销售量增加了 6.32%，2003 年冰岛共销售 1100 万升啤酒。法律规定不允许生产酒精含量超过 2.25% 的啤酒。从 1914 年开始，冰岛禁止销售和饮用啤酒，直到 1989 年 3 月 1 日起才解除长达 75 年禁酒令。全国只有 12 家酒店出售酒精含量不超过 45% 的酒，而且只供给获得特许的旅馆、酒吧或饭店。2004 年的统计显示，冰岛是可口可乐人均消费量最大的国家，为 397 份（8 盎司装）；而美国仅为 296 份。

2001 年统计，冰岛在 18～69 岁人群中，吸烟者约占 1/4；而在 1985 年却为 40%。男性烟民比女性烟民数量多。冰岛和挪威、瑞典等国一样，禁止在公共场所吸烟。从 1985 年 1 月 1 日起，冰岛全国开始实施一项新法律：所有香烟盒上都必须印有被烟熏黑的人肺和骨瘦如柴的病人躺在床上这两幅图，图下还要标上"吸烟对人的健康有害"等字样。此外，影剧院、商店、机关、银行等公共场所一律禁止吸烟，这是冰岛政府为反对吸烟而采取的一项新措施。

冰岛城市的街头一隅往往是饮食店、酒吧、餐馆、糕饼店等连在一起，成为人们业余时间的休息、娱乐场所，被称为"巴卡利"。每当临近黄昏的时候，人们纷纷来到这里饮酒进餐，一边聆听乐队演奏音乐，一边看报，或者相互谈论各种新闻。"巴卡利"想方设法用各种别出心裁的花招吸引顾客，从而产生独特的效果。例如，位于雷克雅未克的贝伦斯"巴卡利"投入巨资，从丹麦运来泥土和树木，营造出地中海式的优美环境和优雅海滨情调，颇受大众欢迎。

身材高大 在全世界所有的民族中，冰岛人曾经居身高之冠。冰岛的成年男子平均身高 1.80 米，女子平均身高 1.65 米；

其次是美国和丹麦人，男子 1.77 米，女子 1.64 米；在英国、瑞典和联邦德国，男子平均身高 1.75 米，女子 1.63 米。这是冰岛、欧洲和美国科学家 1986 年共同调查的结果。而据 2006 年 9 月荷兰公布的结果，荷兰男性身高平均为 1.84 米，女性为 1.70 米，为新的世界身高之冠。在 20 世纪 30 年代末，冰岛男性平均身高为 173.6 厘米，女性平均身高为 159.2 厘米，同北欧大陆人和美国人差不多。而在此后的 50 年中，北欧大陆人和美国人的平均身高增加了 4 厘米，而冰岛的男性平均增高 5.8 厘米，女性增高了 7.1 厘米。据冰岛卫生部发表的材料，认为人的身高不断增加是遗传因素起主要作用，但环境因素也很重要。冰岛远离工业中心，环境污染大大低于欧洲大陆，空气、水、食物都比大陆干净，所以人体就能更好地生长。冰岛人的平均寿命是世界上最长的，也与此有关。

三 特色节日

冰岛实行每周五天工作制。主要的法定节假日有：1 月 1 日元旦，复活节前一周的星期四、星期五，复活节的星期一，4 月的第三个星期四，5 月 1 日国际劳动节，耶稣升天节，圣灵降临节，6 月 17 日国庆节，银行职员节（8 月第一个星期一），12 月 24 日放假半天，12 月 25~26 日圣诞节，12 月 29 日放假半天。

冰岛有一系列特有的节日。每年 1 月 20 日~2 月 21 日为海盗"维京食品月"。在这期间，全国各地的餐厅甚至家庭都会准备"维京"时期特有的食物，比如煮羊头肉、海豹鳍、羊血肠、腐鲨鱼肉、腌制的公羊睾丸等等，冰岛也会像"维京人"那样用餐。2 月 7 日是甜饼圈日。冰岛人庆祝 2 月份的两个节日都和食物有关。在 2 月 7 日这天，冰岛的家庭、餐厅、特别是面包房都会制作奶油做的甜饼圈，形状大小各有不同，一般传统作法都

冰岛

会填充上奶油、果酱，现在有的还加上巧克力。孩子们都很喜欢这个节日，他们会早早起床，用一种由五颜六色的纸条和彩带制成的小棒子将他们的父母从床上"打起来"，每打一下，孩子们都会从父母那得到一个甜饼圈。

4月21日作为"夏季的第一天"，冰岛全国范围内的庆祝活动有游行、体育比赛以及各项娱乐活动。经过一个漫长的冬季，夏季的到来意味着温暖、阳光的到来。冰岛是世界唯一庆祝夏季来临的国家。在北部索萨克洛克小镇，每年夏天举办"维京海盗节"，除冰岛人之外，还有来自丹麦、挪威、瑞典、英国、波兰等国的"海盗发烧友"齐聚一堂，装扮成维京武士，手持刀剑斧盾，在草地上鏖战厮杀，以此传承古老淳朴的维京文化，弘扬充满豪情的海盗精神。

冰岛是世界上极少数规定"电视禁播日"的国家，规定每星期四所有电视台都不得播出节目，以便让一家人有机会走亲访友、上街购物、看电影、去剧院，目的是减少电视带来的消极影响，以增进人们之间的了解和友谊。

第二章

历　史

第一节　早期历史

一　古代自由国家时代（874～1262年）

北欧历史有记载的第一个时代是"海盗时代"（公元800～1050年），这个时代也开始了冰岛的历史。北欧人（也称为诺曼人或维京人）是著名的航海者兼海盗，冰岛正是他们在向西航海和殖民过程中所发现和建立的一个殖民地。最初，爱尔兰的少数基督教僧侣为了寻求隐修之地和传教事业的新领域，继公元7世纪发现法罗群岛之后，于790年左右最先来到冰岛居住，但不久又离开，在岛上仅留下几处简陋残破的窝棚。

北欧人在向大西洋探险和殖民的过程中于800年前后发现了法罗群岛，在60年后又发现了冰岛，并陆续到这里移民定居，其中主要是挪威人。北欧的海盗船和商船都是橹帆船，船头和船尾呈尖形，并经常用龙头做装饰，称为"龙船"。这种船速度很快，平均时速可达10～11海里，从挪威到冰岛只需要六七天时间。公元860年，先后有挪威人及瑞典人的船只遇难漂流至冰岛，经过勘察断定冰岛是一座岛屿，相继把发现冰岛的佳音传到北欧，引起北欧人对这个面积可观的岛屿的注意。公元865年，挪威人布劳基（弗洛克）·维尔杰尔扎尔松带着仆役和牲畜前往冰岛定居，但只居住了两年便因气候恶劣被迫返回挪威，他最先把这个新陆地命名为"冰岛"。

挪威西部的部落酋长英格尔夫·阿纳尔松（Ingolfur Arnarson）曾经在公元870年到冰岛进行勘察，为迁移做准备。874年，英格尔夫和他兄弟在和挪威权贵闹翻之后便率领亲属和扈从来到冰岛定居，他们将一处有自喷温泉的地方命名为"雷克雅未克"（意为"冒烟的港湾"），成为第一批永久定居冰岛的人。对长期战斗在海上的维京海盗来说，港湾意味着修整、躲避风暴，也意味着一个温暖的家。北欧许多海滨城市都以"港湾"（"vik"，音译为"维克"或"未克"）命名。此后，挪威许多富裕的农民乃至于贵族也纷纷来到冰岛，他们带着家眷、随从、奴隶以及牲畜和其他动产。后来也有少数移民来自爱尔兰以及苏格兰、赫布里底群岛等地，他们或者是爱尔兰及苏格兰本地人，或者是居住在那里的北欧海盗移民。当时把来自挪威的人称为"东边人"或"北边人"，把来自爱尔兰或不列颠群岛的人称为"西边人"。这个迁移过程持续到930年才基本结束，史书中称之为"垦殖时期"，这时冰岛居民达到约2.5万人。他们来到这个荒凉的海岛上，主要靠捕鱼和畜牧为生。本来为数不多的爱尔兰教士后来又大多离开了冰岛。

冰岛的土地本是无主的，最先来到冰岛的人可以随意占据土地。后来，由于进入冰岛的移民不断增多，人们便制定了一个规矩：对于新来者，每一船人所圈占的土地范围不得超过一个人步行一天所能走的路程，这样，来得晚的移民所拥有的土地就要少些。大部分耕地是私人所有，而牧场、湖泊、树林、海滩等则是公共财产。此外，冰岛还有一条不成文的法律，即人人都必须劳动。由于冰岛地广人稀、自然条件恶劣，有许多事情需要人们共同去做，才能够共同生存，因此任何人都不能袖手旁观、不劳而获。劳动在冰岛移民的生活中从一开始就占有光荣的地位，并且成为冰岛人民的优良传统。同时，冰岛人的贫富差别自古以来始终不大，优秀的帮工受到所有人的尊敬，不爱劳动的懒汉则受人鄙视，富人的儿子也大多习惯于共同劳动。

　　冰岛起初还有少数奴隶，其中的大多数是移民带来或者从海盗活动中掳掠来的俘虏，但不存在奴隶买卖，虐待奴隶也被认为是耻辱。由于冰岛的冬季漫长，奴隶在冬季派不上用场，主人还要供给他们食物，因此并不有利。由于冰岛地广人稀，奴隶也很容易逃跑或远走他乡。此外，在严酷的自然环境下，往往需要让奴隶和自由人团结一致共同面对困难、渡过难关。所以从 10 世纪末起，不少人家开始解放奴隶。到 11 世纪末，原来的奴隶差不多都成了自由民。

　　当时冰岛的经济有较大发展，处于经济繁荣时期。人们从事捕鱼、放牧、耕作、航海、编织、制造和修理船只等各项生产活动。每逢夏至节、秋分节或某座神庙落成的周年纪念日，人们聚集在一起朗诵诗篇、讲故事、跳舞，还举行赛马、斗狗、击剑等文娱体育活动。这时冰岛的航海业也相当发达，航海家"红头发"埃里克于 985 年发现了格陵兰岛，他的生于冰岛的儿子莱夫·埃里克松（史称"幸运莱夫"）则于 1000 年向西航行时最先发现美洲，到达北美洲的东海岸，成为第一位踏上美洲大陆的欧洲人，他比哥伦布到达美洲的时间早了近 500 年。根据冰岛"萨迦"记载，莱夫在美洲大陆上一个他命名为"文兰"的地方过了一个冬天，"文兰"大概位于现在加拿大的纽芬兰，因为那里曾发现维京人的农舍。

　　挪威移民迁来定居的同时，也把斯堪的纳维亚地区的社会结构、法律、宗教、文化、生活习俗等都传到了冰岛，其中包括称为"庭"（又译为"庭格"）的社会组织。"庭"是挪威古代传统中的议事会，起着制定法律、司法审判以及议事的作用。冰岛也很快成立了这种社会组织，管辖生活在同一地方的若干个家庭，并选出最有威望的人作为"庭"的领导。他被称为"戈狄"，即庭长，起着相当于族长、首领或祭司的作用。他的主要任务是充当民事纠纷的仲裁人，主持原始多神教的祭神仪式，带领大家修建供奉奥丁、托尔等神祇的神庙等。每个居民都必须宣布效忠于一位"戈狄"，他们也可以放弃对这个"戈狄"的效忠而去依附另一位"戈狄"。由于害怕暴政，想远离国王和罪犯，冰岛人因此不承认国王，没有建立君主制，而是靠"庭"和"戈狄"来维护社会秩序。

后来，邻近的几个"庭"联合起来，组成地域更大的区。各区的族长们共同商定一些不成文的乡规民约。公元 920 年左右，一位名叫乌尔夫姚蒂尔（Ulfljotur）的族长到挪威去学习立法，回到冰岛后推动了各区法律的制定和实施。在各区产生口头立法的基础上，于公元 930 年首次召开了名为"阿耳庭"的公民大会（Allthing，意为"总庭"，冰岛议会从古至今始终使用这个称谓），所有成年男性自由民都可以参加。这同时意味着冰岛作为独立国家的诞生和"以法建国"理念的普及。后来冰岛人认为这是欧洲的第一个议会，冰岛因此也被视为欧洲不实行君主制的第一个共和国。当时，39 个"戈狄"即族长倡议召开公民大会，这 39 个人相当于第一批议员。

古老的议会场所是露天的，位于廷格瓦德拉湖畔的一座小山丘上。在议会开会时，各部落首领聚会在山丘上，山下平原则聚集着各地来的渔民和牧民。主持大会的议事长老或讲话的人站在被称为"法律石"的高大岩石上，借助身后峭壁的回音，向山下听众发表演说、宣读法律等。当年为了寻找开大会的地点，一个名叫乌里尔奥都尔的人自告奋勇，骑马跑遍全岛许多地方，最后选中了这里。因为这块地方位于移民集中地区的中心，交通比较方便，同时该处音响效果很好。这位先驱者的名字在人民中一直流传，人们至今常常纪念他。

从 930 年起，每年夏天都在廷格瓦德拉湖畔召开"阿耳庭"大会，在古代历法的夏季第 10 周的星期四（约 6 月中旬）召集，一周以后开始开会，会期两周，这一惯例一直延续到 1271年。从 1271 年起，会议延续的时间缩短为一周左右。大会期间，当众处理国家大事，进行诉讼和颁布法律。阿耳庭的主要领导人是议事长老，由"戈狄"即族长们选举产生，任期 3 年。当时的法律没有文字记载，议事长老每年开会时都要向会议参加者背诵 1/3 的法律，在 3 年期间背诵完所有法律，被称为"执法人"（后来称为"法律宣讲人"），其目的是提醒大家注意和遵守法律。在平时，他则是普通人，没有什么权力和影响力，但是备受人们的尊敬。

阿耳庭不仅是公民集会，而且也是一次大型节庆聚会，是古代冰岛一年中最主要的社会活动。各地居民每年夏季都像庆祝节日一样来到阿耳庭，他们搭起帐篷，摆起小摊，有的还表演歌舞、杂耍、进行摔跤比赛等，使这里成为热闹的全国性集市。夜晚围坐在篝火旁说书、吟诵诗歌，同时也商量子女们的婚事，相互邀请做客，青年男女则谈情说爱。在召开阿耳庭大会期间，每个人都享有不受法律处罚的避难权。当时某些表决通过的法律至今依然有效。在冰岛，氏族制度比其他地方保留得更为长久。多神教作为最初源自古代日耳曼部落的信仰，也符合其氏族社会的性质。

"阿耳庭"大会的主要权力机构，是由 39 个"戈狄"即族长与另外 9 名成员及 1 名"法律宣讲人"即主持人或主席组成的立法会，称为"勒格雷塔"。它既是立法机构，拥有立法权；也是仲裁纠纷的法庭，拥有裁决审判权。它在法律争端中表明态度，并决定采用新法律、废除现行法律，以后用冰岛文记录下来逐步汇编成为《灰雁法典》（Gragas，〔英〕Graylag）。"勒格雷

塔"立法会就是最初的议会并兼最高法院，其成员相当于议会
议员并兼最高法院法官。德意志编年史家、不来梅的亚当在
1070～1080 年期间写的著作中，把当时的冰岛社会称为"除法
律之外没有国王"。

阿耳庭于 965 年决定把全岛划分成 4 个大区，每个大区都有
由 36 名法官组成的区法院。每个大区下辖 3 个庭格区，并各设
一个由 3 名族长共同掌管的法庭，但北方大区有 4 个庭格区，全
国一共有 13 个庭格区。每年春秋两季，各庭格区都要开会处理
本区事务。1004 年又成立了第五个法院，其作用相当于最高法
院，处理其他法院解决不了的案子。它由 48 名法官组成，法官
由"勒格雷塔"立法会的"戈狄"们任命。

旅居德意志的冰岛人托尔瓦尔德于 981 年来到冰岛传播基督
教，986 年被阿耳庭宣布驱逐出国。995～1000 年挪威国王奥拉
夫一世在位期间，又派来多名传教士，包括英格兰教士。基督教
传入冰岛之后，同传统的多神教派处于对立状态，于是在阿耳庭
中便形成两派，一派主张接受基督教，另一派强调禁止基督教传
播。为了保持国家的和平和统一，阿耳庭议长于 1000 年宣布基
督教为冰岛国教，所有冰岛居民都必须接受洗礼。不过冰岛的多
神教传统依然存在，人们对于祖先的英雄传说始终持肯定态度，
一些旧风俗也被继续保留下来（例如弃婴被认为是合法的）。

1056 年在冰岛南部的斯考尔霍特建立了基督教主教区，第
一位冰岛主教于同年在德国不来梅接受祝圣。1104 年在北方的
霍拉又建立了第二个主教区。从 1096 年开始，在全国开始征收
什一税，从此教会开始有了固定收入。各地的族长及富裕居民也
相继出资兴建教堂以及修道院。最初创办的学校隶属于主教区，
并在拉丁字母的基础上创造了冰岛文，冰岛从此开始了有文字记
载的时代。基督教文化也渗透到世俗生活中，在全国相继建起 9
座修道院、两座修女院和两所教会学校。从 1106 年起，阿耳庭

授予主教固定的领地。主教、族长、富裕的自由农逐渐占有比较
多的土地。

由于族长们在全国性立法机构中享有发言权，并实际操纵着
各地的行政、司法以及宗教事务，导致其权力不断增大，并使族
长向贵族转化，使政治权力和社会财富日益集中在几个大家族手
中。1220 年，阿耳庭失去了权威，以斯德龙家族为首的 6 家大
贵族支配全国局势。由于物产匮乏等原因，冰岛在许多方面都依
赖于挪威。10 世纪以后，挪威历代国王曾数次企图控制冰岛。
1222～1231 年间，斯德龙家族中的斯诺里·斯图鲁松在挪威国
王哈康四世的叔父斯库利·巴达尔逊公爵的支持下，当上了阿耳
庭主席。他把自己的 3 个女儿分别嫁给另外 3 个家族，通过联姻
方式孤立了西格瓦特家族和吉扎尔家族。斯德龙家族主宰冰岛达
10 多年。1236 年以后，西格瓦特家族和吉扎尔家族在挪威国王
哈康四世的支持下，联合起来反对斯德龙家族，于 1241 年杀死
了斯诺里·斯图鲁松。此后，吉扎尔家族中的托尔瓦尔德松被挪
威国王任命为专管冰岛事务的"雅尔"。由于冰岛贵族纷纷投靠
挪威，以解决他们的争端求得国内和平，加之冰岛需要从挪威进
口粮食等必需物品，造成挪威在冰岛的影响力越来越大。1238
年挪威人把持了冰岛的主教职务，从 1262 年起，冰岛成为挪威
的附属国，从而结束了存在达 330 多年之久的古代冰岛共和国。
从 930 年至 1262 年，史书上称之为冰岛的"自由国家时代"，
是冰岛历史上的"黄金时代"。

记述冰岛早期历史重要事件的史籍及传奇故事，有的被流传
至今。

被称为"学者"的阿里·托尔吉尔松神父（1067～1148）
于 1122～1133 年期间用冰岛文撰写了一部从移民时期到 1120 年
的冰岛简史，名为《冰岛人记》，它记述了冰岛早期历史的所有
重大事件。该书印本虽然只有薄薄的 20 页，却对后世产生了很

大影响。同一时期由多位著者陆续编撰而成的《得土记》一书（据说"学者"阿里也是最初的编写者之一），记载了冰岛移民的许多情况和各氏族史，其中列举的人名达 400 多人。该书从 13 世纪下半叶开始流传下来多种不同的手抄本，页数分别为 100 ~ 200 页之间。从 1117 ~ 1118 年开始，有人把各种法律记载下来并加以编排，以后又不断扩充、修改，史称《灰雁法典》，目前流传下来有两种手抄本，其第一部分是教会法。这是北欧国家最早的法典，同时包含了当时冰岛社会各方面的信息。

历史学者萨伊蒙德·西格弗松用拉丁文撰写了早期挪威的历史著作，虽然没有能流传下来，但是著作中的一些片段常被后来的学者们所引用。10 ~ 11 世纪中叶是冰岛"吟唱诗人"歌颂的英雄时代，他们写作传奇故事"萨迦"，主题集中于战争，不久便达到其文学成就的顶峰。古代冰岛的天文学也比较发达，在 12 世纪前半期，奥地·赫尔加松曾经著文论述了大地是球体，并根据自己的天文观测准确地推算出夏至和冬至的时间，在当时处于世界领先地位。

二　外族专制统治（1262 ~ 1800 年）

12 62 年，冰岛北部和西部的贵族率先向挪威国王效忠并纳税，此后两年内，南部和东部的贵族也表示臣服。以吉扎尔·托尔瓦尔德松为首的冰岛贵族于 1264 年与挪威国王哈康四世签订了称为"旧条约"的盟约，决定成立挪冰联盟。条约规定，在不改变原有法律及族长地位的条件下，冰岛从属于挪威国王。虽然规定，如果挪威损害冰岛的权益，冰岛便可以废止这一条约，但是冰岛实际上已无力这样做。挪威国王还承诺，缔约后两年内，每年夏天至少派 6 艘船专门为冰岛运送粮食等生活必需品，以后船只的数量则根据需要而定，由此开启了挪威国王对冰岛贸易和运输的垄断。

　　1280 年，挪威新国王埃里克二世即位，第二年他就剥夺了冰岛的自治权，强行把挪威的法律推行到冰岛，任命总督接管了冰岛的中央政权，对冰岛事务有决定权，虽然他们大多数是冰岛本地人。冰岛被划分为 12 个区（相当于过去的庭格区），区长代替了原来的"戈狄"，这些区长是挪威国王的仆从。"勒格雷塔"立法会仍由 36 名成员组成，但他们必须与国王分享立法权。议长由两名法律执行人代替。立法会继续起着法院的作用，以前的法院被废除了，审理案子成了议会的主要职能。

　　在 11 世纪末之前，冰岛的气候比较温暖，几乎各地都能种植谷物。从 12 世纪初开始，气候开始变冷，只有南部和西南部地区还能够生长谷物。到 15 世纪末或 16 世纪初，冰岛任何地区都不能种植谷物。冰岛在经济上严重依赖外国，要靠生产的鳕鱼、羊毛制品等少数产品换取从国外进口的粮食、食盐、木材等。冰岛农民必须向挪威国王交税，担负着沉重的税赋。14 世纪前半期，每年夏天有十几条挪威商船到冰岛收购鱼干、羊毛制品，随船也带来一些粮食和其他商品。从 1349 年开始，冰岛对外贸易一度中断达 30 年，人民生活十分艰难，加上以后瘟疫、火山爆发等自然灾害所造成的饥荒，使冰岛人口萎缩，经济长期处于衰退状态。

　　1380 年，丹麦和挪威组成由同一个君主统治的联合王国，丹麦国王兼任挪威国王，挪威因此依附于丹麦，冰岛也随之沦为丹麦王国的附属国。冰岛人民虽然不同意，但却无能为力，冰岛从此长期处在挪威人和丹麦人的双重统治之下。丹麦国王向冰岛农民征收的税赋比挪威统治时期更重，冰岛不久便降为一个被人遗忘的行省和备受剥削的属地，人民生活更为困苦。冰岛的贵族消失了，普通人民居住在由草土覆盖的矮小房屋之中，食物十分单调，一旦发生灾害就有不少人冻饿而死。在 15 世纪时，总督往往不住在冰岛，只是每年夏天来冰岛。到了 16 世纪，总督的人数增加了，并且全部由外国人担任，主要是丹麦人，间或也有德国人和荷兰人，他们总是想方设法搜刮钱财。例如在 1470～1474 年期间，有两个为丹麦服务的德国人迪特里希·皮宁和汉斯·波特霍尔斯特曾经航行到冰岛，在 1478～1490 年皮宁任冰岛总督。

1413 年，英国国王亨利五世派大批商船到北欧一带经商，其中一部分商人来到冰岛收购鳕鱼，这给冰岛经济、尤其给沿海渔村带来生机。渔民可以从英国商人那里换取一些食物和日用品。不久以后，德国汉萨同盟的汉堡、卢卑克等城市的商人也来到冰岛做生意，并取代了英国商人。冰岛沿海地区的渔业和商业活跃了一个多世纪，有一部分冰岛渔民和商人开始致富，冰岛的16 世纪被称为"德国世纪"。德国商品以其质量上乘而受到冰岛人的青睐，例如冰岛人更喜欢喝德国啤酒而不是丹麦啤酒。

1547 年，丹麦国王克里斯蒂安三世宣布取消外国商人与冰岛进行贸易的权利，只许丹麦商人进入冰岛。丹麦商人以主子自居，垄断市场，随意规定价格，盘剥冰岛人，使冰岛经济长期处于衰败之中。1602 年丹麦国王克里斯蒂安四世进一步在冰岛推行贸易垄断制度，规定只有哥本哈根等 3 地的丹麦商人拥有在冰岛从事贸易的特权，这些商人须向丹麦王室缴纳税金。这一做法长期束缚着冰岛经济的发展，甚至造成因食品供应匮乏而出现饥荒，仅在 1755～1756 年就有 1000 多人饿死。丹麦商人对冰岛贸易的垄断权到 1787 年才基本废止。1854 年 4 月丹麦颁布《冰岛航海与贸易法》之后，对贸易的各种限制才全部废除，为冰岛民族经济此后的发展铺平了道路。

冰岛人民不断反抗外国统治者，从 14 世纪起，暗杀外国驻冰岛官吏的事件时有发生。进入 16 世纪后，反抗斗争有了进一步发展。16 世纪 30 年代后期，霍拉教区主教约恩·阿拉松（1484～1550）在反对宗教改革的同时发动了反对丹麦统治的斗争，得到部分冰岛人民的支持。1539 年，丹麦国王派到冰岛的一些新教僧侣被冰岛农民打死。1549 年，约恩·阿拉松囚禁了丹麦国王派来的一位新教主教。1550 年，丹麦国王派兵镇压，抓住约恩·阿拉松并把他斩首。1551 年夏天，冰岛在丹麦军队的压力下被迫接受路德新教为国教，丹麦国王同时成为新教教会的领袖，他取消了天主教修道院，并没收了所有属于修道院的土地，占有当时冰岛土地的大约一半。

在宗教改革以前，冰岛在政治上还有较多独立性，从 16 世纪中叶起，丹麦国王加强了对冰岛的控制。冰岛先后臣服于挪威和丹麦后，"阿耳庭"会议改为每年 6 月 29 日在廷格瓦德拉湖畔召开，一般仅持续三四天，偶尔延长一两天，但是它基本不再有立法职能，主要是作为上诉法庭起司法机关的作用，一直延续到 1800 年。到 17 世纪中叶，"阿耳庭"会议有时延长至两周。1662 年 7 月，冰岛人在科帕沃古尔召开一次"阿耳庭"特别会议，被迫放弃仍然保留的少许立法权和法律批准权，承认丹麦国王的绝对统治。丹麦国王派出一系列丹麦官员掌管冰岛的各种权力。从 1701 年开始，"阿耳庭"会议每年从 7 月 8 日开始召开，持续两周甚至 3 周时间。后来，这里曾建起一座可以容纳数千人的大型建筑，但是在 18 世纪末被地震和火山爆发所摧毁，没有留下任何痕迹。在廷格瓦德拉湖畔举行"阿耳庭"会议的惯例一直延续到 1798 年才停止，但是参加会议的议员越来越少，最后一次会议只有 12 人出席。1798 年议会从廷格维利平原迁至雷克雅未克，但两年后议会便被取消，代之以由 3 名法官组成的高等法院。

第二节　近代简史

18 世纪时，冰岛仍然是经济落后、发展缓慢的半农业半渔业国。18 世纪后期，冰岛社会面貌开始朝近代化的方向演进。1752 年，冰岛籍官员斯库里·马格努松在雷克雅未克兴建了一家毛纺织工场，并从德意志聘请技师来指导生产；同年，他还创办了牧畜贸易公司；1771 年，他又建立了冰岛农业公司。这些标志着民族工商业的出现。进入 19 世纪之后，西欧国家的工业化为冰岛经济的发展创造了一定的有利条件，冰岛经济开始上升，其羊毛出口量在 1806 ~ 1855 年期间增长了 6 倍以上，同时铁和钢材的进口量几乎增加了 2.5 倍。

1809 年 6 月，曾为英军战俘、后在英国商船上担任丹麦语译员的丹麦人约恩·约恩森带领为数不多的武装人员，绑架了丹麦驻冰岛的总督，宣布冰岛脱离丹麦，宣称自己是由英国政府派来充当冰岛的保护人，并声明将组成一个 7 人委员会来负责冰岛的国家事务。一些冰岛官员对此表示支持。但是英国得知后派军队到冰岛进行了干预，于 1809 年 8 月 14 日释放了被绑架的丹麦总督，约恩森则被带回英国再次投入监狱。

在拿破仑战争期间，丹麦曾经与法国结盟。1813 ~ 1814 年，第六次反法同盟打败了法国，丹麦也成为战败国。根据 1814 年签订的基尔条约，丹麦被迫把挪威割让给瑞典，但是冰岛与格陵兰、法罗群岛仍保留在丹麦的统治之下。从这时起，长期埋藏在冰岛人民心中要求独立的愿望逐渐酿成争取独立的社会运动。

从 1262 年到 1814 年，冰岛文化事业完全被教会所控制。1530 年，主教约恩·阿拉松在霍拉建立了冰岛最早的印刷所，印制宗教方面的书籍。1571 ~ 1627 年期间，杰出的宗教改革派学者古德布兰德·托尔拉克松任霍拉主教长达 56 年。他用冰岛文写作和出版了不少宗教作品，包括于 1584 年首次翻译出版的冰岛文版《圣经》。他还组织人力改进印刷设备，派人到哥本哈根学习印刷和装订技术，霍拉因此成为冰岛印刷业的中心。从中世纪以来，冰岛一直保持着很强的民族文化特性，并且从来没有向丹麦统治者的语言标准屈服。

18 世纪欧洲启蒙运动时期，人们致力于普及教育，第一批社团和刊物应运而生。旅居哥本哈根的冰岛人成立了"学术社"，它的年刊广泛宣传普通知识。冰岛启蒙主义的主要代表人之一、法院院长马格努斯·斯特芬松（1762～1833）出版了许多具有普及知识性质的书籍，创办了冰岛第一份月刊《冰岛月刊》，并进行历史与民族研究工作。其他启蒙主义的代表有农学家比尔恩·哈尔多尔松、社会经济学家约恩·埃里克松、主教哈内斯·芬恩松、主编马格努斯·凯蒂尔松等。他们成立了各种文学性团体，如"无形社"（1760）、"冰岛博学艺术社"（1779～1796）、"启蒙社"（1794～1827）等。1773年成立了第一家出版非宗教文学的出版社，打破了教会对印刷出版的垄断。学者兼诗人埃吉尔特·奥拉夫松（1726～1768）于1752～1757年在冰岛各地旅行考察之后，写成两卷本《周游冰岛》，在他去世后于1772年首先用丹麦文出版。这是冰岛有史以来第一部对这个国家和人民进行翔实描述的巨著。

丹麦语言学家、历史比较语言学的创始人拉斯穆斯·拉斯克对冰岛语深有研究，并钟情于冰岛文化，他于1816年分别在雷克雅未克和哥本哈根发起成立了冰岛文学社，其宗旨是维护冰岛语言、出版冰岛文的文学著作，歌颂冰岛古代的光荣历史。以卡尔·拉芬为首的知识分子于1825年成立了北欧皇家古籍研究所，整理出版了一系列古代冰岛的作品和王室"萨迦"等。1818年冰岛国家图书馆成立。1863年成立了国家博物馆。这些举措加强了冰岛人民的民族意识，焕发了冰岛人的民族精神。1828至1873年，旅居哥本哈根的冰岛侨民出版了三种年刊：《新社会杂志》、《奥尔曼在议会》和《菲约尼尔》。《新社会杂志》由冰岛争取民族独立的英雄约恩·西居尔兹松所创办。《菲约尼尔》杂志则发表过不少年轻诗人的作品。

冰岛人民在当时欧洲革命浪潮的影响下，开展了争取民族独立的斗争，要求摆脱丹麦的统治。从19世纪40年代起，冰岛民族独立运动在约恩·西居尔兹松（1811～1879）领导下逐渐高涨起来。在冰岛人民要求自治与独立的压力之下，丹麦不得不在1843年3月同意冰岛重建"阿耳庭"议会，但又规定"阿耳庭"只是咨询机构而不是权力机构。1844年举行了第一次议会选举，从20个选区中选出20名议员，选民仅限于25岁以上有相当财产的男性公民，只占当时人口约3%～5%。1845年7月1日，作为咨询性机构的冰岛"阿耳庭"议会在雷克雅未克一所教会学校新校舍里举行首次会议，与会的正式代表共26人，除选出的20名议员之外，另外6名代表是由丹麦国王指定的，并由他们主持了第一次会议。

出身于富裕农民家庭的约恩·西居尔兹松是民选议员之一，以后成为冰岛议会的领袖。此后议会每两年在7月份召开一次会议，会期一般为4周，规定议会选举应每6年举行一次。在欧洲革命浪潮的推动下，丹麦于1848年3月从专制君主制变为立宪君主制国家，在新政府的内政部中设立了冰岛事务局，该局首任局长是以自由主义和民族主义著称的冰岛人布林约尔维·彼得松。同年夏天，冰岛民主派人士在雷克雅未克举行了政治会议，要求对内具有自治权。经过约恩·西居尔兹松、布林约尔维·彼得松等人的努力，在丹麦于1849年6月5日公布的新宪法中没有提及冰岛，这意味着冰岛没有纳入丹麦宪法管辖的范围。丹麦国王于1848年9月批准的冰岛国民会议于1851年7月在雷克雅未克召开，代表们在会上提出实行自治、制定本国宪法的主张，并要求使"阿耳庭"成为处理本国事务的立法机构，同时要求在雷克雅未克设立冰岛政府。这些要求均遭到丹麦国王的拒绝，他颁布法令称丹麦宪法同样适用于冰岛，并派总督到冰岛于1851年8月9日强行宣布解散冰岛国民会议。

此后，冰岛人民继续斗争，不断向丹麦施加压力。约恩·西居尔兹松作为冰岛议会议长也不断向丹麦政府提出各种自治要求，要求无论是冰岛总督还是高等法院法官都应对冰岛议会负责，冰岛应建立独立的财政税收系统等，迫使丹麦统治者不断做出让步。1854年冰岛取得自由贸易权，1855年争得出版自由权。丹麦政府任命的一个专门委员会于1862年提出报告，建议把冰岛的财政同丹麦财政分开；同时建议丹麦国库对冰岛国库进行支持，以补偿丹麦过去从冰岛所取得的收入。但该报告的建议没有被丹麦国王接受。

1873年冰岛议会通过了一部包含有比较激进内容的新宪法草案，提交丹麦国王，但没有被采纳。1874年1月5日，丹麦国王颁布了一部冰岛内部事务宪法，于同年8月1日起生效。该宪法规定，冰岛议会和丹麦国王同时享有立法权，但丹麦国王有权根据丹麦内阁的意见否定冰岛议会的决议；冰岛的财政收入不必交给丹麦，并可自行决定收支，但冰岛的执政权仍归丹麦国王所有；司法裁判权虽归冰岛最高法院，但丹麦司法大臣同时兼任丹麦政府负责冰岛事务的大臣；冰岛的最高行政长官是总督，仅向丹麦的冰岛事务大臣负责，而不是向冰岛议会负责。根据上述规定，冰岛从此赢得对内实行自治的部分权力，但一切重大问题仍需报请丹麦政府批准。这年夏天，丹麦国王有史以来第一次到冰岛进行巡视，并参加了人类移民冰岛千年的庆典活动。

此时冰岛"阿耳庭"议会的议员增加到36名，其中30名由民选产生、6名由丹麦国王指定。冰岛划分为19个选区，其中有8个单人选区（每个选区选举1名议员）、11个双人选区（每个选区选举两名议员）。"阿耳庭"议会依照丹麦的模式分为上、下两院，上院由6名民选议员和6名被丹麦国王指定议员组成，这意味着上院由支持丹麦的人物所把持，因为上院可以阻止不利于丹麦的决议被通过。下院由24名民选议员组成。上、下两院共同举行的会议便是联合院会议。议会一般仍为每两年召开一次会议，从7月份第一个工作日开始开会，持续6周时间

（1903 年以后改为 8 周）。1886 年在非会议年度首次召开了一次议会特别会议，以后这种情况逐步增多。

1903 年，丹麦自由党上台执政，规定丹麦的冰岛事务大臣必须把官邸设在雷克雅未克，并必须通晓冰岛语。1904 年 2 月，首次由冰岛人——诗人、律师、自治党领导人哈内斯·哈夫斯泰因出任这一职务，同时总督职务被取消，由此宣告从 1871 年开始的"总督时代"的结束。由于丹麦于 1915 年实行宪法改革，冰岛的妇女从这时起也开始获得选举权；同时规定，原来由丹麦国王指定的 6 名冰岛议会上院议员也改为由选举产生。1922 年，冰岛议会中第一次出现女议员。在历史上，冰岛议会都采用举手表决方式，继丹麦于 1901 年起废止举手表决之后，冰岛议会从 1906 年开始废止举手表决，而采用无记名投票。

早在 1884 年，冰岛就提出要有自己的国旗。不久以后，在非正式场合采用蓝底白十字旗作为国旗，但为此常常发生争执。1913 年丹麦被迫允许冰岛在其领海内悬挂得到法律承认的旗帜，但由于该旗帜图案和希腊国旗完全一样，便决定重新进行设计。1915 年决定采用的国旗是以深蓝色为底色、上面绘有镶白边的红色十字贯穿整个旗帜。1918 年丹麦承认冰岛的独立地位后，1919 年将此旗确定为冰岛的国旗。1944 年 6 月 17 日冰岛完全独立后正式成为冰岛共和国的国旗。

雷克雅未克于 19 世纪 30 年代开始建立由选举产生的市政委员会。在 19 世纪下半叶，阿库雷里、哈布纳菲厄泽和塞济斯菲厄泽（Seythisfjoerthur）这 3 个商贸中心也获得了城市地位（kaupstathur），也开始建立由选举产生的市政委员会。城镇和地区合而为一，城镇的行政长官同时兼任周围农村地区的行政长官。

冰岛的民族经济随着政治自治权的不断扩大而得到发展。从 19 世纪 40 年代起，在鱼类加工业和毛皮加工业中出现了一批新型的企业。在农业中推广了新技术，牧草的种植由一年收一茬发展为一年收两茬。富农开始经营大规模的牲畜养殖场，牲畜数量逐年增长。从1850年起，冰岛开始向英国出口其特有的矮种马。1882年成立了第一个农业合作社，此后一二十年，农业合作社逐步遍及全国。1902年成立了全国性冰岛合作社联合会，它拥有并管理国内大部分屠宰场、奶牛场以及许多冷冻厂。从1870年开始，由于气候寒冷、火山爆发等原因，冰岛出现向加拿大和美国大规模移民的浪潮，至19世纪末向外移民共约2万人。加拿大曼尼托巴省的温尼伯湖畔的吉姆利是冰岛移民最集中的地方，这里在19世纪70年代甚至一度成立了"新冰岛共和国"，至今每年仲夏时节还在这里举行冰岛节。

冰岛传统的房屋建筑风格深受斯堪的纳维亚半岛以及苏格兰的影响，包括外观和结构，其正面大多用原木间隔，偶尔也用镀金的金属板，墙壁和屋顶则抹上用干草搅拌的泥煤，既坚固又防严寒。在渔业中，从1890年起有了带甲板的渔船，从而可以到远海捕鱼，不久又出现了拖网渔船，捕鱼量比过去大为提高。1885年冰岛成立了第一家银行。20世纪初，在雷克雅未克等地的工业企业中开始使用电力。

第三节 现代简史

19世纪末，冰岛开始建立自己的政党，最初成立的若干小党派都没有存在多久。1899年成立了自治党；1909年成立了独立党（"老独立党"，与后来的独立党无关），该党后来改称市民党。前者主张和丹麦保持比较密切的关系，满足于实现冰岛的内部自治；后者则主张冰岛应有更强的独立性。1911年丹麦通过了一项法律，给予冰岛妇女接受高等教育、参加工作和担任国家公职的权利。1915年丹麦的宪法改革，使冰岛的妇女和工人获得了平等的公民权,可以参加议会选举和被选举。1916 年成立了全国性工会组织冰岛工会联合会,同时成立了构成其核心的冰岛工党。由于当时强调工人阶级没有国界,该党和丹麦社会民主党成为姊妹党,并从 1919 年开始获得它的经费资助,因此主张和丹麦保持比较密切的关系。不过,1928 年冰岛工党在议会中不仅明确表态赞成冰岛独立,而且主张应当成立共和国。1912 年成立了农民党,该党在 1916 年 12 月到 1917年 1 月期间与其他党派人士共同成立了进步党,主要代表农民的利益及合作社运动。1929 年成立的新的独立党是一个右翼政党,既主张民族独立,也主张个人独立自由,主要代表工商业主阶层的利益。

在 1930 年 11 月召开的冰岛工会联合会暨工党代表大会上,由于发生了分裂,少部分人成立了冰岛共产党。1938 年工党的一部分成员又与共产党合并,成立了冰岛社会党,该党曾于1939 年谴责苏联对芬兰的入侵。在 1942 年的冰岛议会选举中,冰岛社会党获得 18.5% 的选票、10 个席位,超过工党所获得的14.2% 选票、7 个席位。在很长时间内,冰岛有两个左翼政党相互竞争。1956 年,工党的左翼分裂出来,同社会党合并,成立了人民联盟,并于 1968 年正式成为政党。

在第一次世界大战期间,冰岛没有受到战争的损害。由于冰岛与丹麦的联系被削弱,与其他国家的贸易交往增加,使许多渔业主和工商业主壮大了经济实力,要求独立的愿望便更加强烈。从 1871 年起,丹麦国库每年向冰岛拨付 6 万丹麦克朗,用于促进两国的文化交往及冰岛科教事业的发展,至 1918 年停止支付,在此期间一共拨付给冰岛 200 万克朗。

在冰岛方面的一再敦促下,冰岛和丹麦各派 4 位代表于1918 年 7 月在雷克雅未克举行会议,起草了一个联盟条约。冰岛议会和丹麦议会分别未经任何修改通过了该条约。冰岛议会同时宣布奉行永久中立政策。丹麦国王于 1918 年 11 月 30 日批准了该条约并于 12 月 1 日起生效。条约确认：丹麦和冰岛是同一位国王治理下的两个各自独立的"主权国家"；冰岛的外交事务由丹麦代管；冰岛周围海域的捕鱼活动也仍由丹麦管辖；冰岛不设立军队，由丹麦提供军事保护；两国公民在法律上完全平等。该条约有效期为 25 年，如果届时双方没有签订新的条约，则任何一方可以单方面宣布退出联盟。这个条约使冰岛向真正的独立迈进了一大步。双方商定，丹麦王国议会和冰岛议会应于 1940年底之前分别举行会议，对条约的延期或废除做出决定。但是仅仅 10 年之后的 1928 年，冰岛议会中各个政党都主张在适当时候尽早收回由丹麦对外代表冰岛这一特权、结束联盟条约，最迟不得晚于 1943 年底。

1920 年 5 月 18 日颁布的丹麦王国宪法修正案包含丹麦、冰岛联盟条款，并且规定冰岛的行政权仍属于丹麦国王，但必须通过其大臣行使；除过去已经成立的冰岛政府机关外，创设一个由 5 名法官组成的最高法院。

第二次世界大战爆发后，1940 年 4 月 9 日丹麦被法西斯德国占领，冰岛与丹麦的联系被切断。借此机会，冰岛议会"阿耳庭"于 4 月 10 日便通过决议，解除丹麦国王对冰岛的统治，授权冰岛内阁行使外交权和渔业保护权。丹麦王室对冰岛长达 560 年的统治至此终结。1941 年 5 月 17 日，冰岛议会决定选举一名摄政官临时主持国家事务。6 月 17 日，前驻哥本哈根公使斯韦恩·比约恩松当选为冰岛摄政官。

在二战期间，英国为保障大西洋海上通道的畅通和安全，以预防德国军队入侵英国为由，先是在 1940 年 4 月 12 日出兵法罗群岛，进而于 5 月 10 日出兵进驻冰岛。冰岛政府虽提出抗议，但英国置之不理，没有任何军队的冰岛只能接受既成事实。在此之前，英国曾数次要求允许它在冰岛驻军，但冰岛政府以保持中立地位为由予以拒绝。英国军队进驻后，打算将冰岛作为其在北大西洋的永久军事据点，建立了海空军基地。英国驻军最多时达2.5万人，冰岛成为盟军向苏联运送作战物资的重要基地。1942年6月27日由35艘船只组成的盟军船队从这里出发向苏联运送大批作战物资，并由英国海军指挥护航，但由于指挥失误，船队遭受德军重创，最后只有11艘抵达苏联港口，成为盟军在北冰洋上最为惨重的一次失利。

1941年7月，美国军队也开始进驻冰岛。冰岛政府于1941年7月8日与美国签订《战时防务条约》。大部分英国军队以后陆续撤离冰岛，由美军取而代之。美军驻扎冰岛的人数最多时达到4万人，而当时冰岛的全国人口才12万人。随着这个条约的签署，冰岛便结束了于1918年宣布的永久中立政策。英国人修建了雷克雅未克机场，并一直管理到第二次世界大战结束。美国在凯夫拉维克（距雷克雅未克将近50公里）修建了大型空军基地（当时称为美克斯机场），在赫瓦尔湾建造了海军基地。

随着美国军人的大批进驻，大量美元源源不断流入冰岛。美国不但负责冰岛的军事防务，而且提供广泛的援助，同时冰岛向英国出口的渔产品价格大幅上升，这些都使得冰岛经济快速发展，也使当地居民有工作可做并且增加收入。人们奋发图强、建设国家，全国各地到处兴建公路、桥梁、住房、工厂，对在第一次世界大战期间修建的雷克雅未克港口进行扩建并安装了现代化设施。人们的工资收入虽迅速增长，生活水平也得到相应提高，但与此同时物价水平也迅速上涨。

1943年底，冰岛丹麦联盟条约期满。冰岛于1944年2月25日提出取消冰丹的联盟条约的提案。同年3月8日，冰岛议会"阿耳庭"提出修改宪法的建议，决定成立共和国。1944年5月，冰岛举行全民公决，97%的选民投票赞成废除与丹麦的联盟条约，投反对票的只占0.5%，有95%的人赞成建立民主共和国。经冰岛议会全体投票决定，于 1944 年 5 月 23 日解除与冰丹的联盟，建立冰岛共和国。1944 年 6 月 16 日，冰岛议会废除联盟法，同时通过新宪法。新宪法的内容和旧宪法基本上相同，只是把"国王"一词全部改为"总统"，而关键的一处不同是规定总统不享有对任何新法律的绝对否决权。如果总统拒绝签署一项法律，这个法律仍暂时有效，而后要由全民公决来决定是否接受这个法律（第 26 条）。总统拒绝签署法律的事情在很长时期内都没有发生，直到 2004 年才第一次出现。

　　1944 年 6 月 16 日冰岛正式宣布脱离丹冰联盟。6 月 17 日，新宪法正式生效，冰岛成为共和国。在这一天，约 2.5 万冰岛人冒着滂沱大雨在古老的"阿耳庭"所在地廷格维利平原举行集会，庆祝共和国诞生。这天正是民族独立之父约恩·西居尔兹松的诞辰纪念日。在经历了 682 年的异族统治之后，冰岛人民终于获得完全的独立和自由。

第四节　当代简史

一　共和国成立

冰岛共和国于 1944 年 6 月 17 日宣布成立，议会任命斯文·比约恩松为共和国第一任总统。这一天便成为冰岛的国庆日。在共和国成立大会上，美国代表第一个发表讲话表示祝贺，冰岛总理宣读了丹麦国王发来的贺电，祝贺成立冰岛共和国，冰岛人对此感到欣慰。

　　美国政府曾宣布在冰岛驻军到战争结束，但是在二战结束后却不愿马上撤军。1946 年，美国向冰岛政府提出建议，把凯夫拉维克军事基地租借给美国 99 年，但冰岛人民对此不赞成。一年之后，在冰岛人民的强大压力之下，美国军队被迫撤离冰岛，凯夫拉维克空军基地由冰岛民航人员管理。尽管国内有很多人反对，冰岛政府依然决定作为创始国之一于 1949 年加入北约，但宣布在和平时期冰岛不接纳外国军队，只在战时才可以驻扎外国军队。不过，在 1950 年朝鲜战争爆发后，美国等北约成员国认为已经不再是和平时期，于是同冰岛于 1951 年 5 月 5 日签署双边防务协定。美国军队于 1951 年 5 月 7 日开始重新进驻凯夫拉维克军事基地，条件是由美国承担冰岛的防务责任。这种关系一直保持至今，该协定连同其附件至今依然有效。

冰岛于 1946 年 11 月加入联合国，1950 年 3 月加入欧洲委员会。从 1948 年 4 月到 1952 年 6 月，美国通过"马歇尔计划"向欧洲总共提供了 131.5 亿美元的援助。冰岛因人口最少并且没有受到战争破坏，所获得的援助总额最少，仅为 0.29 亿美元，但按人均计算则获得的援助最多。在第二次世界大战中，冰岛非但没有遭到战火的破坏，其经济和社会生活反倒取得长足发展，并积累了大量的外汇储备。在 20 世纪 40 年代末，冰岛利用其外汇储备对渔业设施进行大规模的现代化更新，大大提升了捕鱼业和渔业加工的水平。

1959 年，议会决定重新调整选区，全国划分为 8 个选区，均实行比例选举制，议员数目增加为 60 名。1968 年把参加议会选举的法定年龄降低到 20 岁。1984 年再度修改宪法，把议员数目增加到 63 名，法定选举年龄降低到 18 岁。1999 年 6 月通过宪法修正案，决定从 2003 年大选开始，重新划分选区，选区的数目减至 6 个，议员的数目保持不变。

在 1956 年以前，冰岛政府大多由进步党和独立党联合组阁。1959～1971 年，独立党和社会民主党联合执政，对内采取"经济复兴"政策。进入 70 年代以后，由于通货膨胀以及党派矛盾等原因，政局多变，出现了各种联合政府：1971～1974 年是进步党、自由左翼党和人民联盟联合执政；1974～1978 年是独立党和进步党联合执政；1978～1979 年是进步党、人民联盟和社会民主党联合执政。从 1980 年 2 月开始，独立党（少数派）、进步党和人民联盟联合执政，该届政府对内采取稳定克朗币值、冻结物价和工资、紧缩银根等一系列紧缩经济的政策，以遏制通货膨胀；对外继续奉行保留美国驻军和留在北约内的防务安全政策。由于它在议会中失去有效多数，总理居纳尔·托罗德森于 1983 年 3 月 14 日宣布解散议会，提前于 4 月 23 日举行大选。1983 年 5 月 26 日，组成由独立党和进步党联合执政的多数派政府。

美国军事基地问题长期成为冰岛人民关切的政治问题，1971 年冰岛政府要求美国撤回驻军。同年 12 月 8 日，冰岛与中华人民共和国正式建立外交关系。1985 年 5 月冰岛议会一致通过决议，宣布冰岛为"无核区"，从而排除了在冰岛部署核武器的可能。

二 领海及专属经济区的扩展

冰岛近海渔业资源丰富，捕鱼成本又大大低于深海捕捞，近海渔业在冰岛渔业生产中始终保持着十分重要的地位，因此，领海以及专属经济区的宽度对于冰岛的经济生活至关重要。早在 1631 年 12 月，丹麦国王便下令在冰岛实行 6 挪威里（又称为"丹麦里"，1 挪威里＝6 海里）的渔业保护区。从 1662 年开始缩小为 4 挪威里（24 海里）渔业保护区；1682 年又进一步缩小为 16 海里，这一官方规定一直延续到 1859 年。规定要求，外国渔船不得在保护区内捕鱼。但是英国和荷兰等国却从来不承认这个规定，从 16 世纪开始，就有较大型带甲板的英国渔船不断到冰岛附近海域捕鱼。1859 年，冰岛开始实行当时国际上流行的把领海范围限制为 4 海里（即大炮射程范围）。1872 年依据丹麦当局的规定，把领海范围减为 3 海里。虽然海湾和峡湾禁止外国船只进入，但是英国的拖网渔船借助武力保护照常在冰岛的海湾内捕鱼。

1901 年，英国依仗其强大的海军力量迫使丹麦与之缔结一项为期 50 年的协定，规定渔业保护区的范围为海岸最低退潮线以外 3 海里，在海湾处为 10 海里，这样就等于开放了冰岛的一批渔场。在 1945 年二战结束后，冰岛渔船的数量在几年内翻了一番。与此同时，外国渔船、尤其是英国渔船重新回到冰岛海域捕鱼，影响了冰岛的渔获量。因此在 1951 年该协定到期时，冰岛政府宣布这一协定不再有效。除英国之外，联邦德国、苏联以及比利时、挪威、法罗群岛等的渔船也曾在冰岛海域捕鱼，并且数量不少。虽然在总渔获量中，冰岛渔船捕鱼的比例不断上升，1936 年占 44%，1955 年以后达到 55%，但由于担心近海鱼类资源枯竭，冰岛因此采取各种措施限制外国渔船在其沿海捕鱼。

冰岛议会于 1948 年颁布了《科学保护冰岛大陆架渔场法案》，授权渔业部可以制定法规扩大专属渔区。为制止过度捕捞，冰岛政府规定从 1952 年 5 月起，以海岸线以外 4 海里作为渔业保护区的界线，在渔业保护区内禁止使用拖网和围网捕鱼，冰岛渔船也不例外，以保护鱼群产卵及鱼苗生长。

当联合国第一次海洋法会议尚未解决领海宽度应当是多少的时候，为了进一步保护渔业资源，冰岛政府于 1958 年 6 月 30 日宣布把原来 4 海里的专属渔区扩展为 12 海里，并于同年 9 月 1 日起生效。苏联等国政府宣布尊重这一决定，却引起有其渔船多年来在这里渔场捕鱼的英国和联邦德国的反对。英国于 9 月 1 日派遣大小 10 艘军舰护送三队英国渔船，蓄意进入距冰岛 4～12 海里之间的海域内捕鱼，并在发生争执时扣留了冰岛海岸巡逻队队员，引起冰岛人民和政府的强烈抗议。这是第一次"鳕鱼战"。

经过长达两年多的反复争执，冰岛于 1961 年初和英国达成关于冰岛周围捕鱼区范围的协议；稍后又和联邦德国达成关于捕鱼区范围的协议。根据协议，英国和联邦德国承认冰岛 12 海里捕渔区的主张；英、德两国渔船在冰岛周围海域捕鱼时，要遵守冰岛对渔区的规定；但在此后 3 年内，仍可以继续在离冰岛某些海区 6～12 海里范围内捕鱼。协议同时规定，冰岛可以继续执行扩大渔业管辖权的决定，如果这种扩大导致与英国、联邦德国发生争议，经任何一方请求，应提交国际法院裁决。

1960 年 3～4 月召开的联合国第二次海洋法会议依然没有解决领海宽度问题。由于远洋捕捞水平迅速提高和渔业生产的迅速发展，海洋渔业资源面临不断枯竭的危险，冰岛沿海渔场的鲱鱼汛在 20 世纪 60 年代下半期已明显减少。沿海国家为保护本国利益，普遍主张扩大本国的渔区。在这种背景下，冰岛政府于 1972 年 9 月宣布终止与英国在 1961 年达成的捕鱼区范围的协议，把专属渔区管辖权扩大到 50 海里。英国和联邦德国再度竭力反对，并导致发生第二次"鳕鱼战"。

在第二次鳕鱼战中，英国起初也像在以往一样，让本国的渔船在军舰保护下继续在有争议的海域捕鱼，并且和冰岛海岸巡逻队的巡逻艇发生冲撞。冰岛发明了一种特殊装置，专门用于剪断英国渔船的拖网，从而使 69 艘英国渔船受损。于是，英、德两国向国际法院提出诉讼，起初冰岛不愿应诉。在诉讼中，英国对冰岛的 12 海里专属渔区没有争议，也承认冰岛在 12 海里以外有争议的海域有优惠的捕鱼权利，但由于英国渔船在冰岛海域捕鱼的历史很长，停止捕鱼活动对英国经济及人民生活造成不利影响，国际法院最终支持英国和德国的观点。鉴于扩大沿海国的渔区及经济权利是当时的新趋势，国际法院认为应协调冰岛的优惠捕鱼权和英国、德国的传统捕鱼权，主张双方应通过谈判方式解决问题。

经过多次谈判，冰岛政府在 1973 年 11 月中旬和英国政府达成一项为期两年的协议，承认英国有权在冰岛 50 海里范围内的某些海区捕鱼，但其拖网渔船的数量不得超过 139 艘，每年捕鱼量不得超过 13 万吨，加工船和冷藏船则禁止入内。冰岛还和其他国家签订了类似的临时协议，但未能和联邦德国达成协议。

　　1974 年冰岛的鳕鱼捕获量大幅度下降。为进一步保护渔业资源和经济权益，冰岛于 1975 年 7 月 15 日颁布《冰岛近海渔业限制规则》，规定从同年 10 月 15 日起开始实施 200 海里捕鱼限制区，由此导致与英国之间第三次并且是最严重的"鳕鱼战"。美国、苏联等对冰岛的举措也表示反对，而北欧其他 4 个国家则表示理解和同情。1976 年 2 月冰岛宣布同英国断交，这是北约成员国之间发生的最为严重的一次冲突，并且双方的实力完全不对等。与此同时，欧共体也于 1976 年 2 月宣布欧洲各国海洋专属经济区的界线定在 200 海里，从而使英国陷于孤立。在欧共体及挪威等国的斡旋下，冰、英两国在同年 6 月又达成临时捕鱼协议，并宣布恢复外交关系。冰岛允许 24 艘英国拖网渔船在 200 海里捕鱼区内作业 6 个月。同年 12 月 1 日，英国拖网渔船最终离开冰岛 200 海里捕渔区。

　　没有任何军队的冰岛不畏强权，凭借其保护主权的决心，扩大捕鱼区的努力终于取得彻底胜利，被誉为冰岛"第二次赢得了主权"，即对其周边海域的经济主权。1979 年 6 月 1 日，冰岛《领海、大陆架和经济区法》开始生效，其中包含对 200 海里捕鱼区享有专有权的内容。在冰岛与格陵兰岛以及与法罗群岛之间，则以中间为界划线。冰岛只允许法罗群岛（丹麦）、挪威等国渔民在其 200 海里捕鱼区内捕鱼，而且给予它们的限额也逐年减少，对捕鱼工具也作了限制。200 海里专属经济区的建立使冰岛彻底取得了对其周围海域渔业资源的完全控制权，是冰岛渔业史上的一个重要里程碑。

　　在 1979 年冰岛正式宣布实施 200 海里专属经济区之后，与挪威就扬马延岛的经济区或大陆架划界问题产生了争端。扬马延岛在 1929 年之前是无主地，1929 年被挪威宣布为其所有。该岛距挪威约 540 海里，距冰岛 292 海里，距格陵兰岛 250 海里。由于冰岛宣布拥有 200 海里经济区而且与扬马延岛相距 292 海里，冰岛因此反对扬马延岛拥有自己的经济区或大陆架。1980 年 5 月，冰岛和挪威签署了关于扬马延岛渔业问题和大陆架问题的协定，包括确立冰岛和扬马延岛之间的经济区边界、安排管理扬马延岛周围渔场、成立调解委员会确立大陆架边界等三项内容。该委员会经过反复调查研究，提出一份建议书认为，考虑到当时正在起草的《联合国海洋法公约》第 121 条关于岛屿制度的规定，扬马延作为岛屿有权拥有领海、专属经济区和大陆架；同时又认为，冰岛 200 海里经济区已远远超出扬马延岛与冰岛之间的中间线，再在 200 海里之外划出大陆架的界线是不必要的，因而建议大陆架的划界应当与经济区的划界相一致。考虑到冰岛是依靠油气进口的国家，其 200 海里经济区内缺少油气资源，而 200 海里以外的油气资源较多，因而建议冰岛和挪威两国可以进行联合开发。

　　两国认为调解委员会的建议是可以信赖的，因而在其建议的基础上，于 1981 年 10 月缔结了大陆架划界协定，规定大陆架的分界线和经济区的分界线是同一条线，并约定在分界线两侧某一特定区域建立共同开发区，从而使这一争端在友好合作的基础上得到解决。1982 年 4 月联合国海洋法会议通过的《联合国海洋法公约》正式承认 200 海里专属经济区。

第五节　著名人物

约恩·西居尔兹松（Jon Sigurdsson，1811～1879）

19 世纪冰岛的民族英雄、民族独立运动领袖，为争取冰岛的独立和自由作出了卓越贡献。1811 年 6 月 17 日出生于冰岛西北端赫拉本塞里沙丘的一个牧师家庭。父亲亲自向他传授各种知识。18岁时来到雷克雅未克,先在一家商店当店员,一年后成为主教的文书和门生。1833年在他22岁那年到哥本哈根大学学习语言学、考古学和历史,以后定居于哥本哈根。他当过多家基金会和学术团体的秘书、资料员和图书管理员等,同时写了不少著作。

1841年,他和志同道合者在哥本哈根创办了冰岛文年刊《新社会杂志》,在此后30年间,他在该杂志上发表了大量有关冰岛贸易、财政、教育和宪法问题等方面的论文和文章。他努力促成丹麦政府于1843年3月同意恢复冰岛议会,并于1845年7月召开首次会议,尽管当时的议会只是咨询机构。他在家乡选区当选为议员,参加了议会首次会议,并成为议会的领袖。此后每两年召开一次议会会议时,他几乎都回到冰岛参加会议,直到逝世。在哥本哈根居住期间,他和那里的冰岛青年学生和学者保持着密切联系,每周在他家里举行聚会。

他始终没有固定的职业,主要是接受各个学术机构的资助从事研究工作,其中也包括丹麦政府的一部分资金。1848年他作为冰岛代表被丹麦国王任命为丹麦制宪会议成员,在制定丹麦1849年宪法过程中,他始终为取得对冰岛有利的结果而努力。1861年,他被丹麦政府任命为划分丹麦和冰岛财政事务委员会委员,在起草该委员会报告的过程中,他为冰岛应获得的合理权益而据理力争。

他对冰岛历史的研究作出了重要贡献,整理出版了冰岛中世纪文献。他始终把争取祖国在政治上的独立和自由当作自己的终生事业,通过自己的笔和活动努力唤醒同胞的民族意识和爱国主义精神,号召人们为冰岛的独立自主而共同奋斗。由于特殊的历史条件和历史局限性,他从来没有明确提出冰岛作为独立国家与丹麦彻底两断的要求,而是主张冰岛要恢复成立有立法权的议会，同时成立冰岛自治政府，但仍然承认丹麦国王作为共同的国家元首。不过他的努力大大提高了冰岛人民的民族意识，并形成了强大的民族独立运动。他的思想并不保守，而是主张冰岛要实行现代化、民主化、经济进步并提高人权保护水平。

1944 年在他的诞辰纪念日那天，冰岛共和国宣布成立。

斯文·比约恩松（Svenn Bjornsson，1881～1952） 冰岛共和国第一任总统。生于 1881 年 2 月 27 日。1912 年当选为雷克雅未克市议会议员，1914～1916 年和 1920 年两度当选为冰岛议会议员，1918～1920 年担任议长。此后作为冰岛使节出使英国，签订了第一个《冰岛—英国贸易协定》。1920～1924 年、1926～1941 年两度出任驻丹麦公使（相当于大使）。1918～1940 年期间曾多次出席重大国际会议。1944 年 6 月 17 日冰岛共和国宣布成立时，议会任命他担任共和国总统。1945 年当选为共和国总统，1949 年获得连任，再次当选为总统。1952 年 1 月 25 日因病去世。

奥斯吉尔·奥斯吉尔松（Asgeir Asgeirsson，1894～1972） 冰岛共和国第二任总统。1894 年 5 月 13 日出生。1915 年毕业于冰岛大学神学系，后来曾经到丹麦哥本哈根大学和瑞典乌普萨拉大学深造。1917～1918 年担任冰岛国家银行秘书。1918～1927 年在冰岛师范学院当教师。1923 年作为进步党候选人当选为冰岛议会议员。1926～1931 年、1934～1938 年任冰岛教育部长。1928～1931 年、1938～1952 年任议会外交事务委员会委员。1930 年作为议会议长，在纪念冰岛议会诞生千年大会上致辞。1931 年任财政部长，1932～1934 年任政府总理兼财政部长。1934 年退出进步党，但仍作为无党派人士连续当选为议员，直到 1952 年当选为冰岛总统。1938～1952 年任冰岛渔业银行总裁。1944 年代表冰岛出席布雷顿森林经济和货币会议。1946～1952 年出任国际货币基金组织总裁。1952 年 6 月当选为冰岛第二任总统，1956、1960、1964 年三度在没有竞选对手情况下连任总统。1972 年 9 月 15 日去世。

克里斯蒂安·埃尔亚恩（Kristjan Eldjarn，1916~1982）
冰岛共和国第三任总统。1916 年 12 月 6 日出生于冰岛北部埃亚菲尔朱尔。1936~1939 年在哥本哈根大学学习考古学。1939~1941 年在冰岛阿库雷里农学院任教。1941~1944 年到冰岛大学进修。1945 年起任冰岛考古学会理事。1945~1947 年任冰岛国家博物馆副馆长，1947~1968 年任国家博物馆馆长。1950 年起任冰岛科学和艺术学会委员，1962 年起成为国际史学科学联合会常设委员会委员。1957 年获得冰岛大学哲学博士学位，1969 年获得英国阿伯丁大学法学博士学位，1972、1975、1976 年分别获得瑞典隆德大学、挪威卑尔根大学和苏联列宁格勒大学哲学博士。1968 年击败另一位候选人居纳尔·托罗德森当选为总统，1972、1976 年两度在没有竞选对手情况下获得连任。他多才多艺，对考古学和艺术的造诣尤为深湛，写有《石碑的遗迹》、《国家博物馆史》等书及多部考古著作。1982 年 9 月 14 日因病去世。

维格迪丝·芬博阿多蒂尔（Vigdis Finnbogadottir，1930~）
冰岛共和国第四任总统，世界上第一位由全民直接选举产生的女总统，同时也是世界上任期最长的女总统。1930 年 4 月 15 日生于冰岛首都雷克雅未克市，父亲为冰岛大学教授兼工程师，母亲任冰岛护士协会主席 30 余年。1949 年在雷克雅未克中学毕业后，读了两年大学专科后赴法留学，先后在法国格勒诺布尔大学和巴黎大学攻读法国文学和戏剧。回国后，先当了 5 年的图书馆管理员，然后在冰岛大学攻读英语、英国文学和教育学，毕业后又去丹麦哥本哈根大学和瑞典大学专修戏剧课程。1968 年获得冰岛大学英国文学及教育学学士学位。

她先后在雷克雅未克中学和大学讲授法语和法国戏剧史，还担任过电视台主持人、旅行社导游。1972 年至 1980 年担任雷克雅未克市剧院经理，曾翻译外国剧本。1976 年成为北欧国家文化事务委员会委员，1978 年成为该委员会主席。她从青年时代起便积极参加反对扩军备战的和平运动，70 年代中期活跃于妇女运动中。她热衷于文化艺术事业而不介入政治派别之争，使之赢得众多选民的支持。1980 年 6 月以无党派人士身份竞选总统获胜，是世界上第一个民选女总统，成为当时轰动世界的新闻。她在 1984 年、1988 年和 1992 年三次蝉联总统，其中在 1984 年和 1992 年竞选时没有其他对手。

当政期间，她注意维护民族利益，发展国民经济，多次出访世界各国，提高了冰岛的国际地位和影响。其民众支持率高达90%，被誉为冰岛的"国母"。她在 1985 年参加妇女罢工，以纪念 1975 年 10 月冰岛妇女为抗议不平等待遇而举行的大罢工。1986 年 10 月，她在雷克雅未克迎接前来举行苏、美首脑会谈的苏共中央总书记戈尔巴乔夫和美国总统里根，一时使冰岛为举世瞩目。

芬博阿多蒂尔总统多才多艺，爱好文学、戏剧，通晓英语、法语等多种语言。1958 年以来，她曾先后获得法国、美国、英国、加拿大、日本和芬兰等国一些著名学府颁发的名誉学位。1982 年获得圣米歇尔勋章和圣乔治大十字贵夫人勋章。她早年曾经有过一段短暂的婚姻，此后一直独身，有一个养女。

奥拉维尔·拉格纳·格里姆松（Olafur Ragnar Grimsson，1943 ~ ） 冰岛共和国第五任总统。1943 年 5 月 14 日生于冰岛西北部的冰湾市（Isafjordur）。1962 ~ 1970 年在英国曼彻斯特大学学习经济学和政治学，获政治学博士学位。1966 ~ 1973 年为冰岛进步党人委员会委员，1971 ~ 1973 年任进步党执委会委员。1970 ~ 1988 年为冰岛大学政治学讲师、教授。1974 ~ 1975 年任自由左翼联盟执委会主席。1978 ~ 1983 年、1991 ~ 1996 年为议

会中人民联盟议员，1980～1983 年任议会党团主席。1983～
1985 年任人民联盟党报《人民意志报》主编。1983～1987 年任
人民联盟执委会主席，1987～1995 年任人民联盟主席。1988～
1991 年任冰岛财政部长，使冰岛财政保持稳定，使通货膨胀率
从 80% 下降到不足 20%。

1996 年 6 月 29 日以 40.9% 的得票率当选为冰岛共和国第五
任总统。他在当选后表示，冰岛必须走出欧洲，加强与亚洲及拉
丁美洲国家的贸易和文化联系；认为这些国家是未来经济增长的
重要区域，冰岛与它们发展关系会有更多的机遇。他强调继续反
对加入欧盟，认为加入欧盟不会使冰岛获得政治或经济利益。
2000 年和 2004 年两度重新当选总统，获得连任。

奥拉维尔·格里姆松积极参与国际交往与合作，曾多次获国
际和平奖章。他作为议员于 1994 年应中国人民外交学会邀请偕
夫人访华，2005 年 5 月以总统身份访华。他于 1974 年与古兹
隆·卡特琳·索尔伯格多蒂尔结婚，育有一对双胞胎女儿。夫人
索尔伯格多蒂尔曾任邮电工会主席，1978～1994 年任塞尔蒂亚
纳（Seltjarnarnes）市政府成员。她仪态端庄、举止优雅，受到
冰岛人民的广泛尊重和爱戴。1998 年 10 月因白血病去世，举国
为之震惊和哀悼。2000 年 5 月，奥拉维尔·格里姆松与其埃及
裔英国女友多丽特·穆萨耶夫订婚，2003 年 5 月 14 日在他 60 岁
生日时举行婚礼。

他于 2004 年 6 月 2 日拒绝签署议会已经通过的《媒体法》，
成为有史以来首次行使《冰岛宪法》第 26 条赋予这项权力的总
统。这样，这项法案就必须付诸全民公决。此举引起很大争议，
反对者认为这是"攻击"议会并伤害了议会主权。政府最后被
迫撤回这一法案，没有付诸全民公决。他在同年 6 月 26 日的总
统选举中虽然获得 85.6% 的选票并得以连任，但是选民的投票
率却只有 63%，表明不少民众对他否决议会法案不满。

斯特凡·约翰·斯特凡松（Stefan Johann Stefansson, 1894～1980） 冰岛总理（1947 年 10 月～1949 年 10 月在任）。1894 年 7 月 20 日生，毕业于雷克雅未克大学。1926～1939 年任冰岛最高法院律师。1924～1942 年为雷克雅未克市政委员会委员。1934～1953 年任议会议员。1935 年至 50 年代初任冰岛渔业银行董事会主席。1938～1952 年任社会民主党领导人。1939～1942 年任外交和社会事务部长。1945～50 年代初任国家保险公司总经理。1950 年任欧洲委员会成员。

奥拉维尔·托尔斯（Olafur Thors, 1892～1964） 冰岛总理（1942 年、1949 年 10 月～1950 年 3 月、1953 年 6 月～1956 年 7 月、1959 年 11 月～1961 年 9 月、1961 年 12 月～1963 年 11 月在任），冰岛独立党领导人。曾就读于丹麦哥本哈根大学。1914～1930 年任克维尔杜弗尔有限公司执行董事。1925 年起任议会议员。1924～1934 年任保守党（即后来的独立党）中央委员会委员，1928 年任该党外事委员会委员，1928 年任该党中央委员会主席。1947～1949 年任独立党外事委员会主席。1932 年任司法部长，1934～1942 年任外交部长。1942 年任冰岛首任总理，以后又四度出任总理。1944～1947 年任外交部长，1947～1948 年为冰岛驻联合国代表团成员。1950 年 3 月～1953 年 9 月任工业和外贸部长。

斯坦格尔米尔·斯坦索尔松（Steingrimur Steinthorsson, 1893～1966） 冰岛总理（1950 年 3～6 月在任）。毕业于丹麦哥本哈根大学。1950 年 3～6 月担任政府总理。1953 年 9 月～1956 年 7 月任文化、社会和教会事务部长。

赫尔曼·约纳松（Hermann Jonasson, 1896～1976） 冰岛总理（1956 年 7 月～1958 年 12 月在任），冰岛进步党领导人。曾就读于冰岛大学。1928～1934 年任雷克雅未克市警察局长。1934 年任议会议员。1934 年 7 月～1942 年 5 月曾任冰岛总理。

1943 年任冰岛农业银行行长，同年任进步党主席。1956 年 7 月 21 日任政府总理兼司法部长，1958 年 12 月离任。

埃米尔·荣松（Emil Jonsson，1902～1986）　冰岛总理（1958 年 12 月～1959 年 11 月在任），社会民主党领导人。1902 年 10 月 27 日出生于哈布纳菲厄泽市，曾就读于丹麦哥本哈根工业大学。1926～1937 年在哈布纳菲厄泽当工程师。1930～1937 年担任哈布纳菲厄泽市长。1934～1971 年为议会议员。1937～1944 年和 1949～1957 年任国家灯塔与港务管理局长。1944～1947 年任交通部长。1947～1949 年任商业和交通部长。1956 年任代理外交部长。1956～1958 年为议会议长。1957～1958 年任冰岛国家银行总裁。1957～1968 年为社会民主党主席，其间曾任总理一年。1959～1965 年任渔业和社会事务部长。1965～1971 年任外交部长。曾担任北大西洋理事会主席。

比亚尼·贝内迪克松（Bjarni Benediktsson，1908～1970）　冰岛总理（1961 年 9～12 月、1963 年 11 月～1970 年 7 月在任），冰岛独立党领导人。曾先后就读于冰岛大学和德国柏林大学，1932 年到冰岛大学任教。1936 年起任独立党中央委员会委员。1940 年起担任雷克雅未克市长，以后连选连任两届。1942 年起任议会议员。1946 年任联合国总务委员会冰岛代表。1947～1953 年任外交部长兼司法部长。1953～1956 年任司法部长兼教育部长。1956～1959 年任报刊编辑。1959～1961 年、1962～1963 年出任司法和工业部长。1961 年起任独立党主席。1961 年 9～12 月、1963 年 11 月～1970 年 7 月任总理。

约翰·哈夫斯坦因（Johann Hafstein；1915～1980）　冰岛总理（1970 年 7 月～1971 年 7 月在任），冰岛独立党领导人。曾就读于冰岛大学，1938～1939 年在英国研习法律。1939～1952 年任独立党领导人及主席。1946 年起任议会议员。1952～1963 年任冰岛渔业银行总裁。1963～1970 年任司法和工业部长。

1970 年 7 月 ~ 1971 年 7 月担任政府总理。此后还担任过司法部长。

奥拉维尔·约翰内松（Olafur Johannesson，1913 ~ 1984）
冰岛总理（1971 年 8 月 ~ 1974 年 8 月、1978 年 8 月 ~ 1979 年 10 月在任）。1913 年 3 月 1 日出生于冰岛斯卡加弗米尔。就读于冰岛大学，1939 年获得冰岛大学法学学士学位。1939 ~ 1943 年任冰岛合作社联合会律师和审计员。1943 ~ 1944 年任贸易委员会委员。1944 ~ 1947 年任合作社联合会法律顾问。1946 年当选为进步党中央委员，同年作为冰岛代表团成员出席联合国成立大会。1946 ~ 1953 年任国家广播电台理事会理事。1947 ~ 1971 年为冰岛大学法学教授。1957 ~ 1964 年任冰岛中央银行董事会董事。1957 年任议会候补议员，1959 年成为正式议员。1959 ~ 1964 年任北欧理事会候补理事，1964 ~ 1969 年为理事。1960 ~ 1968 年任进步党副主席，1968 ~ 1979 年任该党主席，1969 ~ 1971 年任进步党议会党团领袖。1971 年 8 月 ~ 1974 年 8 月出任总理兼司法和宗教事务部长。1974 ~ 1978 年任商务、司法和宗教事务部长。1978 年 8 月 ~ 1979 年 10 月再度出任政府总理，在任期间，对外主张依靠美国和北约作为冰岛防务的保障，对内主张发展国营、私营和合作社三种所有制并存的经济体制。1980 年 2 月 ~ 1983 年 5 月任外交部长。著有若干部关于宪法方面的著作，在国内外发表了许多有关法律的文章。

吉尔·哈尔格里姆松（Geir Hallgrimsson，1925 ~ 1990）
冰岛总理（1974 年 8 月 ~ 1978 年 8 月在任），冰岛独立党领导人。1925 年 12 月 16 日生于雷克雅未克。1944 年毕业于雷克雅未克学院，1946 ~ 1947 年任冰岛全国学生联合会主席，1948 年毕业于冰岛大学法律系。1948 ~ 1949 年在美国哈佛大学法学院进修 1 年，研读经济学和法学。1951 ~ 1959 年在雷克雅未克当律师。1955 ~ 1959 年任贝内迪克松进出口公司经理。1954 ~

1974年任雷克雅未克市政委员会委员，1958～1959年为该委员会副主席。1959～1972年任雷克雅未克市长。1959～1970年任冰岛议会候补议员，1970年起为正式议员。1965年当选为独立党中央委员，1971年任该党副主席，1973～1983年为该党主席。1974年8月～1978年8月独立党和进步党联合执政期间担任政府总理，在任期间，对外主张依靠美国和北约作为冰岛的防务保障，对内强调经济领域的自由竞争。1983年5月～1985年10月任外交部长。曾获得法尔贡大十字勋章。

贝内迪克特·格伦达尔（Benedikt Grondal，1924～） 冰岛总理（1979年10月～1980年2月在任），冰岛社会民主党领导人。1924年7月7日生于冰岛厄嫩达菲厄泽。1943年毕业于雷克雅未克学院，1946年获得美国哈佛大学历史文学学士学位，1947年赴英国牛津大学深造。1950年当选为冰岛社会民主党中央委员，1952～1954年为该党副主席。1951～1958年任冰岛合作社联合会教育部主任。1956年当选为北大西洋联盟常务委员会委员。1957～1959年、1960～1971年任国家广播电台理事会主席。1969年起任国家教育图书馆主任。1971年起任国家经济研究所理事。1974年任社会民主党主席。1979年10月～1980年2月担任政府总理。著有《美利坚合众国》、《冰岛——从中立到北约成员国》等书。

居纳尔·托罗德森（Gunnar Thoroddsen，1910～1983）
冰岛总理（1980年2月～1983年5月在任），冰岛独立党领导人。1910年12月29日生于雷克雅未克。1929年毕业于雷克雅未克学院。1934年起任议会议员。1935～1936年到丹麦、德国和英国进修法学，主攻刑法。1940～1950年在冰岛大学法律系任教授。1945年担任宪法修改委员会主席。1945～1957年任北欧议会联盟冰岛代表团团长。1947年任新宪法委员会委员，同年担任北欧议会联盟主席。1947～1957年任雷克雅未克市长。

1948～1965 年、1971～1981 年为独立党中央委员。1951～1965
年任各国议会联盟冰岛代表团团长。1957 年再度担任北欧议会
联盟主席。1959～1965 年任财政部长。1961～1965 年、1974 年
任独立党副主席。1965～1969 年先后任冰岛驻丹麦和土耳其大
使。1968 年获得冰岛大学法学博士学位。1970 年任冰岛最高法
院法官。1974～1978 年任工业、能源和社会事务部长。1980 年
2 月～1983 年 5 月任总理。1983 年 9 月 25 日去世。

斯坦格里米尔·赫尔曼松（Steingrimur Hermannsson,
1928～） 冰岛政府总理（1983 年 5 月～1987 年 4 月、1988 年
9 月～1991 年 4 月在任），冰岛进步党前主席。1928 年 6 月 22
日出生于雷克雅未克，其父亲为冰岛前总理约纳松。1948 年毕
业于雷克雅未克学院，1951 年毕业于美国芝加哥理工学院并获
得学士学位，1952 年获得美国加州工学院电力工程硕士学位。
50 年代曾先后担任国家电力公司和国家化肥厂工程师、外交部
防务司干事等职。1957～1978 年担任冰岛国家经济研究所领导。
1957～1961 年任国家工业化委员会主任。1958～1970 年任国家
住房基金会技术委员会委员。1959～1974 年任欧洲委员会高等
教育和研究委员会委员。1962～1978 年任经济合作与发展组织
科学委员会委员。1968～1975 年任国家能源局技术委员会委员。
1971 年起任进步党总书记，1979 年改任该党主席。1971 年当选
为议员。1978～1979 年任农业、司法和宗教事务部长。1980 年
2 月进步党同人民联盟、独立党组成联合政府后，任渔业和交通
部长。1983 年 5 月进步党同独立党组成联合政府后任总理。
1987 年 4 月 25 日联合政府在议会选举中失去多数，辞去总理职
务。1987～1988 年任外交部长。1988 年 9 月～1991 年 4 月再度
出任总理，在任职期间，对内主张发展以合作社为主体的经济体
制，赞成私有经济和国有经济并存；对外主张冰岛同北大西洋公
约组织保持密切关系，并注意发展同第三世界国家的关系。1986

年 10 月应中国政府的邀请访问中国，是 1971 年中冰建交以后第一位访华的冰岛政府首脑。

索尔斯坦·保尔松（Thornsteinn Palsson, 1947～） 冰岛总理（1987 年 7 月～1988 年 9 月在任），冰岛独立党领导人。1947 年 10 月 29 日出生在冰岛的塞尔福斯。1968 年毕业于冰岛商学院。1970～1975 年在独立党机关报《晨报》当采访记者。1974 年获得冰岛大学法学学士学位。1976 年从事执业律师。1979～1983 年任冰岛雇主协会主席。1983 年当选为议会议员。1983～1991 年 3 月任独立党主席。1985 年 10 月～1987 年 7 月任财政部长。1987 年 7 月～1988 年 9 月任政府总理。1991 年 4 月在达维兹·奥德松内阁中任渔业兼司法和宗教事务部长。

达维兹·奥德松（David Oddsson, 1948～） 冰岛政府总理（1991 年 4 月～2004 年 9 月在任），冰岛独立党领导人。1948 年 1 月 17 日生于雷克雅未克。1974 年毕业于冰岛大学法律系。1976 年至 1982 年先后担任雷克雅未克市医疗保险基金会办公室主任和该基金会执行主任。1974 年当选为雷克雅未克市市政委员，1982～1991 年任市长。1990 年当选为独立党副主席，1991 年 3 月起任该党主席。1991 年 4 月 20 日当选为议会议员，4 月 30 日出任政府总理。并于 1995 年、1999 年两次连任总理，是冰岛迄今任期最长的政府首脑。

达维兹·奥德松领导的独立党与奥斯格里姆松领导的进步党于 2003 年 5 月赢得大选胜利，两党随后组成联合政府。2004 年夏天奥德松曾因患癌症住院，经两党协商，决定由奥斯格里姆松于 9 月 15 日接任总理，奥德松则改任外长。奥德松在任总理期间，冰岛政府重视加强与美国的关系；同时加强与欧盟的关系，使冰岛于 1994 年加入欧洲经济区。但他多次明确表示冰岛不加入欧盟，认为入盟会严重损害冰岛的渔业利益，反对把冰岛的主权让渡给欧盟。

　　奥德松在文学方面享有声誉，是冰岛知名诗人兼剧作家，并出版过短篇小说集。

　　奥德松于 2005 年 9 月辞去独立党主席、外交和外贸部长以及议会议员职务，退出政坛，并于同年 10 月出任冰岛中央银行行长，任期 7 年。

哈尔多尔·奥斯格里姆松（Halldór Agrimsson，1947 ~ ）

　　冰岛总理（2004 年 9 月 ~ 2006 年 6 月在任），进步党领导人。生于 1947 年 9 月 8 日。1965 年毕业于冰岛合作学院。1970 年成为注册会计师。1971 ~ 1973 年在挪威卑尔根大学和哥本哈根大学读商科研究生。1973 ~ 1975 年在冰岛大学经济学和工商管理学院任讲师。1979 年起当选为冰岛议会进步党议员，议会外交委员会委员。1980 ~ 1994 年为进步党副主席，1994 年起任该党主席。1991 ~ 1995 年任北欧理事会主席团委员，1992 ~ 1995 年任北欧理事会自由党小组主席。1976 ~ 1983 年任冰岛中央银行董事会董事，在 1980 ~ 1983 年间任该董事会主席。1983 ~ 1991 年任冰岛渔业部长，1985 ~ 1987 年兼任北欧合作部部长，1988 ~ 1989 年兼任司法宗教事务部部长。1995 ~ 2004 年任外交外贸部部长，其间在 1995 ~ 1999 年兼任北欧合作部部长。2004 年 9 月 ~ 2006 年 6 月任总理。

吉尔·希尔马·哈尔德（Geir Hilmar Haarde，1951 ~ ）

　　冰岛总理，独立党领导人。出生于 1951 年。1973 年在美国布兰代斯大学获得学士学位，1975 年获美国约翰·霍普金斯大学高级国际关系研究学院硕士学位，1977 年获美国明尼苏达大学经济学硕士学位。1977 ~ 1983 年任冰岛中央银行国际部经济专家。1983 ~ 1987 年为冰岛财政部政治顾问。1987 年起任议会议员。1988 ~ 1998 年任各国议会联盟冰岛小组主席，1994 ~ 1998 年任各国议会联盟执行委员会委员，1995 ~ 1997 年任执行委员会副主席。1991 ~ 1998 年任北欧理事会主席团成员，1995 年任北欧理事会主席。1991～1998 年任冰岛议会外交委员会委员，1995～1998 年任该委员会主席。1995～1997 年任北欧理事会保守党小组主席。1995～1998 年任北极地区议员常设委员会主席。1991～1998 年任冰岛独立党议会小组主席。2002～2004 年任国际货币基金组织国际货币财经委员会委员。1999 年和 2004 年任北欧财政部长理事会主席，2004 年任经合组织部长会议副主席。1999～2005 年任独立党副主席，同年 10 月任该党主席。1998～2005 年任冰岛财政部长，2005 年 9 月～2006 年 6 月任冰岛外交部长，此后任政府总理。

哈尔多尔·基尔扬·拉克斯内斯（Halldór Kiljan Laxness, 1902～1998）　真名为哈尔多尔·古兹永松，冰岛小说家、剧作家。1902 年 4 月 23 日生于雷克雅未克，3 岁时随父母到父亲的拉克斯内斯农场，童年即在这里度过，后来便以此为笔名。曾在拉丁学校和雷克雅未克一所中学就读。青年时代开始文学创作，17 岁时出版第一部小说《自然之子》(1919)。20 岁时在国外旅行，曾到过斯堪的纳维亚、德国、奥地利和法国，接触到艺术中的现代主义流派，对表现主义、超现实主义等很感兴趣，同时也接触到宗教思想。1923 年在卢森堡公爵领地一所寺院内居住一年多，皈依天主教，并写了长篇小说《在圣山下》（1924），描写他这一时段的经历。由于对宗教的强烈兴趣，他又前往英国，在伦敦的耶稣会从事研究，然后去罗马等地，并写了几部有关天主教的著作。1925 年完成了长篇小说《来自克什米尔的织工》，这是他第一部重要的长篇小说，带有自传性质，描写来自克什米尔的一个青年织工为在各种思潮中选择一种信仰而苦闷，最后宣告"上帝胜过女人"，皈依宗教。

1929 年他前往美国、加拿大，曾在加利福尼亚、好莱坞等地居住，成为美国作家厄普顿·辛克莱的好友，并深受辛克莱的影响。他接触了激进的社会主义和共产主义思想，写了不少文章赞扬社会主义，这些文章后来收入文集《人民之书》（1929）。
在美国时，他曾撰文祝贺辛克莱 50 寿辰，以一个社会主义者的
口吻批评了美国文化，引起强烈反响。1930 年他回到冰岛，结
婚后定居于雷克雅未克，从事文学创作。以后曾两次访问苏联，
并到过西班牙等地。30 年代，他以冰岛历史上重大事件为题材，
写作多卷本长篇小说《洁净的葡萄树》（1931）和《海岸的鸟》
（1932），反映人民所受的凌辱和苦难。这些作品出版后引起各
方面的重视，使他在文学领域取得无可争辩的地位，并得到冰岛
政府每年向成名作家颁发的年金。

他的长篇小说《独立的人们》（1934～1935）描写农民为获
得土地和改善生活条件而进行的斗争，曾引起激烈的争论。保守
的报纸批评它，左翼报刊赞扬它，冰岛"每月一书俱乐部"把
它列为 1946 年度入选的作品。这部小说使作者在国内成为最负
盛名的小说家。他的另一部长篇小说《世界之光》（四部，1937～
1940）取材于 19 世纪冰岛民间一个贫穷诗人的痛苦经历。该诗
人并非英雄，却自以为可以给世界带来光明，结果在腐败堕落的
社会中悲惨地度过一生。以后，他创作了总称为《冰岛之钟》
的三部长篇小说，第一部为《冰岛之钟》（1943），第二部为
《聪明的姑娘》（1944），第三部为《哥本哈根的火光》（1946），
描写 17 世纪冰岛人民反抗丹麦人统治的斗争。主人公奥尔尼·
马格努松是丹麦国王的朋友，又是维护冰岛独立和尊严的战士，
他处于对朋友的忠诚和对祖国的忠诚的矛盾之中，最后他的复兴
祖国的计划遭到失败。小说中描写了处于异族奴役下的人们的冷
漠、颓唐以及为维护民族独立所作的无望的努力。小说生动感
人，但有悲观主义色彩。1948 年出版长篇小说《原子站》，揭露
统治集团出卖国家独立，反对美国在冰岛建立空军基地。

他的长篇小说还有《歌颂英雄的萨迦》（1952）、《布雷克科
特村编年史》（1957）、《得乐园》（1960）等。他的小说大多贯

穿对社会的批判精神，为被压迫被剥削者执言。他也评论时政，自称是"左翼社会主义者"。但在 20 世纪 50 年代以后写作的小说中，这种批判的倾向有所减弱。此外，他采用超现实主义手法写了一些抒情诗。他还有一些剧本，如《银月》(1954)、《鸽子宴》(1966) 等。

拉克斯内斯是冰岛现代文学中最重要的作家，在国际上也享有声誉。1953 年 6 月获得世界和平理事会颁发的国际和平奖，并当选为该理事会理事；1953 年获得斯大林文学奖；1955 年获得诺贝尔文学奖。他访问过中国，并曾为中国作家叶君健在冰岛出版的长篇小说《山村》写过热情洋溢的序言。他十分推崇中国古代思想家老子，经常引用老子的格言。

比约克·古德门兹多蒂尔（Björk Gudmundsdottir，1965 ~) 当代冰岛享誉世界的最著名歌手。1965 年 11 月 21 日出生于雷克雅未克，自小就被公认为是一个音乐神童，极富音乐才能，歌唱风格独树一帜，被视为当今最为狂野、激进的前卫歌星，有"冰岛音乐女神"之称。11 岁时推出首张同名专辑，大多为流行名曲的翻唱，在当地颇受欢迎，从此比约克的名字在冰岛家喻户晓。1979 年组织了一支名叫"出走"（Exodus）的后朋克乐队；1981 年另组塔皮·提卡拉斯乐队；1983 年组成后朋克乐队库克（Kukl）。1986 年，库克与克拉斯唱片公司签约并更名为"糖块"（The Sugarcubes），比约克是该乐队主唱，该乐队成为冰岛摇滚乐队中的佼佼者。1992 年比约克赴伦敦谋求发展，开始对电子舞曲音乐发生兴趣。她单飞后的首张单曲唱片《人类行为》（Human Behavior）于 1993 年 6 月推出。在此基础上，比约克推出了单飞后的首张专辑《处女作》（Debut），其中《男孩般的维纳斯》（Venus as a Boy）和《纵情》（Big Time Sensuality）很快打入了英国排行榜，并令她成为欧美歌坛站在最前列的先锋女将。在这一年末，《新音乐快讯》杂志将《处女作》评为当年最佳专辑，比约克本人获得当年英国唱片工业大奖中的"最佳国际女艺人奖"和"最佳新人奖"。

她在 2000 年主演了丹麦导演拉斯·冯·特里尔执导的影片《黑暗中的舞者》，并创作了该片的电影配乐歌曲，该片成为当年欧洲最佳影片，比约克以表演处女作赢得了戛纳电影节最佳女演员的殊荣。在 2004 年 8 月 13 日第 28 届雅典奥运会开幕式上，比约克身着著名服装设计师专门设计的希腊风格的服装领衔放歌，高唱一曲自己谱曲的歌曲《海洋母亲》。在 2004 年制作的唱片《骨髓》中，收录了这首《海洋母亲》。她付出的努力和取得的成就赢得了广大歌迷的尊敬，被誉为"天籁女神"。

比约克于 2001 年 8 月获得法国政府颁发的国家对外最高荣誉"骑士勋章"，以表彰她对音乐、电影及文化所作出的杰出贡献，她也成为近年来最受法国人欢迎的外国女歌手。在由英国广播公司下属一本杂志于 2006 年 1 月主办的评选中，比约克被读者以高票评选为全球最古怪的明星。已进入不惑之年的比约克能在这次评选中"独占鳌头"，不仅是因为她衣着古怪，而且由于她的歌曲和行为很有个性，并常常成为娱乐新闻的主角。

第三章

政治与防务

第一节 宪法

冰岛共和国宪法于 1944 年 6 月 17 日正式颁布，于 1959 年、1968 年、1984 年、1991 年、1995 年、1999 年先后 6 次修订。现行宪法共有 7 章、79 条。

宪法规定，冰岛为议会制共和国（宪法第 1 条）；立法权同时属于共和国议会和总统；行政权由总统和政府依法行使；司法权由法官行使（宪法第 2 条）。议会原来分为上、下两院，重要问题由两院联席会议（称联合院）做出决议。从 1991 年 10 月起上、下两院合并为一院。议员由选民以无记名投票方式选举产生。总统由人民普选产生，任期 4 年，可以连选连任。政府成员由总统根据议会内部各政党力量的对比加以任命。总统有权召集和解散议会，向议会提出法案和议案。议会可以对失职的政府成员提起控诉，由弹劾法院审讯。公民的人身、住宅和财产不可侵犯，非依据法律规定不得加以搜查、限制。个人的工作自由不受限制，但因公益事业需要而另有法律规定者除外。凡无力维持本人及眷属生活且无他人供给者，他们的生活所需均由国家负担。事先经许可，公民可以为合法目的而结社。公民可以通过印刷品以及互联网络发表自己的言论，但必须对自己所发表的言论负法律责任。城镇和乡村社区均有权在政府监督下实行自治。国家不承认任何人享有特权。修改或补充宪法的提案，需在议会常会或特别会议上提出。提案如经议会通过，议会应立即解散并举行大选。如果该修正案又经新议会不加修改地通过，则由共和国总统批准生效，称为宪法条款（宪法第 79 条）。

第二节　国家机构

一　议会

议会是冰岛共和国的立法机关。冰岛议会最早成立于公元 930 年，是世界上历史最悠久的议会。从 1262 年起，冰岛先后被挪威、丹麦所统治，但议会仍然存在，只是其作用受到很大限制和削弱。1845 年，冰岛议会作为丹麦国王的咨询立法机构得以重建，1874 年后又取得了一部分立法权和财政权。1904 年，丹麦承认冰岛实行内部自治。1918 年，冰岛与丹麦签订了联盟法，规定冰岛为主权国家，由此，冰岛议会获得了相当大的权力，冰岛政府开始向本国议会负责。

1944 年 6 月冰岛取得完全独立后的新宪法规定，议会由 52 名议员组成，分为上、下两院，其中上院有议员 17 名，下院有议员 35 名，任期 4 年。在 52 名议员中，41 名由普选产生；另外 11 名按各政党比例分配，只有获得 7% 以上选票的政党才能进入议会。从 1959 年开始，议员增加为 60 名，1987 年又增加到 63 名。

在 1991 年 10 月之前，在每次议会选举后召开的第一次全体议员大会上，选出 1/3 的议员组成议会上院，其余 2/3 的议员组成下院。两院举行联合会议时称为联合院。上院、下院和联合院均选出各自的议长，以主持各自的议事活动。在1991年10月之前，财政预算也由两院联席会议批准。联合院议长为国家重要领导人之一，在总统因故缺位时与政府总理、最高法院院长集体代行总统职权，并担任会议主席。从1991年10月开始，取消了议会分为两院的做法，上下两院合并为一院，议员仍为63名，任期仍为4年。总统和最高法院法官不得兼任议会议员。

正常的议会会期为每年10月1日至次年同一天；如果10月1日是节假日，而总统又没有下令提前召开，那么会议就从随后一个工作日开始举行。议会开会、闭会、休会均由总统宣布。总统和政府以及议会各常设委员会拥有立法提案权，议员也可以提出一般议案。财政法案、对政府的弹劾案等，必须由议会以三读程序通过。议会任命若干委员会，作为立法工作机构。议会任命3名审计官，监督并核查政府的财政收支，以方便议会审议财政法案。议会如未达到过半数议员出席会议并参加投票，则不得通过决议。议会会议一般公开举行，政府成员有权出席会议并发言，但只有兼任议员者才有表决权。议员享有豁免权，在议会开会期间，除了现行犯以外，非经议会同意，不得被拘留或起诉。议员在会议以外对本人在议会内的言论不负有责任。

新的立法提案和重要政治措施，均须经政府会议讨论。法案和法令须经议会以三读程序通过后，再经总统签署并经一名政府部长副署，才能生效。议会各委员会有权就有关公共利益的重大事项进行调查，并有权要求政府官员或私人提供口头或书面报告。议会有权对政府部长因职务行为提出弹劾，弹劾案由弹劾法院审理。

每届新议会在召开第一次会议时，首先应选出一名议长和若干名副议长。议长和副议长共同组成议会主席团，决定议会讨论的议题；同时，议长也和各政党小组主席进行充分协商合作，决定会议的议程。议长负责主持会议，如果他以普通议员身份发表意见时，就把会议主持权临时交给一位副议长。2003 年大选后组成的议会选出 1 位议长、6 位副议长。

　　议会选举制度自 1944 年以来几经改变。1959 年将全国划分为 8 个选区。各个选区由于人口的数量、密度不等而分得的议席数量不等。首都雷克雅未克分配到 14 个议席，西南选区分配到 8 个议席，其余 6 个选区各有 6 个或 6 个以上议席。1999 年 6 月议会通过宪法修正案，决定重新划分选区。在 2003 年 5 月大选时把选区的数目减少为 6 个，它们是：西北选区、东北选区、南部选区、西南选区、雷克雅未克南区和北区。议会仍然是 63 个议席，其中 54 个议席按比例代表制分别由全国 6 个选区产生，每个选区选出 9 名议员，选举结果采用顿特法进行计算。剩下的 9 个议席在各个选区以及各政党中分配（根据各选区选举前

表 3 - 1　宪法规定的议席数目变化（1845 年至今）

年　份	议席数目（席）	年　份	议席数目（席）	年　份	议席数目（席）
1845	26	1905	40	1942	52
1859	27	1921	42	1959	60
1875	36	1934	49	1987	63

资料来源：冰岛国家统计局。

表 3 - 2　2003 年 5 月议会选举结果

	总　数	男性议员	女性议员
当选议员	63	44	19
各选区			
雷克雅未克南区	11	7	4
雷克雅未克北区	11	8	3
西南选区	11	5	6
东北选区	10	7	3
西北选区	10	9	1
南部选区	10	8	2

资料来源：冰岛国家统计局。

的选民登记人数），使议席的分配尽可能符合选举结果。只有获得 5% 以上选票的政党才能参与分配这 9 个议席。

凡年满 18 岁、品行良好、具有经济责任能力的冰岛公民，都有选举权和被选举权。各政党提出自己的候选人名单，投票人只能投政党名单的票。各政党将本政党争得的议席分配给排在名单靠前的候选人。选举一般在星期日举行，为了方便选民投票，每个选区都设若干投票站。因故不能亲临投票站进行投票者，可在选举日前 4 周，将选票密封邮寄给选举办公室。议员当选资格由议会本身进行审查，政府官员可以兼任议员。

在正式议员当选的同时，还选出候补议员，以便在正式议员缺席时予以递补。采取候补议员制可以确保议会运作及政策的连续性。当一名正式议员丧失工作能力或亡故时，候补议员可以立即补缺，不会出现议员空缺的情况。而且候补议员与正式议员都是同一个政党的成员，两人是在同一时期选举出来的，有相同的政治主张，在政治观点上不会有太大的变化，从而将保证公共政策的连续性。

从 1991 年开始，冰岛议会设有 12 个常设委员会：总务委员会、经济贸易委员会、社会事务委员会、外交事务委员会、财政预算委员会、健康和社会安全委员会、工业委员会、农业委员会、教育委员会、交通通讯委员会、渔业委员会、环境委员会。这些委员会都与政府中的各个部相对应。此外还有资格审查委员会，负责审查新当选议员的资格。

在 2003 年 5 月议会大选时，在登记的 21.1 万选民中，有 18.5392 万人参加投票，占选民总数的 87.9%。独立党获得 33.68% 选票，社会民主联盟获得 30.95%，进步党获得 17.73%，左翼绿色运动获得 8.81%，自由党获得 7.38%。独立党获 22 席，比上次大选减少 4 席；社会民主联盟获 20 席；进步党获 12 席；左翼绿色运动获 5 席；自由党获 4 席。女性议员有 19 名，占议员总数的 30%。独立党和进步党再次组成联合政府。

表 3 – 3　各党派在 1963～2003 年历届议会选举结果中所占比例

单位：%

	1963	1967	1978	1979	1983	1987	1991	1995	1999	2003
社会民主党	14.2	15.7	22.0	17.4	11.7	15.2	15.5	11.4		
进步党	28.2	28.1	16.9	24.9	19.0	18.9	18.9	23.3	18.4	17.73
独立党	41.4	37.5	32.7	35.4	38.7	27.2	38.6	37.1	40.7	33.68
人民联盟	16.0	17.6	22.9	19.7	17.3	13.3	14.4	14.3		
社会民主联盟					7.3	0.2			26.8	30.95
妇女联盟					5.5	10.1	8.3	4.9		
公民党						10.9				
平等与社会公正协会						1.2				
人民运动								7.2		
自由党									4.2	7.4
左翼绿色运动									9.1	8.8
其他及非党个人	0.2	1.1	5.5	2.5	0.5	2.9	4.3	1.9	0.8	4.4

资料来源：冰岛国家统计局。

表 3 – 4　1963～2003 年历届议会席位分配情况

单位：席

	1963	1967	1978	1979	1983	1987	1991	1995	1999	2003
社会民主党	8	9	14	10	6	10	10	7		
进步党	19	18	12	17	14	13	13	15	12	12
独立党	24	23	20	21	23	18	26	25	26	22
人民联盟	9	10	14	11	10	8	9	9		
社会民主联盟					4				17	20
妇女联盟					3	6	5	3		
公民党						7				
平等与社会公正协会						1				
人民运动								4		
自由党									2	4
左翼绿色运动									6	5
其他党及非党个人				1						
席位总数	60	60	60	60	60	63	63	63	63	63

资料来源：冰岛国家统计局。

二　国家元首

总统是冰岛共和国的国家元首。根据宪法规定,总统由年满18岁、符合法定条件的选民直接选举产生,年满35岁的男女选民均享有被选举资格(宪法第4条)。总统候选人必须由符合法定数量的选民联合推荐提名。依据宪法规定,参加联合推荐提名的选民数量不少于1500人、不多于3000人。如果总统候选人多于1人,则得票最多者当选;若仅有1名候选人,则不必投票即告该候选人当选(宪法第5条)。新总统于当选年的8月1日就职,任期4年,4年后的7月31日任期届满;可以连选连任,并且没有届数限制。总统选举于该年度6月或7月进行(宪法第6条)。如果总统在其任职届满前死亡或辞职,应随即选举新总统,其任期至选举后第四年的7月31日终止(宪法第7条)。在总统缺位或因出国、疾病或其他事由暂时不能履行职责时,由总理、议会议长和最高法院院长共同代行总统职权,召开会议由议会议长主持,在发生意见分歧时,以多数人意见为准(宪法第8条)。总统不得兼任议员,不得以任何公共机构或民营企业的名义收受报酬(宪法第9条)。总统在任职期间享有刑事豁免权,非经议会同意,总统不受刑事起诉。只有在议会3/4议员通过决议而举行全民公决并获得多数赞成的情况下,才能罢免总统的职务;如果该决议没有获得全民投票复决通过,那么就应立即解散议会,重新举行大选以产生新的议会(宪法第11条)。

总统对其履行的行政行为不负有责任,他授权政府部长行使职责(宪法第13条),政府部长对所有行政行为负责(宪法第14条)。总统有权召集议会举行例会或临时会议,决定休会日期及其时限(最多休会两周,而且每年只能休会一次,除非议会授权总统不受此规定限制);还有权决定是否解散议会,进行重新选举。重新选举必须在 45 天之内进行，在截至选举日之前，议员们仍可照常行使其职责。新议会必须在解散后的 10 周内召开会议。总统有权向议会提出法案或议案。经议会通过的法案必须经过总统批准才能成为法律；若总统不予批准，该法案仍不应废除，应交付公民投票复决以决定此法案是否有效。

如果国家遇到紧急情况，同时议会又处于休会期间，总统有权发布紧急命令或临时法规。但此命令或法规不得与宪法相冲突，而且必须在议会复会后提请追认；如果议会不同意，该命令或法规立即失效。总统通过政府行使行政权。政府成员由总统根据议会内各政党的力量对比加以任命。总统签署的法案和政府法令，必须有相关政府部长副署，才能发生效力。总统可以代表国家与外国缔约，但涉及领土、领海的变动或涉及变更国家体制问题，必须事先经过议会同意。总统在没有征得议会同意之前，无权赦免议会对政府成员的追诉，不得赦免弹劾法院对政府成员判处的刑罚。

冰岛不设立副总统。根据宪法第 16 条规定，总统与政府成员（包括总理）共同组成国务委员会（the State Council），并由总统主持国务委员会的工作。政府的重要举措须提交总统批准。

三　中央政府

行政权属于总统和中央政府，总统通过中央政府行使行政权力，中央政府对于行政行为负有法律责任。冰岛政府的形成与大多数议会制国家一样，每次大选过后，总统通常根据议会内各政党力量的对比来组织政府，由总理和各部部长组成。总统签署的法案和法令，必须经相关政府部长副署才能生效。

自从 1944 年冰岛共和国成立以来，除 1949～1950 年期间组成极为短暂的一党执政的政府以外，其余历届政府均由占议会多数席位的若干政党联合组成。政府对议会负责，并有权向议会提出立法议案。政府成员有权出席议会会议并发言，但只有同时又任议员的政府成员在议会拥有表决权。

中央政府各部处理具体的行政事务。1973 年第 73 号法令《中央政府法》规定了中央政府的构成和编制。冰岛中央政府目前由 12 个部级单位组成。它们是：总理办公室，外交部，农业部，司法和宗教事务部，社会事务部，环境部，财政部，工商部，教育、科学和文化部，卫生和社会保障部，渔业部，交通通讯部。

冰岛于 1941 年即共和国成立之前 3 年就组建了外交部。但是冰岛一直未设国防部，1987 年决定在外交部编制之内设立防务司。教育、科学和文化部是既主管教育又主管科技的部门。环境部成立于 1990 年，是中央政府中最年轻的一个部。

1999 年 5 月 28 日诞生的冰岛政府由独立党和进步党联合组成，共有阁员 12 名，两党各占 6 名：总理达维兹·奥德松（David Oddsson），外交部长哈尔多尔·奥斯格里姆松（Halldor Asgrimsson），财政部长吉尔·哈尔德（Geir H. Haarde），工商部长瓦尔杰尔迪·斯韦里斯多蒂尔（Valgerdur Sverrisdottir，1999 年 12 月 31 日出任），教育、科学和文化部长比约恩·比亚尔纳松（Bjorn Bjarnason），卫生和社会保障部长英依比约格·保尔马多蒂尔（Ingibjorg Palmadottir），渔业部长奥德尼·马西埃森（Arni Mathiesen），社会事务部长保德尔·彼德松（Pall Petursson），司法和宗教事务部长索韦格·彼得斯多蒂尔（Solveig Petursdottir），农业部长古德尼·奥古斯特松（Gudni Agustsson），交通通讯部长斯图德拉·博兹瓦尔松（Sturla Bodvarsson），环境部长西芙·弗里德莱夫斯多蒂尔（Siv Fridleifsdottir）。

在 2003 年 5 月 10 日举行的议会选举中，达维兹·奥德松领导的独立党与哈尔多尔·奥斯格里姆松领导的进步党获胜，两党再次组成联合政府，在中央政府 12 名成员中，两党各占 6 名，仍由奥德松出任总理。2004 年夏奥德松曾因患癌症住院，经两党协商，决定由哈尔多尔·奥斯格里姆松接任总理，奥德松则改任外长。达维兹·奥德松担任总理职务长达 13 年零 4 个月，是欧洲任期最长的政府首脑之一。奥斯格里姆松于 2004 年 9 月 15 日正式接任冰岛总理。他时年 57 岁，曾担任外长达 9 年时间。他基本上延续前政府的内外政策，并进一步提出大规模减税、推进国有企业私有化等举措，并任命宪法审议委员会以重新界定总统、议会、政府和法院的法律角色。

2006 年 6 月，总理奥斯格里姆松宣布辞职，原财政部长吉尔·哈尔德出任总理，并组成新政府。政府成员包括：外交部长瓦尔杰尔迪·斯韦里斯多蒂尔，财政部长奥德尼·马西埃森，卫生和社会保障部长西芙·弗里德莱夫斯多蒂尔，司法和宗教事务部长比约恩·比亚尔纳松，工商部长约恩·西居尔兹松（Jón Sigurðsson），教育、科学和文化部长托尔杰尔迪·卡特琳·贡纳尔斯多蒂尔（Þorgerður Katrín Gunnarsdóttir），社会事务部长马格努斯·斯特凡松（Magnús Stefánsson），渔业部长埃纳·古兹芬松（Einar K. Guðfinnsson），农业部长古德尼·奥古斯特松（Guðni Ágústsson），环境部长约尼纳·比亚特马尔（Jónína Bjartmarz），交通通讯部长斯图德拉·博兹瓦尔松（Sturla Böðvarsson）。

四 地方政府

自古代共和时代以来，冰岛的地方政府（commune）由本地农民担任行政长官（hreppstjorar）。他们负责警察事务，负责社会安全、征税、婚姻、儿童抚养、不动产记录、死亡登记、财产继承以及民风民俗等管理事务。在 19 世纪，他们和当地牧师共同承担管理地方事务的权力和责任。行政长官过去是由选举产生，在丹麦统治时期由上级长官任命，有时先由农民们提名后再任命。1872 年开始实行新的地方政府法，采取民主选举地方委员会的方法。

根据 1998 年颁布的《地方政府法》第 1 条第 1 款规定，冰岛划分为市镇，由市镇政府负责处理本地区事务。第 2 款规定，市镇是法律实体。中央政府的社会事务部负责与市镇政府进行联系并协助管理市镇的有关事务。地方政府的选举每 4 年进行一次，2002 年、2006 年都是选举年。凡年满 18 岁的冰岛公民都有选举权。北欧其他 4 个国家年满 18 岁的公民，凡在冰岛连续居住 3 年以上，也都享有选举权。

市镇的协商机构是地方议会，地方议会成员的数目必须是奇数：

人口在 200 人以下：3 名或 5 名。

人口在 200~999 人：5 名或 7 名。

人口在 1000~9999 人：7~11 名。

人口在 10000~49999 人：11~15 名。

人口在 5 万人以上：15~27 名。

地方议会议员的选举有两种方式：第一种是事先提出候选人名单，实行比例制选举；第二种是没有候选人名单，每个选民都是候选人。按《地方政府选举法》规定，一般采取事先提出候选人名单的方法进行选举；如果在选举前 3 周还没有提出候选人名单，便采取第二种方法选举。中央和地方政府都不对地方议会的竞选提供资金。当选为地方议会议员的人，同样可以参加国家议会的选举并担任议员，反过来也是如此。

在地方议会被选出之后，议员们可以推选出一个执委会，任期通常为 1 年。如果议会的成员是 3 或 5 位，则不用再推选执委会，他们自己就是执委会成员；如果议员是 7 或 9 位，则执委会的人数可以是 3 人；如果议员的数目是 11 人以上，则执委会的人数可以是 5 人或 7 人。执委会的主要职责是监督地方政府的工作、尤其是地方政府的财务收支情况，并和行政官员一起对市镇的管理负责。

市镇议会通常任命一位市长或镇长（他常常也是地方议会议员）负责市镇政府的日常行政工作，任期通常和议会任期相同，也可以没有期限。地方议会和他签订聘任合同，如果某一方要求提前结束任期，需要提前 3 个月告知对方。如果市长（或镇长）同时又是地方议会议员，则他和其他议员一样在地方议会及其执委会中有表决权；而不是地方议会议员的市长则在地方议会中只有发言权和建议权，而没有表决权。

市镇的公民可以就本地区某些重要事项举行全民投票，包括对是否和相邻的市镇进行合并，如果投票结果没有过半，则不能实行合并。在农村地区还经常召开传统的民众大会，大会做出的决议虽然没有法律效力，但是地方议会及地方政府往往会根据多数人的意愿做出决定。市镇政府之间可以根据实际需要开展多种形式的地区合作，包括联合兴建一些公益设施如学校、医院、消防机构等。冰岛地方政府的全国性组织是冰岛地方政府联合会。

五 司法机构

冰岛宪法规定，实行司法独立；法官不具备行政功能，所以不可以解除其职务，除非需要重新组织法院系统时。法官年届 65 岁、最晚 70 岁可以退休。冰岛法院分为普通法庭和特殊法庭，除特殊案件之外，一般案件均由普通法庭审理。同时实行最高法院和地方法院两级审判制。最高法院是冰岛的最高司法权威，它拥有在全国范围内的司法审查权；它的法官是终身制，不能被解职，除非由法院作出判决。

在 2001 年之前，最高法院有 6 名大法官。他们由司法部长提名、总统任命，无限期任职，直至退休。最高法院院长由 6 位大法官通过自行选举轮流担任，任期两年。大法官们还要选出一位候任院长，以便在院长不在时履行院长职务。最高法院设有民事法庭、刑事法庭、海事和商事法庭、土地和财产法庭；此外还有两个特别法庭：劳工法庭和弹劾法庭。从 2001 年开始，最高法院大法官增加为 9 名。院长可以指定 3 或 5 名大法官审理一个案件，特别重要的案件也可以由 7 名法官审理。

　　1991 年，冰岛法院系统进行了一次改革。冰岛共有 8 个大区，每个大区设一个地方法院，全国普通法院因此包括 8 个地方法院和 1 个最高法院。这些法院都拥有对民事和刑事案件的司法审理权，取消了原有的海事和商事法庭。从 1992 年 7 月起，5 种不同类型的初审法院也被撤销。8 个地方法院一共有 38 名法官，均由司法部任命，并可以无限期任职，直至退休。司法部任命一个由三人组成的评选委员会，对申请担任地方法院法官的人进行资格评审。同时，司法部还指定成立一个由 5 人组成、任期 5 年的司法委员会（Judicial Council）。该委员会负责确定地方法院的财政拨款并监督资金的使用，确定每个地方法院法官的人数及法官的调配，代表地方法院与行政当局进行交涉，对地方法院的案例进行汇总和通报并每年出版一部年度报告等。

　　司法部可以对每个地方法院任命一名首席法官，他同时是该地方法院的院长，负责一切有关事务，任期为 5 年。如果一个地方法院有 3 名或更多的法官，他们也可以自己推选一位担任首席法官；如果一个地方法院只有两名法官，则可以由司法委员会指定一人担任首席法官。

　　刑事调查和起诉权是国家行政权的一部分。刑事调查权由国家负责刑事调查的警察部门和地方行政官共同享有。其权力划分要根据犯罪的地点及其严重程度而定。最高刑事调查权和起诉权被赋予给负责公众起诉的领导人。警察部门领导人和地方行政官则被赋予一些较小的起诉权，而且还要在公众起诉部门负责人的监督之下进行。

与欧洲大多数国家相比，冰岛的司法系统比较简单，主要表现在两个方面：一是冰岛法院只有两级，而欧洲其他国家一般至少有三级；二是冰岛的特殊法庭比较少，而欧洲其他国家则要多一些。这与冰岛的人口很少直接有关。

过去，地方法院作为初审法院有5种，即城镇法庭、执行官法庭（用以执行民事判决、扣押、发布禁令等）、遗属检验法庭、拍卖法庭和刑事法庭。除首都之外，同一位法官可以在所有这5种法庭开庭审案。在其他初审法院里，还有14个海事和商事法庭。冰岛没有陪审团制度，对于地方法院的所有判决都可以向冰岛最高法院上诉。

劳工法庭审判关于工会和雇主协会法律方面的案件。只有事关程序性问题的裁决才可以上诉到最高法院。判决方面的任何裁决都不可以进行上诉。最高法院审理关于政府各部部长的案件，一旦议会决定追述某部部长违权的问题，最高法院就进行调查、审理。最高法院的决定是最终性的。实际上，这一法院自从成立以来，还没有履行过这一职责。在司法系统中，还可以加入一些准司法机构，比如税务局、儿童福利理事会、公平竞争局、冰岛律师协会，它们也被赋予一定的半司法功能。

全国划分为26个司法/警察区，各区警察局长由任该区地方法院院长兼任。冰岛早已废除了死刑。《宪法》第69条明确规定："法律永远不得规定有死刑。"

根据1984年6月颁布的《法律行为能力法》的规定，凡年满18岁者为法定成年人。而此前依据1947年颁布的法律，年满20岁者为法定成年人，同时规定年满16岁便取得决定住所和工作的行为能力。

第三节　政党与团体

一　主要政党

政党是选民与议会之间的纽带和桥梁。冰岛宪法规定，公民有结社的自由。冰岛现在主要政党有独立党、社会民主联盟、进步党、人民联盟、妇女联盟以及自由和左翼联盟等。

独立党（Independence Party）　成立于 1929 年，由保守党（1924 年成立）和自由党（1926 年成立）合并而成，属于欧洲保守党阵营，主要代表企业主利益。现有党员约 2.5 万人，大多居于渔业主、工商企业主、熟练工人、店员、职员和青年学生。党的最高权力机构是全国代表大会，并设有中央委员会。该党一直保持冰岛第一大党地位，自 1942 年以来多次组阁，是执政时间最长的政党（多为联合执政）。首都雷克雅未克始终是该党的重镇，但它在全国各个地区都获得强有力的支持，有相当广泛的群众基础。

该党于 1944~1946 年同社会民主党和共产党组成联合政府，1947~1949 年同进步党和社会民主党组成联合政府，1949~1950 年单独执政，1950~1978 年分别同进步党或同社会民主党多次组成两党联合政府。1979 年，该党发生分裂，以党主席吉尔·哈尔格里姆松为首的多数派在野，以副主席托罗德森为首的少数派参政。1980 年，该党的少数派与进步党、人民联盟组成三党联合政府，托罗德森担任总理。1983 年 5 月该党多数派同进步党组成联合政府，哈尔格里姆松担任外交部长。独立党在 1987 年大选中只获得 27.2% 的选票，与进步党、社会民主党组成联合政府。它在 1991 年大选中获得 26 席，同年 4 月与社会民主党组成两党联合政府。该党在 1999 年大选中获得 40.7% 的选票；2003 年大选的得票率则仅为 33.7%，勉强超过得票率为 31% 的社会民主同盟，仍保持第一大党的地位。

它的政策主张是：对内保障私人实业的自由发展和竞争，提倡国有企业私有化；主张吸收西方各国的资本；调整农业政策，开发冰岛的农产品市场；重视环保。对外主张参加欧洲经济区，加强同欧洲国家的合作关系；主张在冰岛获准保留对其渔业和其他自然资源的控制权之前，不拟加入欧盟；在防务上依靠美国和北大西洋公约组织，保持现有安全防务政策。

在 2005 年 10 月举行的全国代表大会上，吉尔·希尔马·哈尔德（Geir Hilmar Haarde）当选为党主席，索尔吉尔杜尔·卡特琳·贡纳尔斯多蒂尔当选为副主席。大会通过数项决议，主要包括：一，主张将国家电力公司私有化；二，支持修改宪法，废除宪法第 26 条，取消总统对议会所通过法案的否决权；三，支持政府继续实施大规模减税计划；四，主张将冰岛境内所有高等院校统归教育，文化和科技部管辖；五，不支持国内机场和国际机场合并；六，主张减少政府对单亲家庭和非婚家庭的补贴；七，主张逐步减少高收入者的退休金，相应增加低收入者的退休金；八，主张在公共场所对有关大众健康的行为进行一定约束，如禁止在公共场所吸烟；九，支持政府竞选 2009～2010 年度联合国安理会非常任理事国席位，但主张对竞选费用进行控制。

进步党（Progressive Party） 成立于 1916 年。现有党员约 6000 人，主要是农民、合作社系统中的中小企业主、工人、职员等。1944 年冰岛独立以后，它多次同独立党、社会民主党、人民联盟等联合执政。1983 年 5 月该党同独立党组成联合政府，在 10 名政府部长中，该党占 4 名，该党主席斯坦格里米尔·赫尔曼松担任总理。1991 年大选中获 13 席（获得 18.9% 的选票），为议会第二大党。在 1999 年的大选中，该党仅获得 18.4% 的选票，被人民联盟超过，降为议会中第三大党。在 2003 年 5 月的大选中，该党获得不到 18% 的选票，继续名列第三。

在冰岛政治生活中，进步党属于中间派，主要代表农民利益，是农民政党。它对内主张进行社会经济改革，实行"混合经济制度"，以合作社为主，合作社、私营和国营三种所有制并存；经济上提倡私有化，提高社会福利，有条件地吸收外资。对外主张加强与欧盟的联系，对于是否加入欧盟的问题，该党持"等一等看"的立场，但是主张尽早开展有关入盟利弊的讨论；主张维护同北欧和北大西洋公约国家的关系，赞成冰岛参加北约组织。

进步党是自由党国际成员。它过去的机关报是《时报》，从 1997 年起该报成为独立报刊。该党主席是哈尔多尔·奥斯格里姆松。

社会民主党（Social Democratic Party，SPD） 前身是成立于 1916 年的各工会组织联盟，1940 年正式建党。该党有党员约 5000 人，其中以工人为主，还有职员、官员等。1944 年冰岛独立以后，它多次同独立党、共产党、进步党、人民联盟等联合执政。在 1979 年进行的议会选举中，获得 10 个议席；在 1983 年 4 月进行的议会选举中获得 6 个议席，均列第四位。20 世纪 80 年代它没有参与组阁执政。1991 年大选中获得 10 个议席，同年 4 月与独立党组成联合政府，该党主席约恩·巴·汉尼巴尔松任外交部长。冰岛社会民主党是社会党国际的成员。

该党的政策主张是：对内强调发展渔业和工业，缓和通货膨胀，改善工人生活条件，增加就业。20 世纪 80 年代以前曾主张实行国有化，但在 80 年代以后，这一主张发生了变化。在 1982 年 11 月 5 日召开的全国代表大会上，该党重申"要以民主为基础，为自由、平等、博爱而斗争"，"反对独裁、压迫、财阀统治和共产主义"。对外主张依靠北大西洋公约组织，保留美国在冰岛的军事基地。该党赞同加入欧洲经济区。在 1995 年大选中，该党首次主张申请加入欧盟，是此次大选中唯一提出这一主张的政党。它的机关报原来是《人民报》，1997 年因经营压力被迫与其他报刊合并。

人民联盟（People's Alliance） 1968 年正式成立。它的历史可以上溯到 1922 年由冰岛社会民主党左派建立的马克思主义小组，该小组于 1930 年建立冰岛共产党。1938 年冰岛工会联合会主席瓦尔迪马尔松带领社会民主党左派同共产党合并，组成统一社会党。1956 年大选时，统一社会党和社会民主党左翼结成名为"人民联盟"的选举联盟，随后与进步党组成联合政府。1968 年 11 月召开第一次全国代表大会，正式宣布建立作为政党的人民联盟，统一社会党因此不复存在。1983 年召开全国代表大会，通过了新的联盟章程。1971 年、1978 年、1980 年和 1988 年人民联盟四次参加联合政府。在 1983 年 4 月进行的议会选举中，人民联盟获得 10 个议席，位居第三。在 1993 年 11 月第 11 次代表大会上，主席格里姆松宣布人民联盟是一个"社会民主主义政党"。

人民联盟在工会中影响较大，宣称自己是冰岛唯一的工人阶级政党。其主要政策主张是：对内通过以议会制为基础的和平途径，建立"平等的社会主义社会和人民政权"；强调发展独立的民族经济，保障就业；反对引进外资，赞成实行国有化和加强工会在企业管理中的作用。对外曾主张冰岛应退出北大西洋公约组织，反对外国在冰岛建立军事基地，要求美军撤离冰岛。后来又提出"最低要求是维持现状"的政策主张。它还主张实行普遍裁军和建立冰岛无核区。该党反对冰岛加入欧盟，认为加入欧盟不会使冰岛获得政治利益和经济利益。

该联盟现有成员约 3000 人。党的组织分为中央和基层两级。最高权力机关是全国代表大会，每 3 年召开一次。中央委员会有

42 名委员，执行委员会由 10 人组成。与其接近的群众团体有冰岛总工会和反基地者组织。其机关报原为《人民意志报》，1992年该报因经费问题被迫停刊。

妇女联盟（Women's Alliance） 成立于 1983 年，系纯粹由妇女组成的政党，在全世界是头一家。受西方各国女权主义运动日益发展的影响，1980 年夏，冰岛无党派妇女维格迪丝·芬博阿多蒂尔竞选总统获得胜利，成为世界上第一位由选民直接选举产生的女总统。这一胜利给冰岛的女权主义者以极大的鼓舞，1983 年初她们组成政党，并参加同年 4 月举行的议会选举，获得 3 个议席；1987 年的议会选举中获得 6 个议席；1991年的大选中获得 5 个议席；在 1995 年议会选举中，该党获得的议席又降为 3 个。妇女联盟成立后，从来没有参加过政府。该联盟不设常任领导人，联盟领导人由当选的议员轮流担任，每人任期 1 年。该联盟反对加入欧盟。1999 年该党并入社会民主同盟。

自由和左翼联盟 成立于 1969 年，由退出人民联盟的哈尼伯尔·瓦尔迪马尔松等人组建。后来从进步党、社会民主党和独立党分裂出来的人士也陆续加入。现有成员约 2000 人。在 1971年的议会选举中获得 5 个议席。1971 年至 1974 年同进步党和人民联盟组成联合政府。1978 年以后没有再进入议会和政府，并从 1979 年起不再参加议会大选。其宗旨是：把斯堪的纳维亚各国所奉行的社会民主主义原则运用于冰岛，对内主张提高工人生活水平，对外要求冰岛退出北大西洋公约组织和美军撤离冰岛。

社会民主联盟（Social Democratic Alliance，SDA） 又称"左翼联盟"（The Left Alliance），是主要的在野党，成立于 1982年 11 月。创始人是退出社会民主党的议员维尔曼松·吉尔方松。社民盟有登记成员约 2 万名，其成员大多为大学教师、学生及其他知识分子。1983年4月该党参加大选，在议会中获得4个议席，此后到1999年大选前没有再取得议会席位。它对内主张通过普选产生总理和行政管理机构，实行广泛的民主，加强社会福利制度，反对国有企业私有化；对外主张冰岛继续留在北大西洋公约组织之内，并加强同美国和北大西洋公约组织成员国的联系，在冷战时期反对单方面裁军，要求销毁一切核武器。

1999年，妇女竞选联盟并入该党。在同年的议会选举中，社会民主联盟得票率近27%，超过进步党，一跃成为议会中第二大党。在大选中，该党主张在下一次大选之前不考虑加入欧盟，这是组成社会民主联盟的三个政党达成妥协的结果。在该党2001年发表的一份报告中，对于是否加入欧盟没有明确表态；但是在2002年该党内部举行的一次全党投票表决中，大多数党员赞成申请加入欧盟。因此，在2003年5月的大选中，该党首次明确赞成申请加入欧盟，同时也是此次大选中唯一持这种主张的政党。该党在此次大选中获得30.95%的选票，巩固了其议会中第二大党的地位，并且拉近了与第一大党独立党的距离。

在2005年5月举行的年会上，曾任雷克雅未克市市长的英吉比约格·索荣·吉斯拉多蒂尔女士当选为新主席，奥古斯特·奥拉维尔·奥古斯特松当选为副主席。

左翼运动—绿色竞选组织（**Left Movement-Green Candidency，又称"左翼绿色运动"**［**Left Green Movement**］） 简称绿党。1999年2月6日为同年5月大选而成立，由从人民联盟分裂出来的成员，加上妇女联盟部分成员、社会民主党部分成员以及环境保护主义者组成，属于左翼政党。现任主席斯泰因格里姆·西格夫松，副主席卡特琳·雅各布斯多蒂尔。目前约有成员1400人。

该党主张冰岛退出北约并取消《冰美防务协定》，要求美军撤离冰岛，重新制定独立的外交政策，是冰岛迄今唯一提出这种主张的政党。反对冰岛加入欧盟，对欧洲政治和经济一体化抱怀疑态度，甚至对冰岛加入欧洲经济区也抱怀疑态度。主张冰岛不加入任何自由贸易区，而是与其他国家签署专门的贸易协定。重视环境保护，反对再建设大型水电站及高污染的大型工业项目，力争冰岛未来所需能源完全能由本土提供。重视保护低收入者利益，主张每周工作 40 小时的收入应达到能满足正常生活需要的水平。

在 1999 年大选中获得 9.1% 的选票；在 2003 年 5 月的大选中获得 8.8% 选票，在议会中获得 5 个议席。

自由党（Liberal Party） 1998 年 11 月 26 日成立。成立时的主席为议员、前部长斯韦里尔·赫尔曼松；继任主席格兹永·克里斯廷松；现任主席是马格努斯·托尔·哈夫斯坦松。

在 1999 年大选中，在 8 个选区均有候选人，一共获得 4% 的选票，得到两个议席。在 2003 年 5 月大选中，获得 7.4% 的选票，获得 4 个议席，但其中一名议员于 2005 年 5 月脱离自由党，加入保守党。在 2002 年市镇议会选举中，在雷克雅未克市议会获得 1 个议席，在西峡湾区的重镇伊萨菲厄泽市议会也得到 1 个议席。

自由党的基本主张是坚持自由、民主和权利平等，反对特权、垄断和国家对经济生活的控制。主张改革渔业政策，实行公平竞争，使渔业资源造福于全体国民，废止现行渔业配额制度和渔业配额交易，以避免渔业资源的浪费。该党在 2001 年 7 月提出，只要能保持冰岛对于其专属渔业区的控制权，就可以考虑加入欧盟。2003 年时对于是否申请加入欧盟则持"等等看"的主张，和进步党的看法相同。赞成冰岛继续留在北约。主张减税及简化税制，认为应取消对个人所得及财产征税，代之以对消费征税。反对现行的卫生保健政策，认为这与冰岛目前作为世界上最富有国家的地位不相称。主张宗教自由、各教派平等，赞成通过各党谈判协商，实行国教会与国家分离。

公民党（Citizen's Party）　成立于 1987 年 3 月，系于该年大选前一个月才作为独立党的右翼从该党分裂出来而组成的政党。成立时的领导人是政府前部长、独立党议员阿尔贝特·格维兹门松。1989 年 9 月首次进入联合政府执政。主要领导人尤里乌斯·瓦尔蒂玛松。

二　主要社会团体

冰岛工会联合会　成立于 1916 年。其主要任务是与企业主方进行联系和谈判，争取为会员提高工资、社会待遇和改善劳动条件，维护雇员利益。它同人民联盟关系密切。现有大约 6 万名会员，约占冰岛全部工会会员的 1/3。

应中华全国总工会的邀请，由主席奥斯门杜尔·斯特方松率领的冰岛工会联合会代表团曾于 1986 年 5 月访问中国，全国人大常委会副委员长周谷城曾会见该代表团。

冰岛妇女联合会　主要从事各种有利于妇女、儿童和残疾人的社会福利活动。现有会员 2.3 万名。主席玛·彼得尔斯道蒂尔。

冰岛—中国文化协会（简称"冰中文化协会"）　成立于 1953 年 10 月，是一个非政府组织，现有成员 200 人。其宗旨是发展冰中两国之间的文化交流，向冰岛人民介绍中国文化、科技和人民生活等方面的情况。开展多种活动并定期召开年会。其成员早在 1956 年就访问过中国，并受到毛泽东、周恩来等中国领导人的接见，以后曾经多次应邀组团访问中国，为推动冰中两国人民的友谊做出很大贡献。历任主席是：居德勒伊松（1977 年卸任）、奥德索尔·贺加松（1977 ~ 2000 年）、拉格纳尔·巴尔杜尔松。现任主席埃米尔·博瓦松。现有会员 200 多人。

第四节　军事防务

冰 岛远离大陆，四周有辽阔海洋，外来敌人入侵的危险性很小；同时，冰岛物资匮乏、人口很少，不可能组织军事出征，因此冰岛自古以来就没有任何军队，具有爱好和平、反对战争的优良传统。冰岛在 1918 年取得初步独立时，曾经宣布实行永久中立。但这种中立并不是像瑞典等国那样建立在拥有本国军事力量基础上的武装中立，而是非武装中立。

冰岛的军事战略地位在第二次世界大战期间显现出来。在德国占领丹麦之后，为了保障大西洋海上通道的畅通和安全，英国军队于 1940 年进驻冰岛，美国军队于 1941 年接替英国接管了冰岛的防务，说明对冰岛作为战略要冲的重视。由于盟军于 1940 年就已进驻冰岛，冰岛在 1944 年才正式独立，所以冰岛的防务从一开始就完全由盟国承担，并且由于国小人少，冰岛在完全独立之后也决定不建立自己的国防军。二战结束之后，冰岛作为西方的一员，其地理位置对于美国及西方具有重要战略意义。它与华盛顿和莫斯科的距离几乎相等，而且是通往大西洋的主要通道。

随着东西方冷战的出现，冰岛于 1949 年 4 月作为创始国加入北大西洋公约组织，其防务和安全便由北大西洋公约组织负责。在北约各成员国当中，冰岛是唯一只有警察而没有本国军队的国家。1951 年，冰岛同美国签订防务协定，由美国代表北约在冰岛建立空军基地，并计划在发生战争的情况下由美国派出海军陆战队负责冰岛的防务。冰岛像法国和西班牙等北约成员国一样，没有加入北约军事一体化机构。冰岛没有国防部，从 1987 年开始在外交部编制下设立防务司。

20 世纪 70 年代，苏联在邻近挪威和芬兰边境的科拉半岛上的军事力量急速增长，摩尔曼斯克成为当时世界上最大的海军基地，集中了苏联65%的战略核潜艇。一旦发生战争，驻扎在那里的苏联北方舰队的任务是进入大西洋，切断美国到西欧的海上联系。冰岛在北约和美国针对苏联的"格陵兰—冰岛—大不列颠防御链"中处于关键位置，是平时监视、战时阻止苏联北方舰队南下的"不沉的航空母舰"。

在北约的军事指挥体系中，冰岛被划入大西洋盟军最高司令部下辖的东大西洋司令部。北约在冰岛设有隶属于东大西洋司令部的冰岛防务司令部和美国空军基地。美国把冰岛的凯夫拉维克空军基地作为其早期空中预警系统的基地之一，同时用于监视北大西洋地区。该基地经过多年的扩建和改建，已经成为世界上最现代化的机场之一，配备有最先进的全天候雷达导航通讯设施、防雾起降设施，有3条主跑道（6个方向起降）和1条副跑道，跑道长度为3200米以上、宽65米，可以起降世界上最大的客货机。

1985年底时，基地驻有美军3132人（包括家属1156人）。其中海军1800人，为一个海上侦察中队，装备有9架P－3C型反潜巡逻机。空军1300人，为一个飞行中队，装备有18架F－15型战斗机；另外配备有预警飞机2架以及加油机、搜索与救援飞机和直升机若干架。还驻有荷兰海军30人，装备1架P－3C型反潜巡逻机。

冰岛议会于1985年5月24日通过一项决议，宣布冰岛为"无核区"，禁止在冰岛国土上部署核武器。但决议没有说明是否在和平时期和战时都不允许在冰岛部署核武器。决议还敦促有关方面研究在北欧建立无核区的可能。

在苏联解体之后的一段时期之内，北约和美国仍然利用冰岛的军事设施对俄罗斯和其他独联体国家进行军事防范和监视。北约在冰岛设有4座雷达站，分别建在冰岛的四个角上。1987年冰岛成立了雷达局。在20世纪90年代初，冰岛和美国经过协商都认为，在冷战后不稳定的世界中，北约对于欧洲安全仍然具有重要意义，美国依旧需要在冰岛保留军事基地。但随着形势进一步缓和以及美国全球军事战略的调整，冰岛的军事战略地位下降，美国军队便逐步撤出冰岛。冰岛承担了全部4座雷达站的管理，经费由北约和美国负责，日常管理和值班由冰岛人负责。冰岛还制定了其海洋巡逻队在战时与美国海军陆战队协同作战的方案。冰岛于1992年11月20日取得了西欧联盟的观察员国地位，为日后获得防务方面的保护打开大门。1994年冰、美达成减少驻军和军事设施议定书。1995年，美国在冰岛驻军人数为2120人，配有6架F-15型战斗机。

2001年《冰美防务条约》到期后，美国以"9·11"事件为由，一再推迟有关续签条约的谈判。2003年6月就续签该条约执行计划书重开谈判，但是没有结果。2003年，美国为重新调整海外驻军以及压缩开支，准备将最后的4架F-15战机撤离冰岛。冰岛政府则希望美国继续在冰岛部署作战飞机，并提议愿意承担高达15亿~20亿克朗的机场维护运行以及直升机搜救部队的全部费用。在2003年8月，驻扎在冰岛的美军共有1658人（960名海军、650名空军、48名海军陆战队），另外还有16名荷兰海军人员。

2006年3月13日，美国政府正式通知冰岛政府，将大幅减少美军在凯夫拉维克空军基地的存在，在9月底之前撤走最后4架F-15战斗机和直升机搜救小组，只留下雷达站和少量驻军。3月31日冰、美两国就未来防务问题展开新一轮谈判，美国重申对冰岛的义务，表示愿继续与冰岛开展防务合作，确保冰岛的安全。冰岛向挪威、丹麦、法国、德国等北约盟国通报了这一情况，并与它们商讨防务问题。北约已表示，不排除通过成员国轮流驻军等方式承担冰岛部分防务义务的可能性。截至2006年8

月，美国已经撤走最后 3 架 F－15 战斗机，有两架搜救型直升机仍留在凯夫拉维克空军基地。在新的形势下，冰岛政府继续把北约以及美国的保护视为其安全防务的两个支柱，同时自己也承担比以往更多的责任。

由于冰岛经济近年来对美军基地的依赖程度减少，美国撤军对冰岛经济总体发展影响不大，仅对基地附近居民就业有直接影响。冰岛政府已经采取措施，为失业者提供就业机会。

冰岛有一个海岸巡逻队作为准军事部队，现共有 120 人，装备有 9 艘巡逻快艇和两架巡逻机（荷兰制 F－27 型"岛民"式 1架，法制 SA－360 型"海豚"式直升机 1 架），主要负责渔区保护和海上救护工作。冰岛全国划分为 26 个司法/警察区，各区地方法院院长同时兼任警察局局长。由于冰岛没有军队，警察除了承担社会治安、执法和交通管理等职责外，也担负一定的国家防务职责，但通常不携带武器，只配发警棍。冰岛全国一共约有600 名警察。

表 3－5 防务预算占国内生产总值（GDP）的比例

年　　度	国内生产总值(亿美元)	防务预算(万美元)	防务预算占 GDP%
1992	66	—	—
1993	60.8	—	—
1994	62	4600	0.74
1995	71	4800	0.68
1996	72.88	4600	0.63
2003	8278.63 亿冰岛克朗	2.5 亿冰岛克朗*	

资料来源：冰岛国家统计局。

＊ 2003 年的防务预算数字仅指用于海岸巡逻队的部分。

2003 年的防务预算为 2.5 亿冰岛克朗（仅指用于海岸巡逻队的部分）。

冰岛

  2005 年 5 月 10 日在芬兰东部城市约恩苏举行的北欧 5 国国防部长会议发表的公报，芬兰、瑞典、挪威和爱沙尼亚 4 国已就联合组建一支隶属欧盟快速反应部队的战斗部队事宜达成一致。芬兰、瑞典、挪威、丹麦和冰岛 5 国的国防部长或代表出席了会议。尽管有关组建这支战斗部队的技术问题还有待进一步明确，但芬兰、瑞典、挪威和爱沙尼亚 4 国已准备在同年 5 月 23 日欧盟在布鲁塞尔举行部长级会议期间签署联合组建战斗部队的意向书。4 国联合组建的这支战斗部队将于 2008 年就绪。欧盟快速反应部队将由近 10 个战斗部队组成，每个战斗部队人数为 1500 人，可以在 15 天内完成部署。欧盟建立快速反应部队旨在进一步提高其解决突发危机的能力。

第四章

经　济

第一节　概述

一　经济发展简史

早期冰岛的经济比较繁荣，而经济中发展最早的是农牧业。由于冰岛可耕地面积十分有限，加上气候条件限制，植物生长期很短，种植业不发达，粮食始终需要进口。但是其气候及土壤条件适合于牧草的生长，从而为发展畜牧业提供了有利条件。自古以来，畜牧业就是冰岛的重要支柱产业。饲养绵羊和牛可以得到肉和奶。绵羊还出产羊毛，制造各种毛纺织品，除了满足国内需要之外，还出口换取外汇。木材则完全需要进口，因为冰岛人建房子需要搭建很大的木头框架，屋顶上面覆盖大量草皮，一些教堂甚至完全用木头建造。但是冰岛唯一自产的树木是矮小的桦树，所以需要进口许多木材，同时也利用一些从海上漂来的漂木。

在 19 世纪以前，北欧国家的经济发展普遍落后，工业化晚于西欧国家。由于远离大陆，冰岛的经济发展在北欧各国中又是最晚的。在 20 世纪初之前，冰岛一直是纯粹的农业国，并因土地贫瘠、资源缺乏、交通落后，多数人勉强能够达到温饱水平，是欧洲最贫穷的国家之一。农业用的工具简单原始。海上捕鱼用船只大多是小木船。在工业领域，只有家庭组成的小手工业，几乎没有近代工业。马是唯一的交通运输工具。主要的出口商品是鱼类、用鳕鱼肝制作的鱼肝油、羊毛、肉类和马匹等。

1886 年创建了冰岛国民银行。1904 年丹麦承认冰岛的内部自治，并于 1918 年签署冰丹联盟法。从那时起，冰岛逐渐获得对本国财政金融的控制权，并且开始了现代化进程。渔业较快发展起来，渔船、捕鱼工具逐步改进和现代化。现代化工业逐渐兴起，有一定规模的工厂取代了以家庭为单位的小手工业。全国到处开始兴建公路和桥梁，航空事业也不断发展。但渔业贸易完全掌握在丹麦人手中，工业品也主要是从丹麦进口。为了保护本国产业，冰岛于 1936 年颁布第 36 号法令，规定外国公司在冰岛投资时，合资企业资本的一半须由冰岛人持有。这样，商业贸易的主导权便几乎完全掌握在冰岛人手里，保护关税的措施促进了当时国内制造业的发展。在 20 世纪最初的 20 年中，农产品及鲸产品占出口总额的 30%～40%，渔产品占 60%～70%。1915 年开始禁止捕鲸，农产品出口下降到仅占 10% 左右。渔产品出口额在 20 世纪 20 年代上升到占 80%～90%。

在冰岛于 1944 年 6 月获得正式独立之后，经济发展更加迅速，但通货膨胀十分严重。雷克雅未克 1948 年的生活物价指数比 1939 年上升 3 倍多。自 1947 年下半年起，冰岛对进口的商品、工业品以及粮食实行配额制。1952 年日用品物价指数（以1939 年为 100）高达 524，食品物价指数更高达 622。

由于捕捞数量不稳定、国际市场上渔产品价格波动和市场的激烈竞争，对冰岛渔业经济的影响很大。在 20 世纪 30 年代以前，冰岛出口的主要渔产品是盐腌鳕鱼，主要出口国是西班牙、葡萄牙和意大利；鲜冻鱼则主要出口到英国和德国。在第一次世界大战期间，本国居民对食品的需求量急剧上升。战争结束后，国外进口商品价格上涨比出口商品价格上涨快得多。20世纪20年代末，世界经济大萧条使南欧的出口市场状况恶化，而英国和德国均实行进口限制。此外，从1932年起，英国对渔产品的进口关税调高10%。这些都给冰岛经济造成一连串困难。进入30年代后，鲱鱼的捕获量显著增加，新建了一批工厂制造鲱鱼油及鱼粉。1930年建成第一家鲜鱼速冻工厂，到40年代已经建有31家这样的工厂。与此同时，农业生产率不断上升，而农产品出口额则从1900年占出口总额的20%下降到1940年的占10%。

在第二次世界大战期间，冰岛因远离战场而没有遭受任何战争损失，其渔业生产量得到了一定提高，渔产品出口额有所增加。冰岛的大部分渔产品以高价销往英国。冰岛由一个战前负债1.13亿冰岛克朗的债务国，到二战结束时一跃成为拥有高达5.8亿克朗的债权国，并且成为当时欧洲最富有的国家之一。

二战后，渔产品依然是冰岛的主要出口商品，销售市场进一步扩展到美国及苏联、东欧各国。冰岛人还在海外投资兴建渔产品加工厂。从1945年起，鲱鱼的渔获量连续几年下降，出口收入因此大幅度减少，国际收支发生困难，1950年冰岛克朗被迫贬值。但是对出口行业的补贴直到1959年才取消。1960年冰岛实行了一项新的经济稳定计划，包括把冰岛克朗贬值50%，基本取消了复杂的出口补贴系统，提高了利率，取消了自1947年开始实行的对外来投资的控制，同时取消了进口限制。1967～1968年鲱鱼鱼汛几乎消失，渔获总量因此大幅度下降，造成冰岛经济严重衰退，国内生产总值下降了5.3%。从1969年起，渔获量得到恢复，1970～1980年冰岛经济高速增长，年平均增长率达到6%以上。在70年代，水力发电得到较大规模的开发利用，主要用于生产电解铝和硅铁。1973年和1979年国际市场上石油大幅度提价，使冰岛经济遭受严重冲击，其中的重要原因之一是渔船使用柴油的成本上升，造成捕鱼业的利润率下降。

在 20 世纪 50 年代，冰岛专门立法规定，凡是把个人收入用于建造或装修住房，可以免征个人所得税。这项法律出台后，许多冰岛人利用业余时间动手建房，各种事情都尽量自己做。这项措施使许多冰岛人建起了自有住宅。

从 1945 年到 1992 年，冰岛国内生产总值年均增长率为 4.1%，人均国内生产总值增加了 3 倍多，其中 1970～1979 年国内生产总值年均增长率为 5.2%。1960～2000 年国内生产总值年均增长率为 4%，高于经合组织国家年平均增长 3.3% 的水平。

1980 年以后，冰岛的渔业再度遇到巨大困难，一是气候变化和过量捕捞使周围海域渔业资源急剧减少，二是国际市场日益激烈的竞争导致渔产品价格大幅度下跌，使冰岛渔产品出口收入锐减。很多渔业公司及相关企业亏损甚至倒闭，造成经济严重衰退，通货膨胀率上升，冰岛克朗被迫连续 6 次贬值。由于冰岛国小、经济实力弱，不可能给予渔业大量补贴，其渔产品在国际市场上的竞争力难以获得根本改善。1981 年经济增长率仅为 2.7%，1982 和 1983 年甚至连续出现负增长，分别为 -1.5% 和 -5.5%。冰岛政府因此从宏观战略调整考虑，决心发展其他产业，使产业多样化，以减少国民经济对渔业的严重依赖。

冰岛劳动力的就业状况始终比较好，是欧洲乃至世界上就业率最高的国家之一。在 1981 年以前，失业率一直保持在 0.3% 左右。1981 年以后失业率有所上升，1983 年失业率为 1.1%，1987 年又降为 0.5%。冰岛 87.9% 的男性和 79% 的女性均进入劳动力市场，远远超过欧盟国家男性 70% 和女性 54% 的平均水平。而且冰岛的老龄工人就业率和挪威、瑞士、日本等一样，均居于世界最高之列。首都地区 2002 年 11 月有 2700 人失业，占劳动力总数的 2.9%。在失业者中，具有计算机、软件设计等技术专长和较高学历者的比例比以前高。在技术工人中，木匠失业最多。此外统计还表明，男性失业者明显高于女性。

长期以来，困扰冰岛的最大难题是物价不断上涨。历届政府都把抑制通货膨胀作为首要任务，采取了一系列措施，包括采取工资与物价同步增长、平衡财政预算等，但都收效不大，不能有效地解决通货膨胀这个难题。1983 年通货膨胀率甚至高达84.3%，创战后最高记录，在欧洲所有国家中也是最高的。政府因此采取一系列紧缩措施，冻结了物价和工资，取消了农产品及物价补贴，同时鼓励发展人工水产养殖、发展电子产品等新型经济项目。1987 年通货膨胀率下降到 13.8%，但仍是西方工业国家中最高的。同年 7 月上台的政府，把争取国家财政和外贸平衡、降低通货膨胀率以及减少外债作为其主要经济目标。1988年由于国际市场鱼价下跌，造成冰岛渔产品出口收入锐减，致使许多和渔产品有关的企业亏损甚至倒闭，对冰岛经济造成沉重打击，通货膨胀率高达 26%，普通银行贷款利率达 20%，国家所欠外债相当于国内生产总值的 40%。

1989 年起经济略有好转，通货膨胀率为 21.1%，1990 年为14.8%，1991 年进一步降为 6.8%。但经济回升依然乏力，国内生产总值连续数年增长缓慢甚至出现负增长。冰岛经济于 1994年开始复苏，年经济增长率达到 3.6%。1995 年因受欧洲经济影响而增速放慢，经济增长率仅为 1.2%。1996 年，在个人消费稳步增长和企业固定资本投资迅速增长的推动下，经济迅速增长，国内生产总值增长率达到 5.7%；失业率下降到 4.3%；通货膨胀率从 1995 年的 1.7% 略升至 1996 年的 2.3%；政府财政赤字占国内生产总值的比例从 1995 年的 3.1% 下降至 1996 年的1.8%。1997 年经济增长率是 4.5%，1998 年为 3.5%。1998 年通货膨胀率只有 2%；财政预算盈余约为 30 亿冰岛克朗；国家债务占国内生产总值的比例不足 0.5%。

在 1995～2000 年，冰岛的年均经济增长率接近 5%，失业率大大降低，是有史以来经济发展最好的时期之一。2001 年经济增长明显放缓，经济增长率由上年的 3.6% 下降为 1.9%；失业率由 2000 年的 1.3% 增至 1.4%；外贸逆差达到 6.2 亿美元。2001 年冰岛国内生产总值为 6694.09 亿冰岛克朗（约合 85 亿美元），人均国内生产总值 3.01 万美元。2002 年经济增长率为 -0.3%。政府所面临的问题已由控制经济过热转变为避免经济衰退。冰岛政府采取适当放松银根的措施，继续实行稳健的财政政策，同时注重促进传统产业的现代化，保持渔业优势，并积极利用能源和技术优势，大力发展能源密集型产业和高新技术产业。从 2003 年开始，由于外国投资的带动，冰岛经济又有了较好的恢复，年经济增长率恢复为 4%。2004 年国内生产总值为 9167.2 亿克朗（约合 130.7 亿美元），经济增长率 8.2%，达到最近 15 年来的最大增幅，人均 GDP 4.18 万美元，失业率为 3.1%，通货膨胀率为 3.2%。2004 年按购买力平价计算，国内生产总值为 93.73 亿美元，人均 3.19 万美元；按可变汇率计算，2004 年国内生产总值为 8589 亿克朗（约合 122 亿美元），人均 295 万克朗（约合 4.1865 万美元），居世界第二位。

2005 年国内生产总值达到 9960 亿克朗（约 150 亿美元），按当年汇率计算，人均国内生产总值接近 5 万美元，经济增长率为 5.5%。经济迅速增长的动力主要源于因资产升值、贷款降息、克朗升值所导致的巨额投资和私人消费。由于油价升高及主要贸易伙伴国经济增速减缓抑制冰岛经济增长，2006 年冰岛经济增长趋于减缓，增长率降至 5.3%。由于近年来经济持续高速增长，目前在许多领域已出现经济过热现象。2005 年通胀率高于上年，达到 4.0%。冰岛的对外贸易赤字急剧上升，2004 年出口增长 8.3%、进口增长 14.3%。劳动力市场就业状况较好，失业率呈下降趋势。2005 年 8 月份失业率下降为 1.8%，达到 2001

年以来的最低点，2005 年全年失业率平均为 2.2%。

2005 年冰岛国内生产总值增长主要靠投资增长和私人消费的拉动。这两项分别比 2004 年增长了 34.5% 和 11.9%。国家支出比率远远超出了国内生产总值的增长率，达 14.9%。进口 28.4% 的增长导致经常账户贸易赤字达 1623 亿克朗（24.3 亿美元），占国内生产总值的 16.3%，贸易赤字严重影响了国内生产总值的增长。2005 年国民总收入（GNI）增长率超过 6.7%，主要得益于贸易改善和基本收入中净支出的减少。2005 年家庭最终消费增长 11.9% 以及固定资产构成增长 34.5%，是国内生产总值增长的主要原因。

冰岛经济的一个突出特点是波动性相当大，在 1945～2002 年期间，较大的经济波动共发生 12 次之多。这与国家小、人口少、国内市场狭小、受国际市场影响大以及渔业生产稳定性差等多种因素有关。此外，冰岛经济在货币方面的不稳定性也十分突出，在 1965～1988 年期间，其年均通货膨胀率高达 30.5%；而同期，经合组织中所有其他国家的年均通货膨胀率只有 9.1%。不过其经济增长速度也相对较高，1960～2000 年，经合组织国家平均年增长速度为 3.3%，而冰岛的增长速度为 4%。在 1990～2005 年的 15 年间，冰岛的国民收入增长 30%，工资水平增长一倍。近年来，民众纷纷对消费品进行升级换代，购置高档轿车，冰岛企业家也纷纷到欧洲大陆去实行跨国并购。

冰岛国土上的自然资源比较有限，而海洋资源则相当丰富。政府先后决定实行 50 海里、尤其是实施 200 海里专属经济区，对冰岛经济的长远发展具有重大战略意义。冰岛的专属经济区面积是其国土面积的 7 倍之多，从而为其国民经济迅速而持续增长奠定了雄厚的资源基础，对其人均国内生产总值迅速达到世界领先地位起到了关键的促进作用。

冰岛

表 4 – 1　冰岛经济增长率

单位：%

年　份	GDP 年均增长率	人口年均增长率	人均 GDP 年增长
1955～1965	5.0	2.0	2.9
1965～1975	4.0	1.3	2.7
1975～1980	6.1	0.9	5.1
1980～1985	1.9	1.1	0.7
1985～1990	3.1	1.1	2.0
1990～1995	0.5	1.0	− 0.5
1995～2000	5.1	1.0	4.1
2004	8.2	1.1	5.0
2005	5.5		
1955～2004	4.0	1.3	2.7

资料来源：冰岛国家统计局。

表 4 – 2　冰岛主要经济指标

年份	国内生产总值① 亿克朗(亿美元)	经济增长率 (%)	通货膨胀率 (%)	全年平均汇率 1 美元 = 克朗	失业率③ (%)
1980	159.82	5.7			
1985	1220.26(29.34)	3.3		41.59	
1990	3711.19(63.56)	1.2	14.8	58.39	
1995	4537.09(69.94)	0.1	1.7	64.87	4.9
1996	4872.77(72.88)	4.8	2.3	66.86	3.7
1997	5258.73(73.89)	4.9	1.8	71.17	3.9
1998	5840.51(81.90)	5.8	1.7	71.31	2.7
1999	6285.29(86.56)	4.3	3.4	72.61	2.0
2000	6782.99(85.84)	4.1	5.0	79.02	2.3
2001	7648.74(78.09)	3.8	6.7	97.95	2.3
2002	7995.60(87.09)	1.0	4.8	91.81	3.3
2003	8278.63(107.60)	3.0	2.1	76.94	3.4
2004	9167.65(130.43)	8.2	3.2	70.29	3.1
2005②	9959.51(158.06)	5.5	4.0	63.01	2.2

资料来源：冰岛国家统计局。
①以美元表示的国内生产总值以当年汇率计算。
②2005 年为估计值。
③登记失业率统计的范围是 16～74 岁的劳动者。

表 4 - 3　人均国内生产总值

单位：美元

年份	按当年汇率	按当年购买力平价	年份	按当年汇率	按当年购买力平价
1990	24991	20405	2000	30588	28967
1995	26230	22586	2001	27447	30201
1996	27247	24102	2002	30402	30164
1997	27347	25374	2003	37285	30774
1998	29996	26944	2004	44684	33695
1999	31313	27955	2005	53555	35749

资料来源：冰岛国家统计局。

在 2005 年 3 月由美国传统基金会和《华尔街日报》联合公布的全球经济自由度指数排行榜上，冰岛得分为 1.76，和丹麦相同，排名第 9 位。该指数由 1 到 5，数值越低表明经济自由度越高，共有 10 大类构成要素，包括贸易政策、政府财政负担、政府干预经济、货币政策、外国投资、银行金融系统、工资和物价、产权、法规、非正规市场活动（黑市）。该指数始建于 1995 年，2005 年是第 11 次发布。

北欧国家政府的廉洁程度、经济竞争力和信息通信技术都位居世界前列。北欧国家政府为企业创造了健康的商业环境，使北欧国家的竞争力居于世界领先地位。2004 年 5 月瑞士洛桑国际管理学院（IMD）公布的《2003 年全球竞争力报告》改变了评比方式，分成两个类别进行评比：第一类是人口少于 2000 万的国家和地区，第二类则是人口超过 2000 万的国家和地区。冰岛在人口少于 2000 万的国家与地区中名列第 9 位。在 2005 年 5 月公布的《2004 年全球竞争力报告》经济体竞争力排名中，冰岛位于美国、中国香港和新加坡之后，跃升为第 4 位。在 2005 年 9 月"世界经济论坛"公布的《2005～2006 年全球竞争力报告》

中，芬兰连续三年稳居榜首，其他 4 个北欧国家也均位居前 10 名。2006 年 5 月发表的年度报告中，冰岛继续排在美国、中国香港和新加坡之后列第 4 位。在世界各国中，冰岛像美国、瑞士等同样属于实施低税收政策的国家。北欧国家富有竞争力的关键是拥有高效的政府服务和相对简单的税收系统，具有把潜在的成本不利因素转化为具有竞争优势资本的能力，具有能够真正实现竞争力提升的"引擎"——科学、技术、金融和教育等。

二　经济结构

由于冰岛特殊的地理气候条件以及自然资源情况，其经济结构原来较为单一，主要建立在对沿海渔场、水力、地热资源及草地等自然资源的利用上。渔业是冰岛 20 世纪国民经济的主要支柱，它的传统工业以渔产品加工和畜产品加工为主。自 20 世纪 60 年代以来，冰岛政府逐步加大经济多元化发展的力度，力求改变冰岛经济过于依赖渔业及农牧业生产的单一经济模式。经过多年努力，冰岛的经济结构已逐步由传统的渔业和农牧业，向以出口为导向的渔业、食品加工业和能源密集型产业、新兴高科技产业、旅游业等组成的多元化经济模式发展。

1860 年，冰岛 79.1% 的劳动人口从事农牧业生产。到 1890 年时，冰岛仍有 80% 以上的劳动人口从事农业和渔业生产；只有 3% 的劳动人口从事制造业和建筑业，6% 的人从事商贸运输业或在政府部门就业等。在渔业大发展之前，只有 0.5% 的人口从事渔业生产。20 世纪初开始渔业大发展，在 1910～1930 年期间以渔业为生的人口占总人口的 16%～17%；而农业人口在 1920 年下降为 42.9%，1940 年下降为 30.5%，1965 年下降到 13%；1981 年为 7.35%，1985 年下降为 6.1%，1997 年为 4%，2002 年时只有不到 3% 的劳动人口从事农业生产。

1940 年，冰岛制造业和建筑业中的就业人口上升到 22%，商业服务业等领域的就业人口上升到 27%。1965 年，制造业和建筑业的就业人口上升到 35%，其中有近 1/3 的人从事建筑业。1981 年从事渔业生产的人口为 6%，从事渔产品加工的人口为 8.4%。1991 年，冰岛从事农业的劳动人口为 5.4%，从事渔业的人口为 5.5%，从事渔产品加工的占 6.0%，从事工业和建筑业的占 22.3%，从事商业酒店餐饮业的占 14.6%，从事通信业的占 6.9%，从事金融保险业的占 8.4%，在政府部门工作的占 18.5%，从事其他服务业的占 12.4%。

表 4 - 4 劳动力结构变化

单位：%

行业 \ 年份	1950	1990	2002	行业 \ 年份	1950	1990	2002
农牧业	26	5	2.9	其中:渔产品加工业	6	6	4.2
渔 业	10	6	3.7	服务业及其他行业	44	70	74.9
制造业	20	19	18.5				

资料来源：冰岛国家统计局。

从比例上看，渔业的就业人口在减少，但是其实际就业人口基本上没有减少，这是因为总劳动人口的增加使其所占的比例减少了。此外，从产业地理分布的角度看，渔业及渔产品加工业集中在沿海地区，因此在沿海地区的渔业就业人口占当地就业人口的 40%～50%。农牧业就业人口虽然明显减少，但是由于生产率大大提高，产量反而大幅度上升。例如 1990 年的奶制品产量比 1950 年增加 60%，肉类产量增加 100%。渔产品加工业就业人数的减少主要也是因为生产率的提高。

冰岛经济对外贸的依赖性极大，其进出口总额始终占国内生产总值的 30%、甚至 40% 以上，远远超过经济合作组织国家平均为 23%（2002 年）的水平。2004 年冰岛的进出口总额为 4426

冰岛

表 4 – 5 2004 年劳动力结构

单位：%

	总　计	男　性	女　性
就业总人数(人)	156100	82500	73600
各行业劳动力比例	100	100	100
农　业	6.4	9.3	3.0
种植业、畜牧业	3.4	4.3	2.5
渔　业	2.9	5.0	0.6
工　业	22.4	32.9	10.7
渔产品加工业	3.5	3.2	3.8
制造业	10.6	14.7	5.9
电力、供水业	1.0	1.8	0.2
建筑业	7.4	13.3	0.8
服务业	71.2	57.8	86.2
批发零售、修理业	12.7	13.8	11.5
旅馆、餐饮业	3.4	2.7	4.2
交通通信业	6.9	8.6	5.0
金融业	4.4	2.6	6.5
房地产及其经营	9.3	10.2	8.2
公共行政	4.9	4.1	5.8
教　育	7.8	4.9	11.0
医疗卫生、社会事业	14.7	4.4	26.3
其　他	7.1	6.5	7.8

资料来源：冰岛国家统计局。

亿冰岛克朗，占国内生产总值的 52%，其中出口额为 2024 亿冰岛克朗，进口额为 2402 亿冰岛克朗，逆差为 378 亿冰岛克朗（约 6 亿美元），比上年 169 亿冰岛克朗高出一倍多。在 20 世纪 40～60 年代期间，冰岛水产品出口一般占出口总额的 90% 以上；而从 70 年代开始，水产品出口比重下降为占 70%～80%，制造业产品出口上升为占 20%～30%。

150

表 4 - 6 行业经济产值占国内生产总值的比例

单位：%

行业 \ 年份	1991	1996	2000	2004
农牧业	2.8	2.1	1.9	1.4
渔 业		9.3	7.0	6.0
采矿、采石业		0.1	0.1	0.1
加工制造业		16.3	13.6	12.3
其中渔品加工业		4.3	2.8	2.7
电、水供应业	4.3	3.7	3.4	3.4
建筑业	8.4	6.6	8.3	8.7
服务业	57.7	61.9	65.8	67.9
商品批发、零售业		12.1	12.1	11.5
旅馆、餐饮业		2.0	1.7	1.6
运输、仓储、通信业		8.7	8.1	7.9
金融、房地产业		17.4	19.9	21.9
其他服务业		21.7	24.0	25.0

资料来源：冰岛国家统计局。

第二节　农牧业

一　种植业

冰岛由于所处纬度高、日照时间少以及气候寒冷造成植物生长期短，种植业不发达，主要产区在南部几个农场。在 19 世纪末以前，冰岛没有开垦多少耕地，进入 20 世纪以后才逐渐进行垦荒。现已开垦的农田总面积为 10 万公顷，是 1900 年的 5 倍，占国土总面积的 1.3%。由于畜牧业在冰岛经济中占有重要地位，因此大部分农业用地被用作种植牧草。在施过肥的土地上，每个夏天通常收割两次牧草，干草贮藏到仓库内，青饲料则贮藏在地窖里。干草的产量平均每公顷4.5吨。过去把收割的湿草放在野外晒干，在天气不好时会受到损失。从20世纪50年代开始逐步推广鼓风机，在库房里把湿草吹干。1920年干草收获量为17.3万吨，1970年增加到36万吨。此外，农业用地还种植某些蔬菜，如马铃薯、胡萝卜等，能够满足国内2/3左右的需要。1991年全国马铃薯产量为15131吨，胡萝卜产量为543吨。粮食和水果等则基本依靠进口。

在第二次世界大战期间，许多农场被荒弃。在20世纪60年代，全国约有5200个农场。在经济比较繁荣的地区，新的农场代替了原来一些分散的或废弃的农场。在50和60年代，农业机械化迅速发展。在1960年，全国农村中使用的拖拉机约有7800台，平均每个农场有1.5台。

冰岛于1924年建成第一座利用地下热水取暖的温室。此后冰岛许多地区都利用充足的地下热水资源修建温室。例如在赫韦拉吉尔，居民大都以温室种植为主，因为附近的地下热水资源十分丰富。温室中种植最多的是西红柿和黄瓜，其产量现在可以满足国内70%的需要；此外也种植西瓜、葡萄乃至香蕉、橘子、木瓜等热带作物。温室还种植各种观赏植物、奇花异草。冰岛的温室管理技术先进，温度、湿度、营养和空气等均由电子计算机控制。由于温室种植业的发展，使冰岛能做到夏季生产的主要蔬菜自给有余。20世纪60年代时，温室总面积已经达到12万平方米。有些地方在露天菜地用温水灌溉或在地里埋设热水管道提高地温，可使多种蔬菜长势良好、产量增加，包括甘蓝、胡萝卜、莴苣、白菜等。到90年代，地热温室总面积超过14万平方米。首都雷克雅未克平均每人将近有一平方米的蔬菜温室。有的地区还利用地热资源建立了观赏植物园。温室农作物总产量的波动比较大，年产量在5000~2万吨之间。

冰岛的农业产值目前占其国内生产总值比重很小，并且逐年下降，1989 年为 4%，1992 年为 2.5%。1997 年仅为 2%。尽管如此，农业对于冰岛这个人口分散居住的国家来说仍然至关重要，因此冰岛的地区政策与其经济政策、特别是其中的农业政策及渔业政策密切相关。

表 4－7　主要农作物产量

农作物	单　位	1995 年	2000 年	2003 年
干牧草饲料	立方米	2503564	2363342	2287936
马 铃 薯	吨	7324	9843	7090
谷　物	吨	328	795	959
芜　菁	吨	485	3041	4337
番　茄	吨	749	931	1074
黄　瓜	吨	606	831	896

资料来源：冰岛国家统计局。

二　畜牧业

冰岛农牧业生产以畜牧业为主，而养羊业在畜牧业中占有最重要的地位。在过去几百年中，绵羊的存栏数相当于牛存栏数的 8～10 倍，全国平均每人饲养 3～4 头，在世界上名列前茅。冰岛与大陆隔离，没有猛兽，因而不必担心野兽会对畜牧业造成危害，同时冰岛有广阔的天然牧场，因此养羊业历来比较发达。人们在初夏季节把绵羊做上标记，先赶到农庄周围的天然草地去放牧，5 月底接羔，6 月份剪羊毛，之后再把羊群赶到山野牧场，任其自由觅食和繁殖。到 9 月中旬天寒下雪之前，人们骑马上山把羊群赶回村镇，再按照耳痕上的记号认领各自的成羊，并且按照母羊的数量分配羊羔，同时庆祝"分羊节"，羊只的数量非但不会减少，而且会增加很多。9月中下旬是宰羊的时间，人们把羊肉用盐腌制或加工成熏肉，或将一部分羊肉冷藏起来，供全年食用。1968年宰杀羊羔78万只、成羊6.15万只。

冰岛绵羊的历史和冰岛马的历史一样长，已经有一千多年。它是当年北欧人从斯堪的纳维亚和爱尔兰带来的绵羊杂交产生的后代，以后没有再和其他羊种杂交，是独特的纯种绵羊。在一千多年的独特环境中，冰岛绵羊形成了独特的耐寒抗病能力。它终年都长着厚厚的毛，并且是世界上唯一长着两种毛的绵羊，外面是一层厚厚的长达十几厘米的毛，既能抗雨雪又能挡风；里面则是软软的细密绒毛，保暖性很强，质量很高。时髦的羊绒衫是冰岛的一种特产。一头冰岛绵羊的毛产量达2~3公斤。羊毛织品和皮制品是养羊业的主要副产品。冰岛羊毛和羊毛织品是冰岛重要的出口商品。冰岛还出产天然彩色羊毛，这种羊毛已成为冰岛的独特象征。在冰岛的旅游胜地莫斯菲尔城（Mosfellsbaer）建有一座羊毛博物馆，馆内展示着冰岛人各种古老的剪羊毛工具的图片和羊毛加工工具，详细介绍冰岛牧羊业和羊毛加工业的发展史。

冰岛绵羊用纯天然牧草饲养，没有受任何工业污染的影响，草场不施任何化肥，羊也没有任何传染性疾病。冰岛绵羊体大肉多，每头净产肉20~25公斤，肉味鲜美，品质极佳，在冰岛的肉类出口商品中供不应求，也是冰岛人食肉的主要来源之一。1703年时全国牧养的绵羊为27.9万头羊，1770年下降到只有14万头，1800年恢复到30.4万头。自19世纪中叶以后，绵羊数量迅速增加，1855年达到49万头，1911年为57.41万头，1933年达到73万头。1940~1950年期间曾因国外育种的动物带入病毒，造成瘟疫蔓延，羊只大量死亡，到1952年时只有41.55万头。以后控制住瘟疫，羊群逐步恢复，1961年为83.38

万头，1965 年达到 84.7 万头，1980 年为 82 万多头。以后又逐步减少，进入 90 年代以来保持在不足 50 万头。在 20 世纪 30 年代，在东北部一些地区曾养有相当多山羊，后来数量已大大减少。

冰岛每年公司养的牛约有 7 万~8 万头。奶牛场主要位于冰岛沿海地区，其中的大多数与作为主要消费市场的城市相距不远。自 1960 年以来，冰岛的奶制品已经达到自给。从产值来说，养牛业已占农牧业总产值的 45%，而养羊业只占 25%。冰岛第一大养牛地区在西南部，占全国养牛总量的 1/3。雷克雅未克及其周围城市是最大的奶制品消费市场。塞尔福斯有北欧最大的奶牛场。冰岛第二大养牛地区是埃亚峡湾地区，这里是北方气候最好的地区，当地城镇对奶制品的需求量很大。这里的阿库雷里有一个很大的奶牛场。冰岛全国一共有 19 个牛奶加工场，每年加工的牛奶在 10 万吨以上，其中 40% 以上作为鲜奶出售，其余加工成黄油、奶酪、奶粉和酸奶冻。由于进行科学饲养并使用品质好的饲料，每头奶牛的产奶量已经从 20 世纪初的 1600 升增加到 1965 年的 2950 升，挤奶早已采用机械操作。冰岛的牛奶消费量很大。从产值来看，养牛业的收入占农牧业总收入的 45% 左右，而养羊业的收入只占 25% 左右。

冰岛自古有养马的传统，养马业在其经济生活中占有重要地位。冰岛只有一种马即冰岛矮种马，它体形小，性格温顺，十分健壮，耐力很强，并且十分耐寒。它们几乎整年在野外活动，自己寻找食料，在冬天也是如此。只是在秋天，人们把马赶到一起进行挑选，从中挑出一部分马作为乘用马进行驯养，其余的仍旧放回去自由野生。

在现代交通工具发明之前，马曾经是冰岛唯一的陆上交通工具，马还能帮助干很多农活，马肉也是食肉的来源之一。自从实现农业机械化以后，马在农村地区的作用已经变小。冰岛北部高原地带最适合于牧马，在南部也有大量马群。自 19 世纪中叶开始，冰岛向英国的矿山出售马匹。1900 年以后，冰岛马在丹麦是十分畅销的挽畜。即使在今天，马仍然是冰岛不可缺少的挽畜，供人骑用，包括为旅游休闲和体育运动提供乘骑。冰岛马也有一定数量供出口，主要出口到欧洲和北美当作乘骑马。马的存栏量在 20 世纪 80 年代为 5 万多匹，进入 90 年代以来增加到 7 万匹以上。

2005 年冰岛共出口 1501 匹马，2004 年为 1578 匹，2003 年为 1455 匹。2005 年冰岛马出口列前三位的国家分别是瑞典 335 匹、丹麦 320 匹、德国 269 匹。尽管出口瑞典的数量最大，但与 2004 年相比，仍下降了 34%。1988～2005 年期间，冰岛共出口 34095 匹马，其中在 1993～1997 年是出口高峰，年出口量在 2500～2840 匹左右。

冰岛还饲养猪和家禽，猪、禽产品都是为了满足国内市场的需要。

表 4 - 8　牲畜存栏数*

单位：只，头，匹

年　份	1971	1980	1985	1990	1995	2000	2003
牛	59200	59900	72900	74900	73199	72135	66035
绵羊	786200	827900	709300	548500	458341	465777	463006
马	36700	52300	54100	71700	78202	73995	71412
猪	4900	1600	2600	3100	3726	3862	3852
鸡	179900	310700	322600	214900	164400	178093	165242
水貂				数万		36593	26434
银狐				约6万		4132	2388

资料来源：冰岛国家统计局。

* 包括家禽的饲养数量。

表4－9 畜、禽产品产量

单位：吨

种类＼年份	1970	1980	1985	1990	1995	2000	2003	2004
牛奶(升)			128000	108000	102864	104025	108384	112030
牛 肉	2733	1983	2740	2931	3061	3626	3624	3611
黄 油			905					
奶 酪			3334					
羊 肉	11280	13541	12215	9454	8690	9735	8792	8644
猪 肉	403	1000	1641	2533	3330	4783	6205	5597
鸡 蛋		3250	2750	2355				
鸡 肉		800	1527	1519	1952	3051	5706	5392
马 肉		967	797	638				
羊 毛		1490					5706	

资料来源：冰岛国家统计局。

在专业化的饲养场中，繁殖珍稀毛皮兽是冰岛近年来新开辟的一个致富领域。这类专业化饲养场大约有140个，主要饲养北极狐（即银狐）和水貂，年生产5.5万张银狐皮和2.9万张水貂皮。1990年时饲养约数万只水貂和6万只银狐，但到2003年下降为只有2.6万只水貂和2388只银狐。

畜产品在出口商品中占有相当比重，出口商品的种类有羊肉、羊皮、羊毛、奶制品、马匹等，每年出口的肉类曾经占整个农产品出口的一半左右。野生鸭类中最大的一种叫绵凫，可以提供特殊而珍贵的鸭绒，现在已经受到人们的保护。雌绵凫从胸口取下柔软的绒毛铺巢，待它们离开巢穴之后，人们便可以去拣拾。在1898～1939年期间，鸭绒的平均年产量为3582公斤；在20世纪50～60年代产量不断下降，1963年时产量只有1648公斤。在国际市场上，这种珍贵鸭绒的价格不断上扬。

三　农牧业政策

目前，冰岛的农牧业遇到和其他发达国家相同的问题，即由于农业生产率提高，导致产量大于需求。冰岛政府通过采用生产配额制以及放开农产品价格的方式来减少供需之间的不平衡。农场主协会与政府通过谈判来确定各种产品的生产配额，然后以各个农场在 1981 ~ 1983 年的产量为参照的基础，把这些配额分配给每个农场，每个配额都可以自由转让。在放开农产品价格方面，除了奶制品之外，其他农产品的价格都已经放开。原来预计在 2004 年把奶制品批发价格完全放开，但是已经被无限期推迟。政府与农场主协会于 2004 年 5 月签署协议，规定由政府支持奶制品价格的做法继续保留 8 年，直至 2012 年。冰岛政府将过去实行的价格补贴和出口补贴改为直接支付给农场主收入补贴。新的农牧业政策已经证明是成功的，使本国的农牧业可以更好地达到供求之间的基本平衡。

在发达国家中，2002 年欧盟的农业补贴额达到 1005.5 亿美元，比上年提高 14.6%，占发达国家总补贴额的 42.8%，占欧盟农业收入的 36%。欧盟农民可以获得高于国际市场价格 35% 的价格。而冰岛以及挪威、瑞士等国的农民可以获得比国际市场价格高 100% 以上的价格。

在世界贸易组织的"多哈回合"谈判中，冰岛属于由 10 个农产品净进口方组成的集团（包括挪威、瑞士、列支敦士登、保加利亚、以色列、日本、毛里求斯、韩国和中国台湾地区）。这些国家及地区提供巨额政府补贴给生产条件恶劣的小农户，比如山区、沙漠或严寒地区的农户，并反对削减保护"敏感产品"的补贴和进口高关税。如果他们像其他非农产品进口国一样取消所有农业进口关税的话，将会严重影响本国或本地区的农业发展。这个集团在 2004 年 7 月表示，在给予部分比较敏感的农产品关税保护的前提下，将同意逐步取消部分农产品进口关税。它还希望在世贸组织工业和服务业关税谈判中，在农业问题上所做的让步能得到一定补偿。

第三节 渔业

一 海洋渔业

自20世纪初以来，海洋渔业在冰岛的国民经济中占有十分重要的地位，是冰岛经济的支柱产业和生命线。其他各个经济部门，包括商业、加工业、运输业乃至金融保险业等，都与渔业休戚相关。冰岛经济的繁荣在很大程度上取决于渔业生产。2002年渔业和渔产品加工业就业人口占总就业人口的11.8%；其产值占国内生产总值的15%，对国内生产总值直接和间接的贡献率高达45%左右。冰岛人均水产品年消费量为90公斤左右，位居世界第一，远远超过世界大多数国家。冰岛海洋渔获量的96%～98%供出口，占全国货物出口总量的53%（2002年）。目前，冰岛年渔获量保持在200万吨上下，是世界捕鱼大国，总渔获量排名列世界前15名，2001年为第12名；人均年渔获量为7吨左右，排名世界第一。

冰岛近海渔业资源丰富，冰岛的大陆架及其斜坡有利于鱼群的产卵和生长。在150多种鱼类中，有经济价值的将近30种。丰富的渔业资源给冰岛带来极大的经济利益，刺激了渔业的大发展。冰岛渔民主要在本国专属经济区捕鱼，最多的是到格陵兰岛、法罗群岛、纽芬兰等周围海域捕鱼，很少到更远的海域捕鱼。冰岛的渔产品主要有毛鳞鱼、鳕鱼类、鲽鱼类、鲱鱼、鲑鱼和北方额虾等；其中鲽鱼类包括鲈鲉（英文为"Redfish"，汉语中也直译为"红鱼"）、马舌鲽、比目鱼等。这些鱼和渔产品除少量供应国内居民食用外，95%以上用于出口，主要输往英国、美国、德国、日本、法国、丹麦和挪威等国。冰岛的海产品分为三类，就重量而言，底层鱼类的捕获量约占总渔获量的30%，中上层鱼类捕获量占67%，贝类和甲壳类捕捞量占3%。但是就产值而言，比例关系则完全不同：底层鱼类捕捞量占出口值的65%，中上层鱼类捕捞量占20%，贝类和甲壳类捕捞量占15%。鳕类和鲈鲉等属于底层鱼类，毛鳞鱼和鲱鱼则属于中上层鱼类。

冰岛虽然自古就有渔业，但在20世纪初渔业大发展之前，只有0.5%的人口从事渔业生产。当时的渔船全部是木制的敞篷渔船，没有甲板，经不起海上风浪的袭击，不能到外海捕鱼，因此捕鱼量很少，并有许多渔民因风浪袭击而丧生。19世纪上半叶，冰岛开始使用带甲板的帆船，由于船舱是封闭的，所以安全性能强。1853年，全国有这类渔船25艘，到1890年增加到60艘。后来英国人率先使用拖网渔船并淘汰带甲板的帆船。冰岛就从英国廉价购买了一批这类帆船，使其在1906年达到170艘。与此同时，也开始了机动化进程。1907年冰岛首次使用蒸汽机驱动的拖网渔船，渔场也从近海扩展到外海。1920年，冰岛有机动拖网渔船28艘，总登记吨位为8730吨，占全部渔船总吨位的63%；此外有排水量12吨以上的汽艇120艘，12吨以下的350艘，帆船40艘，这是冰岛渔业第一个大发展阶段。到20世纪30年代初，因世界经济危机爆发，渔业大发展阶段被告终。

20世纪初之前，由于捕捞设备等方面的落后，渔获量较低，1902年的渔获量仅为8万吨。此后，随着捕捞设备机械化的迅速发展，渔业生产能力迅速上升。1930年渔获量达到40万吨，渔业从业人员增加了50%。二战后，获得独立并拥有较多外汇储备的冰岛逐步实现渔船队和捕捞设备的现代化，促使渔业进一步发展。自1972年实行50海里专属渔区以后，冰岛渔业获得了

长足发展。1986 年底，共有渔船 822 艘，总吨位 11.2 万吨，有
300 多家鱼品加工厂。1990 年底渔船增加到 1005 艘，总吨位为
12.98 万吨，其中拖网渔船 100 多艘（大多数为尾滑道拖网渔
船）、捕鲸船 4 艘。1990～1997 年，渔船数量减少了 272 艘，减
幅为 25%。自 1995 年以来，渔船已经从使用多种渔具捕捞改变
为用几种渔具的专门捕捞，此外，海上冷冻船只不断增加，海上
冷冻设备的使用始于 1985 年。到 1994 年时，冷冻海产品的出口
额已达到 2.82 亿美元，占海产品出口总额的 23%。

　　鳕鱼的捕捞从 1890 年开始迅速发展，到 1954～1958 年时，
年均渔获量达到 30 万吨，是 50 年前的 6 倍。鲱鱼捕捞在 1870
年以前无足轻重，从 1900 年前后开始迅速发展，但其渔获量波
动极大，在 1944 年曾达到 22.2 万吨，随后逐年下降，1952 年
和 1954 年每年只有 3.2 万吨。从 1956 年开始产量重新回升，
1966 年达到创纪录的 76.9 万吨，这和采用新式鱼群探测仪直接
有关。但由于捕捞过量，从 1967 年开始鲱鱼产量又有所下降。
在 20 世纪 60 年代末以前，鲱鱼的出口量比较多。此后，毛鳞鱼
取代了鲱鱼在出口中的地位，年产量曾达到 110 万吨。冰岛的渔
获量在很大程度上取决于鳕类和毛鳞鱼的产量，这两种渔业资源
在 20 世纪 70 年代因过度捕捞而衰退。90 年代中期以后，鳕类
的渔获量保持相对稳定；而毛鳞鱼的渔获量仍起伏很大。鳕鱼始
终是冰岛出口换汇的主要商品。鳕鱼在冬、春季捕捞。毛鳞鱼在
1～4 月捕捞。鲱鱼在 6 月中旬至 9 月中旬捕捞。

　　冰岛 1980 年总渔获量比 1970 年增长了 81.6%，1979 年一
度达到 164.4 万吨，但 1983 年的渔获量只有 1979 年的一半。从
1984 年起又开始大幅度回升，1985 年达到 166.9 万吨，约占当
年国内生产总值的 21%；1986 年为 162 万吨；1987 年为 157.8
万吨。1988 年冰岛总渔获量首次超过 170 万吨，人均渔获量达
7000 公斤，是世界人均渔获量最高的国家，渔业产值占国内生

产总值 1/5 以上。冰岛海洋渔业捕捞的种类繁多，渔获量在千吨以上的鱼种有近 27 种（产量见表 4－11）。自 20 世纪 90 年代以来，总渔获量除 1991 年为 105 万吨外，其他年份都在 150 万～220 万吨之间，人均约 7.5 吨，名列世界第一。其中 1997 年达到 220.6 万吨，在当年世界各国渔获量中排名第 15 位。

冰岛的鱼粉及鱼油加工原料主要来源于生产和销售中过剩的整鱼、鱼内脏，有很高的蛋白质含量，适合于高组分要求的混合饲料。冰岛为世界水产养殖业提供大量的鱼油，包括初级鱼油和特殊加工鱼油。特殊加工鱼油应用于欧洲的鲑鱼养殖以及中国和东南亚地区的混合虾鳗饲料，使用效果很好。

表 4－10　1995～2000 年冰岛海洋、淡水渔获量

单位：吨

种类 ＼ 年份	1995	1996	1997	1998	1999	2000
海　洋	1611809	2059560	2205540	1681535	1735807	1982346
淡　水	739	608	404	416	370	176
共　计	1612548	2060168	2205944	1681951	1736177	1982522

资料来源：《世界各国和地区渔业概况》下册，海洋出版社，2004。

1999 年渔产品出口约占商品出口总额的 67%，渔获量为 173.6 万吨，产值占国内生产总值的 11.1%。据联合国粮农组织发表的数字，冰岛 2001 年渔获量排名世界第 12 位。海鱼捕捞量 2004 年为 109.4515 万吨；2005 年为 91.6916 万吨，比上年减少 16.2%，排名世界前五名。

冰岛的渔民出海有时可以不带淡水，因为在海上可以找到所需的饮用水。那里的海面有一种异常的水雾，在雾气中可以找到向上涌动的淡水喷泉。渔民们用一支长圆筒套在喷泉上面，就可以把淡水引上船舶。

表 4 – 11　1995～2000 年主要鱼种渔获量

单位：吨

鱼　种	1995	1996	1997	1998	1999	2000	2003
欧洲鲽	10649	11070	10557	7111	7064	5218	
马舌鲽	27408	22125	18631	10751	11187	15060	
美首鲽	1755	1486	1272	947	1408	1098	
拟鳎鲽	5418	7027	6468	3329	3833	3176	
欧洲黄盖鲽	5558	7954	7891	5061	3981	3015	
小油头鲽	741	784	1135	1432	1886	1438	
单鳍鳕	5254	5226	4847	4118	5976	4741	
大西洋鳕	202900	204058	208636	242968	260643	238324	206405
鮓鳕	3729	3670	3634	3603	3976	3223	
双鳍鮓鳕	1636	1284	1320	1208	2321	1623	
黑线鳕	60125	56223	43256	40712	44729	41698	60330
绿青鳕	47466	39297	36548	30532	30729	32947	51935
蓝鳕	369	513	10480	68514	160424	259157	501505
牙鳕	560	430	443	531	931	1347	
水珍鱼属	492	808	3376	13387	5495	4595	
大西洋狼鱼	12574	14638	11685	11844	13769	15043	16442
花狼鱼	700	1109	1180	1599	1545	1896	
平鲉属	118750	120751	111652	116132	110345	116302	111143
圆鳍鱼	4563	4201	6520	7165	3373	2458	
鲛鳒	550	669	787	850	977	1570	
大西洋鲱	284473	265413	291117	277461	298435	287663	250097
毛鳞鱼	715551	1179051	1319191	750065	703694	892405	680538
白斑鳐	1749	1493	1431	1252	996	1026	
挪威海螯虾	1027	1623	1215	1411	4389	1230	
北方额虾	83529	89633	82627	62727	42958	33539	28595
冰岛栉孔扇贝	8381	8978	10403	10098	8858	9074	
Arctica Islandica	1980	6315	4351	8776	3501	1584	
共　计（包括未列鱼种）	1612548	2060168	2205944	1681951	1736267	1982522	1979545

资料来源：《世界各国和地区渔业概况》下册，海洋出版社，2004。

大西洋鳕、黑线鳕、绿青鳕和鲈鲉等底栖鱼类的经济价值比较高，2002 年占全部渔获量价值的 66%，其中仅大西洋鳕就占 37%，因此这些鱼类是海产品出口创汇的主要来源。属于沙蒙鱼家族的毛鳞鱼经济价值比较低，目前主要用于加工鱼粉、鱼油，供出口的不多。鲱鱼曾经是冰岛加工鱼粉、鱼油的主要原料，后来被毛鳞鱼所替代，改为出口产品。近些年来，冰岛的虾、贝的产量增加比较快，已经成为海产品出口的重要部分，1992 年出口 2.13 万吨，创汇 14540 万美元，占海产品出口创汇的 12%。

冰岛、法罗群岛、挪威和欧盟代表于 2005 年 12 月在挪威的奥斯陆签署捕捞配额协议。根据协议，冰岛获得 2006 年度北大西洋蓝鳕捕捞 17.6% 的配额，欧盟获得 30.5%，法罗群岛获 26%，挪威获 25%。

表 4-12　海产品产值

	1995 年	2000 年	2004 年
总产值（亿克朗）	540.95	603.80	679.75
各类鱼所占比例（%）	100	100	100
底栖鱼类	69.6	72.7	69.7
鳕鱼类	26.6	42.6	41.2
平鱼类	13.2	7.7	9.1
远洋捕捞	9.9	11.7	17.5
虾　类	19.4	6.7	3.0
其　他	1.1	1.2	0.7

资料来源：冰岛国家统计局。

冰岛鱼类产品的生产和销售是由各种组织和公司进行的．其中较大的组织是冷藏企业公会、冰岛合作社联合会、冰岛渔产品生产协会、鲱鱼委员会等。

在冰岛出口总值中渔业出口曾经占 70% 以上，到 2004 年时仍占 60%。冰岛如果加入欧盟就要受到欧盟共同渔业政策的制约，会对冰岛经济产生不利影响。冰岛从与欧盟缔结的欧洲经济区协议中已经获得进入欧盟统一市场的权利，而同时又不必接受欧盟的其他条款，这使冰岛没有迫切加入欧盟的压力。同时，冰岛和丹麦、挪威一样，是北约成员国，又有北欧理事会和欧洲经济区为依托，因此，冰岛并不认为自己不入欧盟而被排除在欧洲事务之外。

海洋渔业捕捞是充满危险的作业，国际社会十分关注渔船及船员的安全。《托雷莫利诺斯国际渔船安全公约 1993 年议定书》是一个旨在保障渔船及其船员安全，力求使所有拥有渔船船队的国家都能实施的渔船最高实用标准，是国际海事组织唯一专为渔船制定的技术公约。截至 2004 年，只有包括冰岛、丹麦、挪威、瑞典等在内的 10 个国家愿意接受该议定书的约束。由于北大西洋风浪很大，经常有沉船事故发生，所以冰岛渔船都配备有先进的救生设备，大大降低了人员伤亡事故。

1999 年夏季，冰岛开始启用新的渔船自动跟踪系统（AVTS）。该系统用于本国所有渔船的跟踪和搜救，提高了渔船的安全。新系统提供频率更高、更准确的渔船位置报告，在出现问题和事故时搜救更加及时、准确。系统自动搜寻失踪船只，当渔船遭遇海难时能与最近的渔船取得联系，而不致延误搜救时间。冰岛政府对使用该系统的渔船给予资助。

根据欧盟共同渔业政策，欧盟自 1977 年起将各成员国在北大西洋和北海沿岸的捕鱼区扩大为 200 海里，作为共同的捕鱼区由欧盟统一管理，并授权欧盟委员会与第三国谈判渔业协定。欧盟共同渔业政策于 1983 年基本形成，主要涉及捕鱼配额的分配、渔业资源的保护和渔产品的销售等。2002 年 5 月，欧盟委员会公布了共同渔业政策改革计划，对实施了 20 年的共同渔业政策进行改革，同年 12 月欧盟部长理事会批准了这个改革计划，并于 2003 年起正式实行，主要涉及促进对鱼类的保护，帮助渔民寻找适合生存和发展的道路，大幅度减少捕捞船队的数目，欧盟不再为建立新船队投入资金。

世界贸易组织规定要逐步取消农产品进口限制，在渔产品市场越来越多地采用拍卖方式，加上捕鱼技术的进步，这些因素都使分散在冰岛偏远地区的小渔村渔业生产的竞争力下降。

表 4 – 13　渔业对冰岛经济的贡献率

单位：%

年　份	占就业比率	占 GDP 比率	渔产品出口	
			占货物出口比率	占货物和服务出口比率
1940	20. 2	28. 2	95. 1	95. 1
1950	16. 2	—	89. 8	65. 9
1960	16. 3	—	91. 0	61. 8
1970	14. 4	15. 7	77. 2	48. 1
1980	14. 4	16. 5	74. 9	59. 2
1990	11. 6	15. 0	75. 5	55. 9
2000	9. 0	9. 9	63. 7	41. 3
2004			60. 6	

资料来源：冰岛国家统计局。

二　捕鲸纠纷

从　1880 ~ 1915 年，挪威人曾在冰岛附近海域大量捕鲸，使这里的鲸类越来越少，于是从 1915 ~ 1935 年对鲸类予以完全保护，禁止捕鲸。1948 年，冰岛一家渔业公司重新开始在华尔峡湾捕鲸，每年捕获 400 ~ 500 条鲸。20 世纪 60 年代冰岛拥有 4 艘捕鲸船，1961 ~ 1965 年平均每年捕获 430 条鲸，其中主要是长须鲸和蓝鲸。

从历史上看，国际社会为保护鲸类于 1931 年签署了第一个《国际捕鲸公约》。1940 年美国宣布放弃捕鲸。1946 年《国际规范捕鲸公约》签署。1948 年国际捕鲸委员会（IWC）成立。1963 年禁止在南极地区捕杀座头鲸；同年，英国宣布放弃捕鲸；1964 年南极地区禁止捕杀蓝鲸。1972 年联合国人类环境大会做出决议，呼吁禁止 10 年商业捕鲸。

1982 年，国际捕鲸委员会通过一项公约，规定从 1986 年起在大西洋全面禁止捕鲸。冰岛议会于 1983 年 2 月通过决议接受了这项公约的规定。国际捕鲸委员会 1991 年 5 月在冰岛雷克雅未克举行的年会上，讨论了保护海洋哺乳动物问题。它在向 36 个成员国提交的一份报告中说，海上哺乳动物正在惨遭屠杀。在这次年会上，包括冰岛在内的一些国家认为，经过 5 年禁止捕鲸之后，有些鲸类品种已经恢复到"旺盛的状况"，因此向国际捕鲸委员会呼吁重新开始商业捕鲸。但是大多数与会者不同意这种看法，认为应永久禁止捕鲸。出于对限制捕鲸的不满，冰岛于 1992 年 6 月宣布退出国际捕鲸委员会。1999 年 3 月，冰岛议会通过决议，决定终止自愿承担的禁止捕鲸 10 年的决定。

2000 年 9 月冰岛宣布准备重新申请加入国际捕鲸委员会。2001 年 7 月，冰岛正式申请重新加入国际捕鲸委员会，但是申请没有获得通过，只取得该委员会观察员的地位。2002 年 5 月，冰岛再次重新申请成为国际捕鲸委员会的正式成员国，又遭到失败。同年 10 月 14 日，国际捕鲸委员会勉强通过冰岛的申请，它重新成为正式成员国。

2003 年 8 月 17 日，冰岛政府宣布准许在当年 9 月底之前捕获 38 头小须鲸，称这是在进行为期 3 年的科学研究，以便调查鲸类是否对一些重要的鱼类构成威胁。这是在 1989 年停止捕鲸 14 年后重新开始捕鲸。2003 年 8～9 月，冰岛捕鲸船捕获了 36 头小须鲸。冰岛因此而受到国际社会的强烈批评，只有日本政府

公开支持冰岛捕鲸。英国驻冰岛大使代表美、英、法、德、意等
23 个国家于 9 月向冰岛政府递交一份抗议书，冰岛还受到美国
以贸易制裁的威胁。美国对冰岛政府这一决定极为失望，称可能
促使美国商务部使用"培利修正案"对冰岛进行贸易制裁。根
据"培利修正案"，如果某一国家破坏包括国际捕鲸委员会在内
的国际保护组织的规定，美国总统应禁止该国产品进口美国。

　　冰岛总理奥德松在 2003 年 12 月表示，冰岛担心国外游客会
联合抵制其恢复捕鲸的活动，但迄今其经济还没有受到损害。他
承认此事需慎重处理，但称冰岛政府支持捕鲸的决定，尽管国际
捕鲸委员会通过了有关猎杀这种海洋哺乳动物的"延期履行
权"。冰岛政府强调，冰岛海域约有 4.3 万头小须鲸，它们每年
吞食 200 万吨鱼类和北极虾，捕获少量小须鲸有助于保持海洋生
物的平衡。

　　国际捕鲸委员会"公约"的第 8 条规定：任何国家可以根
据科学研究的目的击杀或者捕捞鲸，并应充分利用鲸的身体各部
分（由于科学捕鲸往往不需要鲸肉，过去工业化国家对于鲸的
利用只有 10%）。这个漏洞给少数国家提供了捕鲸的合法理由。
日本、挪威等国正是以科学研究的名义继续实行实际上是商业行
为的大规模捕鲸。

　　冰岛政府原计划从 2004 年起，每年抓捕 100 条小须鲸、100
头长须鲸和 50 头大须鲸（长须鲸和大须鲸是濒临灭绝的鲸种），
但是在 2004 年只捕获 25 头，2005 年捕获 39 头。民意测验显示，
有 75% 的冰岛人支持捕鲸和将鲸肉重新搬上餐桌。冰岛老人说，
以前吃鲸肉是很平常的事，他们平均每星期有 3 天吃鲸肉，另 3
天吃其他品种的鱼，还有 1 天吃羊肉。但恢复捕鲸引来国际社会
的强烈不满，环保主义者对此十分愤怒，并向冰岛政府提出严重
抗议。

　　鲸肉虽然在冰岛市场上热销，但由于冰岛历来控制捕鲸数

量，每年上市的鲸肉量有限，除部分超市冰库少量存余外，市场上鲸肉的供应几乎已告罄。

在冰岛沿海一些地方有小规模猎捕海豹的行动。当地繁殖的海豹有普通海豹和灰色海豹两种，所猎捕的主要是普通海豹，割取海豹的皮出售。在 20 世纪 50 和 60 年代，每年捕获大约 300 只成年海豹和 3000 只小海豹。冰岛的海豹肉于 2003 年获准批量出口到中国，主要是广东。

三 捕捞配额制

冰岛目前实行海产品捕捞配额制度，对底栖鱼类、中上层鱼类、甲壳类和贝类等鱼类几乎都规定每个配额年的可捕量（TAC）。其设定的程序是：国家海洋研究所在每年 5 月底提出"冰岛海域海洋资源状况"报告，在与国际海洋考察理事会（ICES）协商之后，向冰岛渔业部提出关于每种鱼在每个配额年可捕量的建议。在此基础上，冰岛渔业部与相关渔业团体在每年 6~8 月进行非正式协商，综合考虑经济和就业因素，最终确定每种鱼的可捕量。每年 8 月下旬，渔业部长正式发布相关决定。渔业董事局具体负责渔业生产活动稽查、负责对渔获物的上市质量进行检查监督，并提供信息服务，通过计算机网络将每个渔业公司所获得的捕捞配额的运作情况进行详细记录，并公诸于众。

冰岛自 20 世纪 60 年代建立捕捞配额制以来，经历了一系列变化。1966 年起只对鲱鱼设定总渔获额度，1972 年又取消了鲱鱼的总渔获额度。在 1975 年实行 200 海里专属经济区后，开始对主要底栖鱼种实行总渔获配额制度。1976 年起对鲱鱼实行单个渔船配额制度（IVQ）。1978 年起对主要底栖鱼类实行作业天数限制。1979 年起实行鲱鱼可转让配额制度（ITQ）。1980 年起对毛鳞鱼实行可转让配额制度。由于鳕鱼资源一直处于下降的状态，冰岛议会于 1984 年决定以 1981～1983 年期间单个渔船的渔获量为基础分配捕捞配额，对主要底栖鱼类捕捞实行个别渔船配额和个人可转让配额并用制（适用于总登记吨位 10 吨以上的渔船）。1986 年起对毛鳞鱼实行可转让配额制。1990 年起对全部渔业实行可转让配额制，但总登记吨位在 6 吨以下的小型渔船除外，不列入捕捞配额制度，而增加其在冰岛捕捞限制内的捕捞份额。

这样，除了总登记吨位在 6 吨以下的渔船之外，对所有渔船都适用于捕捞配额制和可转让配额制，包括外国渔船也根据协定实行捕捞配额制。每艘渔船每年所持有的配额像实物财产一样，可以分割、转让和交易；但是捕捞量既不允许超出配额，也不得小于配额数的 50%。为了避免垄断，单个捕捞企业所掌握的捕捞配额不得超过总捕捞配额的 8%（以产品价值计算）。对于在 6 总吨以下的小型渔船，只有共同的鳕鱼配额，有最多出海天数或最多可捕量限制，并且可以相互转让。采取这些举措的目的是为了促进海洋渔业资源的保护和利用，使冰岛渔业可以持续发展，同时保证渔业生产领域及不同地区的均衡就业，避免在可转让配额制实施后使配额集中于少数人，造成某些地区就业机会减少，从而避免一些渔村走向衰落。这种渔业管理制度目前已基本上达到预定的目的，但仍处于不断完善和发展之中。

对于进入本国水域的外国渔船，在其从事渔业捕捞活动前 24 小时要向冰岛渔业主管部门报告船名、船舶登记号、船上有无渔获物、要进入的水域、允许捕获的品种、捕捞配额、执照的有效期限等。在离开渔场之前，则要报告离开的时间、渔获品种和数量。渔业部根据实际情况，决定是否命令其到指定的检查地点接受海岸警备队的检查。

冰岛近海广阔的海域是鱼类产卵和育苗区域，因而禁止使用拖网进行捕捞作业。为了保护鱼类产卵，政府规定对渔区实行各种休渔期。为了防止捕获幼鱼,对网目规格实行一定限制。在所捕获的鱼品中如果小鱼的数量超过一定比例,国家海洋研究所可以决定关闭该渔场的生产作业。

1997/1998 年度(自 1997 年 9 月 1 日起至 1998 年 8 月 31 日)大西洋鳕的捕捞总配额是 21 万吨,1998/1999 年度调高为 26 万吨,1999/2000 年度降至 23.8 万吨,2001/2002 年度进一步调低为 19 万吨。1997/1998 年度的黑线鳕捕捞配额为 22 万吨,1998/1999 年度为 19 万吨,2001/2002 年度仅为 3 万吨。深水虾捕捞配额 1997/1998 年度为 7 万吨,1998/1999 年度为 5 万吨。鲽鱼捕捞额度 1997/1998 年度为 9000 吨,1998/1999 年度为 7000 吨。毛鳞鱼捕捞额度 1997/1998 年度为 84.0 万吨,1998/1999 年度为 94.5 万吨。

2001/2002 年度其他鱼种的捕捞额度为:绿青鳕 3 万吨,平鲉 6.5 万吨,格陵兰鳕 2 万吨,拟鳙鲽 4000 吨,美首鲽 1350 吨,新西兰菱鲽 3000 吨,美洲拟鳙鲽 5000 吨,深水虾 1.7 万吨,海螯虾 1500 吨,扇贝 6500 吨,近海虾 1400 吨。根据冰岛渔业部长马修森签发的规定,2004 渔业年度冰岛渔业捕捞范围比上年度增长 11.3%。由于范围扩大,预计海洋捕捞产品出口额增加 1.62 亿美元。其中,大西洋鳕捕捞配额为 20.9 万吨,黑线鳕 7.5 万吨,狭鳕 5 万吨,红鱼 5.5 万吨,深海鲈鲉(Rosefish)为 2.2 万吨。为了监督配额制的具体实施情况,渔政船在海上观察作业船并可以登船检查。如果确认出现违规作业,则会采取无上限的罚款、停止作业、没收可转让配额等严厉措施加以处罚。

四 水产养殖业

冰岛拥有未受污染的海域和淡水水面,同时又有丰富的地热水资源,因此十分适合水产养殖。冰岛鲑鱼养殖

的历史较长，但直到 20 世纪 60 年代才建成首批培育鲑鱼幼鱼的
鱼种场。从 80 年代下半期开始，渔业当局和许多投资者对水产
养殖尤其是对鲑鱼养殖和人工放流、寄予很高期望。鲑鱼养殖主
要有两种方法，即网箱养殖和地热水池养殖。

　　鲑鱼人工养殖分为幼鲑养殖和成鲑养殖。幼鲑养殖用于内河
及海洋人工放流，由于鲑鱼是洄游鱼类，人们每年把幼鱼通过某
些河流放流入海，鲑鱼在海中长大之后又通过原来的河流成群结
队返回，渔业工人可以很容易捕获。成鲑人工养殖则是在养大后
直接上市，出售给消费者。除了鲑鱼之外，冰岛还养殖虹鳟鱼等
其他鱼种。

　　冰岛自 20 世纪 80 年代以来投入可观资金对鳙鲽的养殖技术
进行深入研究，已经开发为重要的养殖产业，近年以来产量迅速
上升。

表 4 - 14　1991 ~ 2000 年冰岛水产养殖产量

单位：吨

鱼　种	1991 年	1995 年	1998 年	2000 年
安大略鲑	2566	2591	2742	2593
鳟	25	10	2	0
虹　鳟	65	379	372	34
北极红点鲑	217	471	731	927
鳙　鲽	—	—	8	34
大西洋鳕	—	33	0	—
舌齿鲈	—	1	12	20
鲍　属	—	—	1	15
产　量	2873	3485	3868	3623
产值(万美元)	1769.7	1549.8	1557.1	1528.1

　　资料来源：《世界各国和地区渔业概况》下册，海洋出版社，2004。

第四节　工业

在19 世纪末以前，除了家庭手工业之外，冰岛几乎没有什么工业。1890 年，以手工业和工业为生的人只占劳动人口的 2.6%。带甲板渔船和拖网渔船开始使用后，沿海地区许多城镇迅速发展起来，为工业的发展创造了条件。从1930 年开始，冰岛对进口实行了各种限制，大大有利于本国一些制造业的建立。1920 年工业人口只占 11%，1940 年增加到22%，1965 年达到 36%，其中近 1/3 从事建筑业。

1993 年冰岛工业总产值占国内生产总值的 10.9%，工业品出口占出口总量的 20%，工业就业人口占总就业人口的 12.5%。1993 年生产铝锭 9 万吨，硅铁 5.1 万吨，水泥 9.7 万吨，硅藻土滤净剂 2 万吨，发电量和电力消耗量均为 45 亿度。2002 年生产水泥 8.26 万吨，铝锭 28.54 万吨，硅藻土滤净剂 2.26 万吨，硅铁 12.06 万吨，发电量和电力消耗量均为 85 亿度。

在 20 世纪 60 年代中期以前，冰岛最重要的工业是渔产品加工业。几乎每个渔镇都有一座速冻工厂，有些城镇甚至有几座，并且装备了高效切片机等现代机械。冰岛的渔产品加工业在 20世纪发生了很大变化。在 1918～1939 年期间，咸鳕鱼是最重要的出口产品。在 1939～1949 年期间，用拖轮运往英国的冻鲜鱼是主要出口产品。从 1946 年开始大量出口速冻鱼片，其产量迅速增加，冻鲜鱼的出口便相应下降，全国各地建立了许多速冻工厂。鱼粉厂和速冻厂的生产相互衔接，使原料得到充分利用。1992 年全国有各类渔产品加工厂 300 余家。有一些规模比较大的机械厂和渔船厂从事渔船维修，还制造一些小型渔船和中型渔船。机械厂还为渔产品加工业制造各种类型的机器和设备。有若干厂商制造捕鱼工具以及水手所需要的成套工具。有一些厂商为渔产品进行包装加工。还有海藻制品厂，专门生产各种海藻制品。

现在冰岛的渔产品加工业十分发达，加工能力强，渔业机械技术先进，某些领域在世界上处于领先地位。冰岛渔业公司加工红鱼、三文鱼的生产线现代化水平高，一条生产线年加工能力都在3万吨以上，加工产品已经占领欧洲和日本市场。全国有100多个具有一定规模的渔产品加工厂，都能通过传送带用机器将鱼去皮、去骨和切片。电子计算机已经广泛应用于渔产品加工业。冰岛渔船已经普遍使用自行研制的高灵敏度电子称，在风浪颠簸的渔轮上能保证所称鱼虾的重量准确无误。冷冻是最重要的渔产品加工方式，约占产值2/3的捕获鱼类被速冻加工。此外，还有能大大降低原料消耗的电子腌鱼设备，从而使加工效率大大提高。现在冰岛有大部分鳕鱼用盐腌制后出口到地中海国家。

鳕鱼加工已经实现现代化，清洁明亮的加工车间几乎嗅不到死鱼的腥臭味。鳕鱼从筛选定级、刮鳞去头、清除内脏、剔骨去皮到切片包装冷冻，几乎都是通过机械化流水作业来完成。剩下的鱼头、鱼皮、鱼骨和内脏也都分别被加工成不同的产品，各有用途，毫不浪费。例如用鱼皮制成钱包、文件包、帽子、手套等，新颖别致，富有特色。由于加工能力的提高，冰岛本国捕捞的鱼已满足不了需求，不少工厂还帮助俄罗斯加工渔产品出口到欧洲其他国家。

冰岛的轻工业有纺织业、服装加工业、制鞋业、家具制造业、电器制造业、糖果业、塑料工业等；重工业有电力工业、炼铝业、化工业、建筑业、采矿业、制造业等。其中占有特殊地位的是为外贸出口服务的毛纺织工业，生产毛线、毛毯、地毯、挂毯、毛衣等。印刷和出版业也是冰岛比较大的行业。冰岛的假肢技术、机械制造、废纸再生机械等，都处于世界领先地位。

冰岛著名的奥索公司（Ossur）目前是世界第二大假肢制造

公司，也是世界假肢技术最先进的公司之一。2004 年 8 月，中国残疾人运动员选用该公司的假肢产品，参加雅典残奥会。该公司在 2005 年研制出新型假肢关节，可为缺失关节以上腿部的残疾人爬山和上楼梯提供方便。该公司的销售网络遍布世界各地，也十分看好中国庞大的市场前景，近来加紧拓展中国市场的计划。该公司已与北京瑞哈假肢公司建立了业务联系，2005 年通过并购香港一家美资企业 Royce 医药公司，2006 年初在香港进而在中国内地设立长期办事机构，以加强它与香港和中国内地的合作，开展该领域的科学研究、市场开发及投资设厂等。

冰岛经济受渔业影响很大。20 世纪 70 年代以来，由于捕捞作业的不稳定、国际市场渔产品价格的波动和激烈的国际竞争，使冰岛经济受到很大影响。同时政府为限制渔业捕捞规模而禁止为渔船队建造新的船舶，使冰岛的造船业很不景气。造船厂仅从事船舶修理和使其装备的现代化。有几家生产渔业设备的公司，其中包括利用主要由美国供应零部件生产现代电子仪器的装配企业。

为了摆脱国民经济对渔业的过分依赖，冰岛不断加速工业化的步伐。早在 1953 年底，在雷克雅未克附近建成一家硝酸铵化肥厂并投产。它是当时冰岛最大的工业企业之一，1965 年时年生产硝酸铵 2 万吨，产品全部供国内需要。1958 年在阿克拉内斯建成一家水泥厂并投产，当时每年生产约 10 万吨水泥和 2.5 万吨石灰。冰岛没有石灰石，生产水泥的原料是用从法赫萨湾约 30 ~ 40 米深海底 1 ~ 5 米厚的地层中挖掘的海生贝壳。冰岛由于缺少木材、适合建筑用的石料以及制砖用的黏土，所以冰岛消耗的水泥每年人均为 0.5 吨左右，在欧洲是最高的。新建的制盐厂则生产食用盐和医用盐，已经向欧洲、美国、日本等许多国家出口。

从 20 世纪 60 年代末起，发展了一批与外资合营的能源密集型工业部门。它们充分利用本国丰富的水电资源和地热资源，以改变产业结构和出口商品结构。冰岛政府同美国曼维尔公司合资经营硅藻土滤净剂的生产，于 1968 年在米湖畔建成投产，为冰岛当时的第三大厂。它开采米湖的硅藻土，年产滤净剂 2 万多吨，在投产第二年就向英国、荷兰和瑞典销售了 7400 吨。冰岛硅铁公司是由冰岛政府、挪威埃尔克姆公司和日本住友公司合资经营的，于 1979 年建成投产，是冰岛当时的第二大厂。它年产硅铁 5 万吨左右，目前年产量已经达到 12 万吨。

冰岛政府与瑞士铝业公司经过数年谈判，于 1966 年签署协议成立冰岛铝业公司，共同投资兴办电解铝厂。该厂厂址设在哈布纳菲厄泽市郊外机场路附近的斯特勒伊姆维克，设计年生产能力为 9 万吨，1969 年正式建成投产，成为冰岛当时最大的工业厂家。这个厂所需原料氧化铝起初完全从澳大利亚进口，生产的电解铝主要销往欧洲各国。它虽然要支付较高的运费，但由于炼铝需要消耗大量电力，而冰岛的电价成本比欧洲大陆低约 30%，并能够确保长期提供低价电力，所以依然利润可观。1978 年该厂产品已占冰岛出口总额的 15%。

总部设在加拿大蒙特利尔的阿尔坎铝业公司于 2000 年兼并了瑞士铝业公司，该厂便转到阿尔坎铝业公司旗下，更名为冰岛阿尔坎公司（Alcan Iceland）。该厂现有员工 500 人，2000 年产量为 16.8 万吨；2003 年、2004 年产量均为 17.6 万吨；2005 年创下新的年产纪录，产量达到 17.94 万吨，超出该铝厂原设计年产量的 20%。这一成绩归功于各种技术革新和可靠的生产流程。该厂生产过程已完全由电子计算机控制，产品质量经过 ISO - 9001 标准认证，环境管理体系经过 ISO - 14001 标准认证（在冰岛是第一家），以及 OHSAS - 18001 国际标准认证。

第二座电解铝厂是由美国哥伦比亚合资公司投资兴建的北欧铝厂（Nordural）。该厂位于雷克雅未克附近的格伦达坦吉（Grundartangi），于 1998 年建成投产，2001 年 7 月份生产能力达到 9 万吨/年，原料氧化铝主要从澳大利亚跨国矿业企业比利顿公司在苏里南的氧化铝厂运来。2003 年和 2004 年，该厂产量均为 9 万吨。

2003 年，总部设在美国匹兹堡的全球最大的铝业公司美国铝业公司（Alcoa）兼并了美国哥伦比亚合资公司，并于 2004 年 5 月正式启动北欧铝厂扩建工程，将年生产能力从 9 万吨增加到 18 万吨。该项扩建工程于 2006 年投产，总投资金额为 3.13 亿美元，同时也带动了雷克雅未克市能源公司和 Sundurnes 热力设备公司联合投资约 6.82 亿美元兴建和扩建电厂。这项工程在建设期间需要 800 名工人；工程竣工后，发电厂和电解铝厂还需招聘 200 名雇员。预计到 2008 年第四季度把生产能力扩大至 26 万吨。美国世纪铝业公司 2005 年宣布为该铝厂达成了一项电力供应协议，可以使生产能力到 2007 年增至 22 万吨，2008 年第四季度扩大到 26 万吨。同时，该厂已经从冰岛政府获得年产 30 万吨的扩建许可证，未来还有进一步扩建的空间。

冰岛经济发达的城镇主要集中在西南部；广阔的东部地区几乎没有工业，人口稀少，近几年渔业不景气，失业者增多，人口往西部迁移。但是东部有着丰富的水力资源，为了充分利用这些资源以及吸引人口向东部迁移，冰岛政府决定开发东部资源。随着东部炼铝工程的上马，冰岛最大的水电站也在附近兴建，公路、隧道工程陆续开工，拉开了东部大开发的序幕。冰岛地区开发研究所建议，将埃伊尔斯塔济（Egilsstadir）作为规划中的东部中心城市来开发建设，其规划人口要达到 1 万人以上（目前只有 2000 名居民）。大开发将改善该地区的通讯、教育、交通运输和商业服务等，使其成为除首都地区和阿库雷里之外的第三大重要城市。

尽管环境保护主义者坚决反对在冰岛东部荒无人烟的高原峡谷兴建对环境有巨大影响和可能造成污染的炼铝厂及与其配套的大水电站，冰岛议会依然于 2003 年 3 月以 41 票赞成、9 票反对

冰岛

通过了允许该工程上马的决议，从法律上扫清了工程的最后障碍。此前，冰岛绿党提出将此工程付诸全民公决的议案在议会中以 6 票比 35 票被否决。由于此项工程被拖延很长时间，等到议会通过决议允许上马时，主要外国投资公司挪威水电公司内部又出现财务问题，不能继续在冰岛投资，于是冰岛又转向其他国家寻求投资。最后美国铝业公司（Alcoa）决定投资兴建这项工程。

2004 年第四季度，美国铝业公司投资 11 亿美元在冰岛东部峡湾小村镇雷扎尔菲厄泽（Reydarfjordur）建设的铝厂工程破土动工。该厂名为"阿尔可－菲亚扎尔"（Alcoa Fjardaal），意思是"峡湾之铝"。该工程可为冰岛增加 1000 多个短期工作岗位和 450 个长期工作岗位，首期经营期限为 20 年。铝厂建成后，每年可为冰岛赚取 4.5 亿美元的外汇。该项目预计在 2007 年中建成投产。由于可能造成较严重污染，该公司因此修改建设方案，采取一系列保护环境的措施。为满足该冶炼厂的电力需求，冰岛国家电力公司同意新建一个装机容量为 50 万千瓦的水电站，供应有竞争力的电价 40 年。国家电力公司于 2003 年与 19 家跨国银行签署了为期 5 年的贷款合同，总金额为 3.98 亿美元，其目的是为铝厂提供配套的能源供应和设备。

2006 年 2 月公布了美国铝业公司在冰岛第二座铝厂选定地址并开始可行性研究的消息。位于冰岛北部的胡萨维克市居民一片欢腾，因为这可以为该地区带来发展和大量人员就业的机会，阻止人口进一步流向大城市。该铝厂的地址叫巴基（Bakki），位于胡萨维克市北部，预计设计年生产能力为 25 万吨，规模略小于在建的东部铝厂。其他地区的公众对新铝厂建设则毁誉参半。社会民主联盟领导人称，连续建设三大铝厂是冰岛国家之不幸。绿党主席甚至讽刺说，政府该获"羞耻奖"以表彰他们在美国铝业公司面前卑躬屈膝。执政的进步党和独立党则表达了强烈的支持立场。为了保护环境，准备建设地热发电站供应该铝厂所需

178

的电力。

冰岛 1997 年电解铝产量为 12.3 万吨，占欧洲纯铝产量的 3.41%。2004 年铝产量达到 26.2 万吨，占欧洲纯铝产量的份额跃升到 6.33%；铝锭出口创汇总额为 4.42 亿美元，占当年出口总额的 19%。目前正在兴建的东部"阿尔可－菲亚扎尔"铝厂建成后可年产 32.2 万吨。扩建后的北欧铝厂年产量达到 21.2 万吨。阿尔坎铝厂的实际年产量为 18 万吨。上述新建和扩建项目在 2007 年将全部竣工投产。届时，冰岛铝年产量可以达到 71.4 万吨。如果实现设计生产规模，其出口创汇将超过 10 亿美元；以 2004 年出口总额计算，纯铝出口额将接近冰岛出口总额的 40%。鉴于冰岛炼铝产业的国际地位日益上升，第 10 届世界铝业大会于 2005 年 7 月在冰岛首都雷克雅未克举行。

2007 年之后，冰岛如果充分利用《京都议定书》的规则，将所拥有的二氧化碳排放量配额应用在北部或雷恰角半岛拟兴建的年产 30 万吨的铝厂上，冰岛铝年产量可望突破百万吨，从而跻身于世界铝业大国行列，其铝产品出口有可能接近或达到其出口总额的 50%。届时，冰岛的经济结构将完全改观，长期依赖渔业支撑国内经济发展的时代将一去不复返。因此，冰岛政府未来仍会继续支持炼铝工业的发展。

表 4 – 15　主要工业品产量

单位：吨

	1971 年	1980 年	1985 年	1995 年	2000 年	2002 年
水　泥	107700	131700	114000	81000	143700	82600
纯　铝	41100	73100	73000	100100	224400	285400
硅藻土	19000	19400	29000	28100	24000	22600
硅　铁		28200	58000	70300	103400	120600
化　肥	24100	44700	58000			

第五节　能源

在 2005 年，冰岛的能源供应有 72% 是使用本国的可再生能源，主要是水力发电和地热资源，其中 54% 是使用地热能、18% 使用水力发电。其余约 28% 为不可再生能源，均依靠进口。其中石油制品占 25.3%，主要用于汽车、船舶和飞机等各种交通工具；煤炭占 2.9%。电力生产的 99% 是使用可再生能源。

冰岛境内有很多瀑布和湍急的河流，水力资源极为丰富。冰岛水电资源的理论蕴藏量为 640 亿度，其中有经济开发价值的约为 300 亿度，可用于发电的地热能蕴藏量约为 200 亿度，两项加在一起约为 500 亿度。2004 年时，冰岛水力发电量为 69.7 亿度，地热发电量 14.3 亿度，两项加在一起为 85 亿度，占总蕴藏量的 17%。其中 65% 用于能源密集型产业，35% 用于普通电力消费市场。预计到 2009 年时总发电量将达到 150 亿度，达到可开发能源蕴藏量的 30%，其中 20% 是地热发电，总发电量的 80% 用于能源密集型产业。冰岛还计划与外国公司合作利用海底电缆，将其廉价电力输送到欧洲其他国家。

冰岛的电价在整个欧洲是最便宜的，在 2001 年 1 月，工业电价最贵的意大利每度电价为 8.9 美分，德国为 5.7 美分，法国为 4.7 美分，瑞典为 3.4 美分，而冰岛仅为 2.2 美分。冰岛的人均能源消耗量在全世界属于最高之列，按照世界能源理事会的计算，2002 年冰岛人均使用初级能源为 5000 亿焦耳。在 2002 年初级能源构成中，有 17.4% 来自水力发电，54.7% 来自地热能，24.9% 来自石油，3.0% 来自煤炭。不过这种计算方式是把水力发电的效率算为 100%，而把地热发电的效率仅算为 10%，因此按初级能源计算地热能消耗的比例很高。

一 水力发电

冰岛首次利用水力是 1752 年在雷克雅未克东面建成水力推动的小型纺织漂洗机。18 世纪 70 年代，农民开始建立小型水磨房来加工进口的谷物，到 19 世纪，这种水磨设备已经很普遍。第一次利用水力发电是在 1904 年，建在哈布纳菲厄泽的小型水电站发电能力为 9 千瓦，是私人出资兴建的。直到 1922 年才在雷克雅未克郊区埃德利扎河上建成一座规模比较大的水电站，当时的发电能力为 1032 千瓦。1937 年又在廖萨瀑布建造了发电能力为 8800 千瓦的水电站。1949 年全国电力产量为 1.9 亿度。50 年代曾经大力发展农村地区的电气化。到 1965 年底，几乎全部城镇居民及在农村居住比较集中的居民区都用上了电，而分散居住的农民有 76% 用上了电，占当时总人口的97%。现在冰岛已经完全实现电气化，所有城镇和乡村都用上了电。1988 年人均用电 1.75 万度，位居世界前列。

在 20 世纪 70 年代初，水力发电资源已经有相当程度得到开发利用。到 70 年代中期，冰岛有 21 座水电站，总装机容量超过 37.6 万千瓦。规模最大的水电站位于布尔山附近的肖尔索河上，分两期工程于 1969 年和 1972 年先后建成投产，其电力主要供给哈布纳菲厄泽市郊外斯特勒伊姆维克的炼铝厂。其他较著名的水电站还有锡加达水电站、斯雷因里姆斯托水电站等。截至 1973 年，冰岛全国 95.4% 的用电量是由水电站提供的。此外还有 42 个小型发电设备，主要是使用柴油发电，其装机总容量为 8.995 万千瓦，主要是供应没有水电站的地区以及作为备用电源。

冰岛 1985 年水力发电量为 40 亿度；1991 为 37 亿度；1997 年水力发电量为 50.03 亿度，利用地热发电为 3.75 亿度；1999 年水力发电量为 60.4 亿度，利用地热发电达 11.38 亿度；2000 年水力发电量 76.76 亿度，利用地热发电为 13.2 亿度；2001 年水力发电量 65.7 亿度，利用地热发电为 14.5 亿度；2002 年水力发电量 69.7 亿度，利用地热发电为 14.3 亿度。

　　冰岛东部的卡拉纽卡（Kárahnjúkar）水电站是由冰岛政府出资建设的。经过两年就该水电站对环境影响的争论和评估之后，冰岛环境部批准了建设方案，2002 年夏由冰岛国家电力公司开始招标施工，总装机容量 63 万千瓦，是布尔山水电站装机容量的近 3 倍。首台机组计划于 2007 年投入运行，全部投产后年发电量约为 44.6 亿度。该水电站位于冰岛最大的瓦格纳冰原的北边，利用冰原的大量融水发电。建在一个峡谷中的主坝高 190 米、长 730 米，将于 2006 年底竣工。它建成后是欧洲最高的混凝土面板土石坝，与另外两座副坝一起构成主水库哈尔斯龙水库。水库蓄水面积可达 57 平方公里，有效库容约 20 亿立方米；另外还建有一座小型副水库。水电站地下发电机房中共安装 6 台水轮机组，为冰岛最大电站，它的两条 400 千伏高压输电线可把电流输送至 53 公里外位于雷扎尔菲厄泽的电解铝厂。

　　冰岛的电力生产基本掌握在国家电力公司（Landsvirkjun）手里，该公司所属各发电厂生产的电力占冰岛总发电量的 90%。冰岛国家电力公司成立于 1965 年。在该公司的股份中，冰岛政府占 50%，雷克雅未克市占 45%，阿库雷里市占 5%。其主要业务是生产和输送电力，并向当地公共设施销售电力及按特别协议向能源密集型工业供电，目的是通过发展能源密集型工业和满足市场对电力的需求，促进冰岛能源的利用。该公司在财务上是独立的，有能力筹措资金或向国际金融市场借贷来发展电力系统。公司的经营由三部分组成：一为市场财务部，负责管理公司的财务、金融、营销等服务；二为运营部，负责公司电力系统的运营，做到以最低成本生产和提供充足安全的电力满足市场需求；三为工程施工部，负责规划和开发电力系统，包括研究、设计、招标、承包和施工监理。

　　在 20 世纪 50 年代，当世界各国都在为核能而心醉神迷的时候，冰岛逐步把燃油、燃煤的发电厂全都改为水力发电或地热发电。由于电价低廉，因此发展起能源密集型的电冶金和电化工企业。工业企业消耗的电力在 1953 年只占冰岛总用电量的 20%，1965 年时已上升到占 45%。

关于水电站与地热电站的开发利用，冰岛政府在 2003 年形成了一个框架计划。该计划根据电站的优势与环境影响确定待开发的名单。有关部门一共确定了 35 座待开发电站，经过研究比较有 8 座正着手开发。按照经济效益与环保分类，每类又分为 A—E 级，A 级对环境影响最小，E 级对环境影响最大。

表 4 – 16   公共电厂年发电量

	1995 年	2000 年	2004 年
年发电总量(亿度)	49.77	76.80	86.19
其中:水力发电量	46.78	63.52	71.31
地热发电量	2.90	13.23	14.84
燃油发电量	0.08	0.05	0.05
年人均用电量(度)	18613	27314	29795

资料来源：冰岛国家统计局。

表 4 – 17   总用电量

单位：亿度

年 份	总用电量	居民生活用电	能源密集型工业用电	其中炼铝业用电
1960	5.36	3.97	1.39	
1970	14.60	7.05	7.55	6.42
1980	31.43	14.45	16.98	12.80
1985	38.37	18.34	20.03	12.87
1990	44.47	22.18	22.29	15.09
1995	49.77	24.80	24.97	17.02
2000	76.76	27.83	48.93	37.67
2004	86.19	31.51	54.68	43.90

资料来源：冰岛国家统计局。

二　地热能

冰岛是世界上地热资源最丰富的国家，地热能蕴藏量巨大，在首都雷克雅未克以及在全国各地都可以见到极富利用价值的地热井。地热能主要用于住宅和温室供暖。由于用地热取暖具有廉价、清洁的优点，冰岛有地热的地方都已先后建起了地热供暖工程。20 世纪 70 年代上半叶国际石油价格猛涨，进一步推动了冰岛广泛应用地热能，用地下热水取暖的费用只相当于用石油制品作燃料取暖的 1/3 到 1/4。

自古以来，冰岛人就懂得在自家利用温泉水洗澡、洗衣服。在雷克霍尔特，13 世纪著名学者斯诺里·斯图鲁松家的浴池至今依然保留着。17 世纪末就出现了工业利用地热的设想，但直到 1773 年才在雷恰角半岛上建成第一个利用地热加热海水蒸发制盐的作坊。1902 年，在雷克雅未克的勒依加温泉建造了一座公共洗衣房。1924 年在雷基尔（莫斯山地区）建成用温泉水供热种植蔬菜的温室。20 世纪 20 年代末，不少寄宿学校和疗养院都建在温泉附近，利用天然地热水取暖。1928 年开始在雷克雅未克钻井取地热水，于 1930 年建成第一套远距离热水供应系统。1943 年 12 月该市大型热水供应系统建成投产，使 3.5 万人（几乎是全体市民）受益，每年可节省煤炭 7.5 万吨。

1933～1955 年，在雷基尔地热区一共钻了深度为 100～650 米的地热井 70 多眼；在 1970～1976 年期间又钻了深度为 1400～2000 米的深井 36 眼。全国各个城镇都陆续建起地热水供应系统，到 20 世纪 60 年代末已经有 60% 的居民住宅有地热水供应，70 年代末达到 75%，到 2004 年已有近 90% 的冰岛人利用地热取暖。首都雷克雅未克已经全部利用地热，一部分热水是从城里的井里提取的；另一部分来自首都北边的地热区，热水的温度为 80℃～140℃，经由一条很长的管道输送到城里，然后与回收水合在一起，水到达屋内仍有 75℃ ~ 80℃。全国各地还用地热建造了 80 多个公共游泳池和一些室外养鱼池。

冰岛还有水温在 200℃ ~ 300℃ 之间的高热温泉，其蒸汽可以用于工业和发电。在 20 世纪 60 年代，对瑙马山地区地热资源的利用就已初具规模，一座发电能力为 2650 千瓦的小型地热发电站投入使用，为在 1968 ~ 1969 年建成的位于米湖畔的硅藻土工厂供电。1977 年又在克拉布拉山附近建成一座规模比较大的地热发电站，装机容量为 5.5 万千瓦，供应冰岛北部地区的用电。该发电站建在四周荒无人烟的山谷之中，利用当地高达 270℃ 的地热能源发电，由于发电机是用电子计算机控制的，因此每班只需要两个人管理，全站工作人员总共只有 14 名。

奈斯亚威里尔地热区是冰岛地热能量最为巨大的亨吉尔火山地热区的一部分。奈斯亚威里尔地热电站是雷克雅未克能源公司在奈斯亚威里尔附近高温地热区建立的一座集发电和热水生产功能于一体的地热电站。该电站目前有 3 台发电机组，总装机容量 9 万千瓦，热水生产能力为 1100 升/秒。

凯夫拉维克国际机场南边 20 公里处的斯瓦辛基（意思是"黑草地"）地热发电厂，是苏欧内斯热能公司修建的。该发电厂用地下 1000 米深的高温蒸气井将凉水加热，然后供应周围的居民点。发电厂的部分废水流入蓝湖温泉浴场，成为冰岛吸引游客众多的名胜之一。该厂也使用汽轮机发电。靠近议会湖南边有一座新的地热发电站为首都供热，称大场电站，其运作模式与斯瓦辛基地热发电厂相同。它在 2005 年地热能的使用比例是：用于房屋取暖占 57.4%，用于发电占 15.9%，用于养鱼池加温占 10.4%，用于冬季道路融雪占 5.4%，用于工业占 4.7%，用于游泳池加温占 3.7%，用于蔬菜温室占 2.6%。

2005 年冰岛国家能源局实施"冰岛深钻项目"。根据该项目，冰岛未来将在地下 4000 ~ 5000 米深处开采热蒸气。深钻的目的是借助地下 400℃～600℃ 的高温进一步提高能源产量，以便更有效地利用地热带来的能量。深钻项目的电站位于冰岛首都雷克雅未克以东 20 分钟车程的海德利斯荒原地区，于 2006 年春投入运行，投资额达 3.4 亿美元。2005 年时已经成功地钻探到了 3082 米的深度。估计在这个深度上，温度将上升到 200℃ 左右，所能利用的能量将从 5000 千瓦增加到 50000 千瓦。甚至有人预测，到 21 世纪末，冰岛可能成为"北方的科威特"，以液氢的形式向世界输出能源。雷克雅未克能源公司为这座发电站争取到的第一位大客户是在雷克雅未克以北设有工厂的美国北欧铝业公司。能源供应商苏欧内斯热能公司也正在凯夫拉维克国际机场附近修建地热发电站。

由于冰岛开发地热历史悠久，其地热利用技术具有工艺简单、花钱少、收效大等特点。联合国大学与冰岛能源部合作建立了地热技术培训项目，从 1979 年开始在雷克雅未克开办地热技术培训班，专门为发展中国家培训地热技术人员。到 2005 年，共有来自 39 个国家的 338 名地热技术人员到冰岛接受为期 6 个月的培训，并有 70 多名技术人员接受过短期培训（2 周～4 个月）。从 2000 年开始，该项目还与冰岛大学合作，共同培养地热研究方向的理科硕士，到 2005 年已经有 8 名学生获得硕士学位。从 1994 年起，该项目出版英文版《冰岛地热培训年鉴》，每年一部，介绍世界各国与地热技术及开发项目有关的最新情况和科研进展。

三　其他能源

迄今冰岛所需的石油制品完全依靠进口。在进口的油品中，90% 用于渔船和各种交通运输工具的动力。近年来，冰岛已经着手勘探开发海洋石油。冰岛政府于 2001 年和 2002 年先后向两家外国勘探公司发放许可证，对扬马延岛海脊冰岛大陆架地区的海底油气资源进行勘探，并准备于 2007 年发放该地区开采油气资源的许可证。根据 1981 年冰岛政府与挪威政府关于扬马延岛周围地区的协定，由于两国都主张 200 海里专属经济区，在相互重合的海域如果发现油气资源，每个国家有权享有 25% 的份额。

在全球能源短缺问题日趋严重的情况下，冰岛是目前世界上唯一一个计划减少石油使用量的国家，它正在通过推广使用氢燃料电池而最终取代石油制品。广泛使用氢燃料电池不仅可以使冰岛的"温室效应气体"排放量减少一半以上，还能促进冰岛经济的增长。2003 年，冰岛有 3 个城市的公共汽车开始使用氢燃料电池。3 年之内就有使用氢燃料电池作动力的家用汽车上市。冰岛政府还计划到 2015 年开始把渔船的动力系统换成氢燃料电池。冰岛科学家和政治家设想，到 2040 年或 2050 年能够完全不使用矿物燃料。

氢燃料电池不仅没有污染，而且更为耐用。冰岛在发展这一技术方面已经独领风骚数十年。早在 1978 年，雷克雅未克大学教授柏拉基·阿纳松就指出，冰岛到 2030～2040 年左右可能会成为"氢动力"社会，完全不使用矿物燃料，转而依靠洁净的氢能源，它的副产品只有热和水。如今，阿纳松的"狂想"已经成为诱人的投资机会。戴姆勒－克莱斯勒公司、挪威的公司、壳牌公司等都参与了与冰岛共同研究开发氢燃料电池的工作。为了使氢成为真正的、能长期使用的、可再生的替代燃料，它就得用一种洁净、便宜的电能来进行电解，这正是冰岛得天独厚的方面，因为它有丰富的水力和地热资源。

1990 年签署的《京都议定书》要求冰岛削减其非工业二氧化碳气体排放量。从那时起，冰岛着手治理交通运输领域二氧化碳的排放量，开始把氢动力纳入能源可持续发展战略。冰岛于 2002 年 5 月 23 日正式批准《京都议定书》。按照《京都协议书》

的规定，所有发达国家在 2008 年至 2012 年间必须将温室气体排放量比 1990 年平均削减 5.2%。其中，欧盟必须削减 8%、美国削减 7%、日本削减 6%，但该议定书允许澳大利亚增加温室气体排放量 8%，挪威增加 1%，冰岛增加 10%。

第六节　交通和通信

一　交通运输

1. 海洋运输

冰岛是地处偏远、各种资源和物产相当匮乏的岛国，通过海洋运输与外界交往便十分重要。由于大多数城镇和村庄位于沿海地区，所以自古以来海航行也十分重要。冰岛的海运和空运都很发达，交通运输以海、空运输为主。

19 世纪下半叶之前，来往于冰岛的航船很少，而且不定期。从 19 世纪下半叶开始，航船来往的次数增加了，同时开始有定期的航班。但是直到第一次世界大战以前，所有的海运船只实际上都掌握在外国人手里，主要是丹麦人和挪威人。从 1914 年开始，冰岛才成立了冰岛本国的轮船公司。

海运在冰岛的经济生活中、尤其在对外贸易中占据重要地位。1965 年底，冰岛商船队共有 51 艘船只，总吨位约为 7.35 万吨，包括客货轮 7 艘、货轮 33 艘、油轮 11 艘。当时，冰岛进出口商品大约有 65% 是由冰岛的船只运输的，煤炭、木材、盐等大宗商品多是由外国货船运往冰岛。1986 年，全国拥有客轮、油轮和货轮共计 129 艘，总吨位为 66614 吨，国际运输装货量为 93.3 万吨、卸货量为 156.5 万吨。1990 年，冰岛有载重 100 吨以上的货轮 395 艘，总载重量 15.5 万吨。2002 年共有注册船只 1135 艘，总吨位 23.37 万吨，其中渔船 943 艘，总吨位 18.89

万吨。

冰岛怡航轮船公司是冰岛最大的海运公司，已有 90 多年的历史，每年承运冷藏鱼达 80 万吨，在欧美各国设有多家物流冷库服务于冷藏鱼的运输仓储。冰岛怡航轮船公司于 2004 年 11 月在中国青岛设立办事处，提供冷藏物流服务。2005 年 5 月该公司总裁专程赴青岛考察青岛物流行业，希望能找到合适的合资、合作项目，以便拓展在亚洲的冷藏物流服务。

表 4 – 18 注册船只数目（2005 年 1 月）

船只类别	数目（艘）	总吨位（吨）	船只类别	数目（艘）	总吨位（吨）
船只总数	1135	232834	商 船	37	9285
拖网渔船	70	86048	其 他	155	34517
其他渔船	873	102984			

资料来源：冰岛国家统计局。

冰岛有许多天然良港，最大的港口是雷克雅未克港，此外还有哈布纳菲厄泽港、阿库雷里港、塞济斯菲厄泽港、韦斯特曼纳群岛的赫马岛港等。在 20 世纪初以前，冰岛没有任何现代化港口，连能装卸货物的木码头也为数不多。1913 年开始在雷克雅未克建设大型港口，此后全国在大多数地方都相继建设了现代化港口。各港口年吞吐总量为 200 万～250 万吨，其中半数集中于首都。

1878 年，在雷克雅内斯的高处建立起冰岛第一座灯塔。1953 年，船只第一次环绕冰岛航行并有灯塔指航。截至 20 世纪 70 年代，在冰岛沿海一共建立了 110 座灯塔。从各种运输方式的经营管理角度看，沿海运输由国家负责经营，远洋运输则由 8 家私营公司及合作公司经营。

2. 陆上运输

冰岛陆上交通运输的一个重要特点是没有铁路。这是因为冰岛人口太少并且居住过于分散，因而没有必要修建铁路，陆上交通运输完全依靠公路。2001 年，冰岛有关方面曾提出修建从雷克雅未克市至凯夫拉维克国际机场高速铁路的建议，经过可行性研究，最后得出"不宜修建"的结论。其理由是建造费用和维护费用高昂，客流却不大，建高速铁路必然入不敷出。

在 19 世纪末之前，冰岛只有古老的驮马小道，几乎没有使用过有轮车辆。1880 年才开始建设第一条马车路，从雷克雅未克朝东翻过山直达南方的低地地区。在 1900 年左右，全国各地开始规划修建公路。过去对交通的最大障碍是河流的阻隔，因为必须架桥才能过河。第一座浮桥于 1890 年建成。现在，在大多数河流上都建起了桥梁，有些河上还建了多座桥梁。自二战结束以来，政府投入大量资金用于建筑公路和桥梁，曾经连续多年占国家预算总额的 9% ~ 15%。许多公路路面最初是用砾石或火山渣铺设，路况比较差，路面也比较窄，尤其在冬天被冰雪覆盖之后很难安全通行；后来才逐步铺设沥青路面，提高了公路的质量等级。在 20 世纪 60 年代末，冰岛公路总长度达 9000 公里，2002 年公路总长度为 12995 公里，目前冰岛已经建成四通八达的公路网。在 1968 年 5 月 26 日之前，冰岛在公路上驾车依照英国的传统一律靠左侧行驶，此后才改为一律靠右侧行驶。

1971 年开始修建 1 号环岛公路。1974 年在冰岛庆祝人类移民冰岛 1100 周年之际，建成了冰岛最长的斯凯扎劳河大桥，该桥位于冰岛南部，全长 964 米，从此环冰岛公路全线贯通，全长约 1450 公里，可以驾车周游整个冰岛。冰岛修建的第一座公路海底隧道是华尔峡湾隧道。冰岛长途客运公司是最大的公路运输商，每日有班车从雷克雅未克开往全国各地。它发行两种巴士通票，一种是环岛旅游票，另一种是巴士周游券，去内陆高原则需专门的巴士票。

1965 年全国机动车保有量为 3.5 万辆，其中小轿车 2.84 万辆，其他是卡车和大客车。1992 年拥有小轿车 12.9 万辆，货车和大客车 1.2 万辆。2002 年机动车总数为 18.6256 万辆，其中小轿车 16.1721 万辆、货车 2.0278 万辆、大客车 4257 辆。冰岛使用的汽车全部依靠进口。2005 年冰岛进口汽车创历史纪录，比上年增加了 50%，共有 2.6 万辆私用和商务用新车及二手车进入冰岛。2004 年进口的新车是 1.2 万辆，2005 年是 1.81 万辆。2006 年汽车进口会减少 30%，估计只有 1.9 万辆左右。

表 4 - 19   登记机动车数量*

单位：辆

	1995 年	2000 年	2004 年
小汽车	119232	158936	175427
大客车	1295	1673	1762
载重汽车	14757	19432	23035
摩托车	1881	2278	3105
每千人拥有小汽车	445	562	598

资料来源：冰岛国家统计局。
* 均为年底统计数。

冰岛优先致力于发展氢能经济。1999 年，壳牌公司在冰岛的控股公司 VistOrkahf、Norsk Hydro 以及戴姆勒 - 克莱斯勒公司共同投资建立了冰岛新能源公司（INE）。该公司在评估氢燃料电池在冰岛使用情况后，在 2000 年末筹备启动生态城市运输系统（ECTOS）工程。该项目在雷克雅未克实施，为期 4 年，测试 3 辆戴姆勒 - 克莱斯勒公司制造的氢燃料电池公共汽车。所用的氢是通过电解水而得到，在燃料电池中氢和空气中的氧通过电化学反应生成水并释放出电能，因此没有任何污染并且不排放二氧化碳。由于是电力驱动，行驶起来噪音也很小。这个项目于2001年3月启动，这些公交车在城市街道上运行两年。这个工程和欧洲的 CUTE 工程同时运行，项目总成本约为 670 万欧元，除欧盟出资 280 万欧元外，其余部分来自贸易伙伴。

2003年4月23日没有污染的新型汽车燃料氢气在冰岛投入商业使用。冰岛壳牌汽油公司经营的氢燃料供应站正式开张，这是世界上第一座氢气加油站即加氢站。在冰岛街头行驶的 3 部燃烧氢气的公交车在此加"油"，添加一次氢燃料足以维持公共汽车一天的行程。BBC 等 30 多个世界主要媒体参加了开张仪式和随后举行的记者招待会。冰岛公众对使用氢燃料的支持率高达93%。

由于有庞大的可利用的清洁能源供应，冰岛可以直接用全国电网通过电解淡水来生产氢燃料。据测算，在冰岛建 16 个加氢站就可以满足全国的需要。2003 年 11 月，冰岛与其他 14 个国家的部长及欧盟委员会在美国共同签署协议，正式建立"氢能经济国际伙伴关系"（IPHE），协调国际氢燃料的研究及技术开发。

冰岛想让其他交通工具如汽车和船只都使用无污染的氢燃料，但氢技术仍有不完善之处，如成本高、不易储存和分配。美国和欧盟国家都在寻找更广泛利用氢燃料电池来为车辆提供电力的路子。冰岛的所有船只消耗进口石油的一半，而船只使用氢燃料的技术难题比公共汽车要大得多。公共汽车每天可以携带 40公斤氢燃料，而一只装有 500 千瓦发动机的小型拖轮必须携带 1吨氢燃料才能保证在海上航行 4～5 天。

3. 航空运输

冰岛的航空事业在二战后发展很快。1990 年全国共有民航飞机 284 架，其中双引擎飞机 61 架；到 2002 年共有民航飞机357 架。1985 年国际飞行总里程为 1345.5 万公里，旅客周转量为 21 亿人公里，约 120 万人次。2002 年民航旅客为 136 万人次，

年航空货运量为 3.431 万吨公里。国内航线由冰岛航空公司
（Icelandair）和天鹰航空公司（Islandsflug）经营；国际航空业
务主要由冰岛航空公司、亚特兰大冰岛航空公司（Air Atlanta
Icelandic）、泛美航空公司、北欧联合航空公司等经营。航运的
运费比较低，不需要政府补贴。在 1965 年一年中，乘飞机在国
内旅行的旅客达 10 万人次，相当于每两个人就有一人乘飞机在
国内旅行。也时常有为急救病人而使用飞机运送的。1965 年经
航空运输的货物和邮件总重量达 1500 吨。

冰岛有许多沙砾地区，有利于修建简易机场，因此全国主要
城镇都建有简易机场，其中定期通航的机场有 30 个。雷克雅未
克以西的凯夫拉维克国际机场为冰岛主要航空港。其他大型机场
还有雷克雅未克机场、北部的阿库雷里机场和塞道尔克罗屈尔机
场，东部的埃伊尔斯塔济机场。

冰岛 1919 年拥有第一架飞机，1928 年成立了第一家航空公
司，但是在运营几年之后即告歇业。1937 年冰岛恢复航空运输
业务，成立了冰岛航空公司，当时称为冰岛阿库雷里航空公司，
用一架水上飞机运营。1945 年该航空公司开通了第一条国际航
线，从冰岛飞往英国的格拉斯哥，使用加固型凯特琳娜飞艇，随
后又开通了到哥本哈根的航线。1946 年，该公司引进陆上飞机，
用从苏格兰航空公司租赁的"解放者"轰炸机改装的客机运营
至普雷斯蒂克（位于英国格拉斯哥附近）和哥本哈根的航线。
1948 年，该公司购进了道格拉斯 DC－4 型飞机。1950 年该公司
正式改名为冰岛航空公司，冰岛政府拥有其中 13.2% 的股份。
1957 年该公司购进两架英国宇航公司的子爵号飞机，随后又引
进了 DC－6 型飞机。考虑到冰岛各个城市之间相隔很远并且人
口都比较稀少，修建公路很不合算，再加上其竞争对手洛夫特莱
齐尔航空公司决定将其运力集中在国际航线上，冰岛航空公司因
此决定建立一个由 13 个城市构成的国内航线网，最初使用的是

DC－3型飞机，以后这些飞机逐步被福克27型飞机所取代。

洛夫特莱齐尔航空（Loftleidir）公司成立于1944年，最初只拥有一架水上飞机，只经营国内航线，但在二战后以低成本经营跨越大西洋的航线。1952年该公司停止了国内业务，开通至哥本哈根（1947年）和纽约（1948年）的国际航线，使用机型为DC－4型飞机，以后使用的机型几次更新升级。

1973年，上述两家航空公司合并成立冰岛航空公司，但当时该公司只是作为这两家公司的控股公司。1979年，这两家公司的经营业务也合并到一起。冰岛航空公司的航线网依旧为旅客提供跨越大西洋的服务，但由于国际航空运输协会（IATA）对航空公司经营管制的放宽，旅客们不必再为票价低廉而选择经冰岛跨越大西洋的航线。目前，该公司经营冰岛至欧洲大陆和北美几十个城市通航的业务。与此同时，冰岛航空公司把国内航线网减少到10个城市。其最大的股东是冰岛的一家船舶公司（Eimship公司，拥有34%的股份）。其雇员有1400人（1998年），是冰岛雇员最多的大公司之一。

冰岛航空公司现在不断扩大经营规模和提高运营能力，以适应不断发展的旅游业的需求。2004年，冰航将其上市股份扩容了40%，扩容的市值达到1.17亿美元，通过此项扩容所获得的资金将用于购买新飞机和对现有飞机进行改造等。在扩充国内运力的同时，冰航还不断拓展其海外市场，如租赁以色列航空公司的飞机在以色列至美国的航线上运营，代理联合国管理科索沃机场等。而冰航的垄断经营地位保证了其利润的稳定增长。

亚特兰大冰岛航空公司成立于1986年，是一个家族式私营公司，最初主要是为经营定期国际航班的航空公司提供湿租业务（即在租赁设备的同时配备操作和维修人员），1993年开始经营包机业务。由于冰岛人口少，各航空公司的运力过大，因此该公司的主要业务仍然是为其他航空公司（德国汉莎航空公司、西

班牙航空公司、突尼斯航空公司等）提供湿租服务。雇员人数
为 560 人（1998 年）。

天鹰航空公司是一家三类航空公司，其机队由小型飞机组成，适合于为冰岛诸多小城市提供通航服务。由冰岛亚特兰大航空公司、天鹰航空公司和英国从事包机业务的 Excel 公司在 2004年合并新成立 Avion 集团公司。该公司于 2005 年正式运营，年营业额可达 10.03 亿美元。

冰岛新的航空公司 ICELAND EXPRESS 从冰岛飞往哥本哈根和伦敦的航线于 2003 年 2 月 27 日开通。这两条航线每天往返，上午飞哥本哈根，下午飞伦敦，票价十分低廉：到哥本哈根往返包括机场税在内的机票票价为 14660 克朗（约合 175 美元）；到伦敦往返包括机场税为 14160 克朗（170 美元）。而冰岛航空公司的正常票价在 4 万 ~6 万克朗之间。现在，冰岛航空公司不得不把昂贵的票价降下来。ICELAND EXPRESS 航空公司的出现使得冰岛人摆脱了冰岛航空公司多年的高价垄断之苦，受到冰岛各界的欢迎。

二 邮政通信

1997 年 1 月 1 日，冰岛政府决定将原来的冰岛邮电部改制为冰岛邮电有限责任公司。1998 年 1 月 1 日该公司又划分成两个独立的实体：冰岛邮政公司和冰岛电信公司。后者具有绝对的竞争自由，而邮政经营在 5 年内不会放开到全面竞争的程度。公司的进一步划分可以使原来就兴旺发达的电信事业继续独立发展，同时使不景气的邮政部门能够集中精力开展自己的业务。1999 年 4 月，冰岛邮电有限责任公司发布了该公司成立以后的第一个年度报告，宣布邮政亏损状况渐趋缓和。虽然冰岛邮政已经有了起色，但这主要是由于大幅度的邮政资费而引起的。主要的改革是取消了几十年来一直对邮寄出版物采用的邮

资补贴，提高了挂号邮件的价格和挂号费，也大大增加了邮寄报刊的邮资。2005 年 7 月冰岛政府把国有冰岛电信公司的股权以 667 亿克朗（约合 10.3 亿美元）的价格出售给了银行及养老基金协会（Skipti），对该公司实行民营化。在 2007 年年底之前，银行及养老基金协会至少要向社会公众出售冰岛电信公司 30% 的股份，届时该公司将在证券交易所挂牌上市。

截至 1999 年 11 月，冰岛全国人口中拥有移动电话的比例达到了 65%，超过芬兰 64% 的比例，跃居世界第一。而在 1997 年，冰岛移动电话普及率仅为 24%，远远落后于芬兰 40% 的普及率。2000 年冰岛移动电话普及率达到 78%，仍为世界第一。2001 年移动电话普及率最高的地区是卢森堡，普及率为 96.7%；冰岛为 82%，排名世界第 5。

世界经济论坛 2005 年 3 月发布《2004/2005 年度全球信息技术报告》，对全球 104 个国家和地区的信息技术使用情况进行排名，新加坡成为信息化程度最高的经济体，美国则由上年的排名第 1 降至第 5 位。北欧国家信息通信技术的发展速度令人瞩目，冰岛、芬兰、丹麦和瑞典分列第 2、第 3、第 4 和第 6 位。据国际电信联盟 2002 年 9 月公布的研究报告，在对全球 200 个经济体进行有关移动通信和因特网技术的使用和发展优势调查中，中国香港地区、丹麦和瑞典在综合评估中位居前 3 位，排名前 10 位的国家和地区还包括瑞士、美国、挪威、韩国、英国、荷兰和冰岛。

世界经济论坛 2003 年 4 月发布的名为《为网络化做准备》的信息技术报告，对全球 82 个经济体的信息技术状况做了全面评估，并根据各经济体应用信息技术以及从网络经济中获益的程度，对各经济体网络化准备的程度进行了排名，冰岛排名第 5。根据国际电信联盟 2003 和 2004 年公布的数据，冰岛的因特网渗透率达到 67%，即每 100 人中有 67 人上网，居世界第 1 位。冰岛 CCP 公司举办的展览会是目前世界上第三大专业游戏展览会，它参加了 2005 年 7 月在上海举办的 ChinaJoy（中国国际数码互动娱乐产品及技术应用）展览会。

第七节 服务业和旅游业

一 服务业

冰岛服务业发达，包括国家及地方行政与公共事业、金融保险业、商业、餐饮业、旅游业及其他服务行业。1993 年服务业就业人口占劳动人口的 39.3%，其产值占国内生产总值的 58.3%。

在 19 世纪末之前，冰岛大部分商业都掌握在外国人手里。从 20 世纪初开始情况发生了变化，逐步转移到冰岛人手里。大量商贸活动由各种合作社进行操作。冰岛最初的合作社组织成立于 1882 年，不久这类组织逐渐增多，并于 1902 年成立了冰岛合作社联合会，拥有并管理着大部分屠宰场、奶牛场以及许多冷冻厂。这个联合会曾经是冰岛最大的进口商（1962 年占全国总进口量的 15%），同时也是大出口商（1962 年占全国总出口量的 20%）。这个联合会中的各个公司在保险、石油分配、各种制造业以及商业贸易各个方面都很活跃。外国的公司在冰岛没有分公司，他们的业务由冰岛的代理商来办理。全国 80% ~ 90% 的批发企业集中在雷克雅未克，一半以上的零售企业也都集中在雷克雅未克。

冰岛实行烟草专卖制度。在 1989 年之前完全禁止啤酒的进口和销售。

冰岛目前信用卡和借记卡的使用极为普遍。几乎 90% 以上的零售交易使用的是信用卡或借记卡。在 1999 年，冰岛人均使用电子货币的次数高达 225 次，远高于欧洲其他国家。对 2004 年使用信用卡进行网上购物的调查显示，冰岛有 32% 的受访者进行网上购物，仅次于英国的 35%，而丹麦的这一比例为 17%，德国、奥地利和芬兰分别为 7.5%、7% 和 6%。

商标注册由冰岛工商部下属的商标局负责管理。申请注册商标的个人或公司，应委托一家冰岛商标专利代理协会会员作为代理机构。商标注册申请书必须以书面形式向商标局提交，内容包括商标的设计图案以及申请人的姓名或公司名称，还应说明申请注册的商品或商品类别。如按正常程序审查未发现对注册有任何妨碍，商标注册员将尽快发布申请公告，公告将在政府公报或政府出版的专门刊物上公布。如有人对商品注册有异议，需说明理由，并在公布之日起的两个月内以书面形式提出；如无异议，商标注册申请将获批准，商标将在商标局注册并予以公布。商标注册自申请被存档之日起即获得保护，有效期为 10 年。申请重新注册商标必须在注册有效期期满之前提出，但不得早于 1 年或迟于 6 个月办理。注册商标的商品共分 42 大类，商标注册的收费标准最低为 1.13 万冰岛克朗，最高为 8 万克朗。

专利的申请与批准也由冰岛工商部下属的专利局管理。申请专利要以书面形式向专利局提交，内容包括发明专利的概述，如有必要也可包括图表以及对专利寻求保护的明确阐述。

二　旅游业

在旅游业方面，冰岛以其得天独厚的地热喷泉、火山地貌和冰川雪景等吸引国外游客，被国际旅游界誉为"人间火星"，具有开展观光旅游、科学考察、体育探险、健身疗养等多种活动的有利条件。旅游业一直是冰岛政府积极扶植的支柱产业之一，是目前冰岛发展最快的经济部门之一，也是赚取外汇的重要部门之一。

1968～1971 年是冰岛旅游业发展最迅速的时期，前来冰岛旅游观光的人数每年以 50% 的速度递增。此后旅游人数逐年下降，1979 年为 7.69 万人次，1980 年下降到 6.59 万人次。从 1980 年起，冰岛政府采取一系列措施，大力发展旅游业，前来冰岛旅游的人数又不断增多：1984 年恢复到 8.52 万人次；1985 年为 9.7433 万人次；1986 年为 11.35 万人次；1990 年外国游客人数上升到 14.17 万人次，旅游业收入为 110 亿克朗；1993 年外国游客为 15.73 万人，旅游业收入为 150 亿克朗。

1993～2000 年冰岛旅游业继续迅速发展，外国游客数目增加一倍以上。1997 年外国游客为 20.17 万人次，旅游业收入 223.01 亿克朗。2000 年游客比上年增长 15%。2001 年由于美国发生"9·11"恐怖袭击事件，2001 年和 2002 年外国游客连续减少，到 2003 年才完全恢复，外国游客比上年增加 15%，旅游业的外汇收入占当年外汇总收入约 13%。2004 年入境游客超过 36.1 万人次；旅游业外汇收入为 6.614 亿美元，占冰岛外汇总收入的 15%。2003 年旅游业产值占国内生产总值的 5.1%。2004 年旅游业就业人数占总就业人数的 4.4%。到冰岛旅游的外国游客主要来自美国、丹麦、英国、德国、瑞典、挪威和法国。

在 2005 年的旅游旺季中，冰岛共有 328 家大小旅馆营业，可以提供总数为 1.67 万个床位。7 月份是游客最多的月份，全国旅馆平均入住率达到 65%。首都地区的旅馆平均入住率在 7 月为 68%，8 月达到近 72%。在 12 月和 1 月为旅游淡季，全国旅馆平均入住率为 15%。2005 年外国游客总数为 36.95 万人次，比上年增加 7.2%，创历史新高。

冰岛的旅游项目主要有：野外旅行观赏自然美景，在地热温泉游泳池游泳，在雷克雅未克和阿库雷里等地滑雪，在瓦特纳冰原等处乘雪地摩托，在惠陶河、耶克尔索河等河流上乘筏漂流，海上观鲸，此外还有登山、骑马、狩猎、钓鱼等。

表 4 – 20   游客人数

单位：万人

	1985 年	1990 年	2002 年	2003 年	2004 年	2005 年
国内游客			10. 2	11. 2	11. 6	
国外游客	9. 74	14. 17	29. 3	32. 6	36. 1	36. 95
总　　数			39. 5	43. 8	47. 7	

资料来源：冰岛国家统计局。

表 4 – 21   航空港旅客数目统计

单位：人次

	1995 年	2000 年	2004 年
凯夫拉维克航空港：			
旅客总数	930486	1455705	1637029
其中:离港	345066	536506	672196
到港	342921	539639	692505
过境	242499	379560	272328
其他航空港			
旅客总数	766535	917129	814356
其中:定期航班	691000	860209	754291
非定期航班	73618	55631	58029
医疗救护	1917	1289	2036

资料来源：冰岛国家统计局。

表 4 – 22   旅馆住宿统计

	1995 年	2000 年	2004 年
住宿人次 × 天数	844070	1186455	1468505
外国人所占比例(%)	70. 9	75. 4	78. 0
其中来自(%)：			
丹　麦	5. 1	5. 2	4. 9
德　国	19. 3	12. 7	12. 9
瑞　典	6. 6	7. 0	5. 2
美　国	5. 1	9. 6	8. 3
英　国	6. 4	10. 6	12. 0

资料来源：冰岛国家统计局。

欧洲旅游商协会每年举行最佳旅游目的地国家评选活动。在
2006 年的评选中，冰岛排在克罗地亚和捷克之后名列欧洲第三，
并以其"具有欧洲最清新的空气"而得名。大多数人都认为，
冰岛是欧洲受工业污染最轻的国家，因此，冰岛良好的自然环境
吸引了大批游客。此外，冰岛地理位置独特，那里每年推出的极
昼游和极夜游也是其他国家所不能比拟的。良好的社会治安环
境、优美的自然风光和与众不同的人文景观是其独有的旅游资
源，为冰岛旅游业保持长期繁荣奠定了基础。

第八节　财政与金融

一　财政税收

冰岛政府的财政收入主要依靠税收。自 20 世纪 70 年代
以来，税收在国民生产总值中所占的比重不断上升，
1973 年占 28.1%，1982 年上升到 34.5%。与此同时，从 70 年
代开始，冰岛政府实行扩张性财政政策，政府财政连年出现赤
字。在 1982 年以前，赤字额在 0.12 亿~1.9 亿冰岛克朗之间波
动，而在 1982 年猛增至 9.6 亿克朗，此后一度有所下降。但
1985 年的赤字额高达 47.19 亿克朗（约合 1.14 亿美元），创历
史最高水平。1990 年财政赤字为 44.46 亿克朗。1995 年冰岛财
政收入为 1144.36 亿克朗，支出 1233.80 亿克朗，差额为 89.44
亿克朗。2002 年、2003 年冰岛政府的财政赤字占 GDP 比例分别
为 0.4% 和 1.6%。2004 年财政状况好转，收支盈余为国内生产
总值的 0.1%。

2002 年冰岛全国财政预算总额为 2390 亿克朗。据时任冰岛
财政部长的吉尔·哈尔德于 2003 年 10 月向议会递交的 2004 年
度财政预算称，2004 年冰岛国家财政计划总收入为 36.3 亿美元，

冰岛

表 4 – 23　全国公共财政收支（中央政府和地方政府）

	1995 年	2000 年	2003 年
1. 当期总收入（亿克朗）	1797	3011	3684
直接税	680	1288	1687
间接税	831	1310	1443
利息收入	68	102	136
其他收入	56	58	51
出售资产和劳务	162	254	367
2. 当期总支出（亿克朗）	1931	2846	3848
运行成本	1163	1846	2502
其中：公共消费	1001	1593	2135
利息支出	188	213	237
各种补贴	87	108	125
收入转移支付	362	472	776
总投资	160	258	257
折旧（ – ）	99	135	160
资本转移支付	71	84	111
3. 收支差额（亿克朗）	– 134	166	– 163

资料来源：冰岛国家统计局。

表 4 – 24　全国财政收支占国内生产总值比例

单位：%

	1995 年	2000 年	2003 年
总收入	39.6	44.4	44.5
税　收	33.4	38.3	37.8
其他收入	2.7	2.4	3.2
总支出	32.6	42.0	46.5
公共消费	22.1	23.5	25.8
利　息	4.4	3.4	3.2
转移支付	9.9	8.8	11.0
财政收支差额	– 3.0	2.4	– 2.0

资料来源：冰岛国家统计局。

202

表4-25 各项公共支出占国内生产总值比例

单位：%

	1995 年	2000 年	2001 年
总支出	41.6	41.2	42.1
一般行政费用	3.3	3.8	3.6
社会事业	24.2	25.7	26.2
教育事业	4.9	6.0	6.5
医疗保健	6.9	7.7	7.7
社会保障及福利	9.0	8.4	8.6
住房、规划、公共卫生	1.0	0.9	0.9
文化事业	2.3	2.6	2.5
工 业	6.3	5.9	6.3
利 息	4.4	3.4	3.5

资料来源：冰岛国家统计局。

总支出为35.5亿美元，财政计划盈余8322万美元。由于经济营运增加，2004年计划增加税收1.8856亿美元，支出增加1.0663亿美元。2004～2005年两年，国家建设开支增加6502万美元；2007～2008年增加的数额相同。2005～2007年，降低税收2.6008亿美元。

1995年政府负债总额占国内生产总值52.3%，2001年为40%，2005年已经下降到只占17.8%，政府净负债不到6%。在OECD（经济合作与发展组织）成员国中属于最低之列。

冰岛的税种主要有：①个人所得税。②公司所得税，目前所得税率为公司纯利润的18%。在90年代的冰岛总理奥德松任内推进一系列鼓励企业创业和吸引外资的政策，将企业所得税从1989年的50%大幅降低到2002年的18%。③资本税，是对所有公司和纳税法人财产价值进行评估后而征收的国家价值税和临时价值税附加费，前者税率为1.2%，后者为0.25%，共计

1.45%。④增值税。一般税率为24.5%，但对食品等增值税率仅为14%。对所有进入流通领域的商品和服务都征收增值税。冰岛属于以增值税为主要商品税的国家，其标准税率为25%，与爱尔兰、匈牙利等相同，都属于欧洲最高之列。⑤商品税。按照冰岛的税则规定，对各种商品征收商品税，包括从国外进口的全新的和二手商品，在冰岛生产、加工或包装的商品。⑥冰岛的社会保障税完全由雇主缴纳。

冰岛个人所得税的起征点（即年工薪收入免税额），2004年为329948克朗，2005年为339846克朗，2006年为348343克朗。免税额在配偶之间可以相互转让，即两人可以把免税额加在一起进行平均计算。

表4-26　个人所得税税率

单位：%

年　份	中央政府	市镇政府	总税率	中央政府附加税
1991	32.80	6.99	39.79	
1992	32.80	7.05	39.85	
1993	34.30	7.04	41.34	
1994	33.15	8.69	41.84	5.00
1995	33.15	8.78	41.93	5.00
1996	33.15	8.79	41.94	5.00
1997年1~4月	30.41	11.57	41.98	5.00
1997年5~12月	29.31	11.57	40.88	5.00
1998	27.41	11.61	38.02	7.00
1999	26.41	11.96	38.34	7.00
2000	26.41	12.68	38.37	7.00
2001	26.08	12.79	38.76	7.00
2002	25.75	12.80	38.54	7.00
2003	25.75	12.83	38.55	7.00
2004	25.75	12.98	38.58	5.00
2005	24.75	12.98	37.73	4.00
2006	23.75	12.98	36.73	2.00
2007	21.75	12.98	34.73	0

资料来源：冰岛国家统计局。

从 1997 年开始，对十年制义务教育学校的经费由中央政府拨款改为由市镇政府拨款，中央政府征收的个人所得税税率因此减少 2.84%，市镇政府征收的税率则相应增加 2.84%。同时提高了儿童补贴。从 2005 年开始，中央政府征收的个人所得税税率逐年下调，而市镇政府征收的税率则保持不变。2004 年时，如果一位雇员年工薪收入超过 4181686 克朗或夫妻两人的年收入两倍于此，便应当于 2005 年向中央政府缴纳 4% 的附加税；如果 2005 年全年收入超过此数额，则须在 2006 年缴纳 2% 的附加税；到 2006 年底取消这种附加税。

除交纳个人所得税外，每人每年需向中央政府缴纳老年建设基金，其统一费额为 5738 克朗。这项基金专门用于修建养老院和老年护理中心。16 岁以下和 70 岁以上者免缴此项税收，年收入低于 855231 克朗（2004 年）的人也免缴。雇员对养老基金的缴费可计入个人所得税免征额，一般占毛收入的 4%，雇主则为雇员的养老基金缴纳 6%~7%，这部分可纳入营业费用，从而可减免企业税收。此外，雇员可自愿缴纳最高为其工资收入 4% 的补充养老储蓄，这部分同样免除应税所得。这种储蓄从 1999 年开始实行，当时雇员的储蓄额最高为 2%，雇主为 0.2%。从 2000 年 5 月起，其额度翻番，雇员最高为 4%，雇主为 0.4%。有些雇主还提高配套额度，例如中央政府对其雇员储蓄 4% 的配套额度 2001 年为 1%，2002 年起提高为 2%。这些举措的目的都是鼓励个人储蓄。这些缴费无论对于雇员还是雇主都不计入纳税所得，但是发放养老金时作为个人收入则要征收所得税。从 2004 年初开始，取消了雇主在 0.4% 的配套额度与社会保障税之间进行选择的规定，因为这种配套额度在多数情况下已经成为工资协议的一部分，不需要再作为税收激励措施。

资本收入包括利息收入、股息、资本收益、房地产租金等。

在 1997 年以前，冰岛对利息收入不征税，对其他资本收入则计入个人所得进行征税。从 1997 年开始进行了重大改革，对各种资本所得统一征收 10% 的资本收入税，从而消除了过去的混乱状况。无论对公司还是对个人都从源头预扣税款。个人对资本收入不再缴纳其他的税。公司则根据其正常收入预扣税款，抵消了公司所得税。由于有不少公司把以一定价格向员工出售股票作为其薪酬的一部分，2001 年税法规定把这部分收入不再作为一般的个人收入征税，而是作为资本所得征税，税率为 10%。

冰岛曾征收净资产税，规定 2005 年的起征点是在 2004 年底时个人净资产达到 4983140 克朗以上便开始征税，税率为 0.6%。2005 年底取消了这一税种。社会保障税由雇主在雇员的工资收入之外缴纳，其税率是 5.73%。在有些情况下，雇主要缴纳更高的社会保障税，例如对中央政府的雇员须缴纳 11.5% 的社会保障税，对飞行员及类似工作年限较短职业的雇员缴纳的比例更高。

2003 年初对各种税率进行了一次普遍调整，把社会保障税提高了 0.5%，同时调低了公司所得税和净资产税。从 2002 年初开始，冰岛把公司所得税税率从 30% 降至 18%。像曾经征收个人净资产税一样，也曾经征收公司净资产税，税率在 2005 年也是 0.6%。到 2005 年底时，该税种被取消。从 1999 年 3 月起，对办公地点设在冰岛而专门经营冰岛以外商品及服务贸易的国际贸易公司征收 5% 的公司所得税。2003 年 12 月通过了一项法律，规定从 2008 年初起取消针对国际贸易公司征收的所得税。

除了有免税的规定之外，对在国内出售的各种商品及劳务一般都征收增值税，其普通税率为 24.5%，对出口商品及劳务的增值税为零。对下述商品以 14% 的低税率征收增值税：大多数

表4 - 27 公司所得税税率

单位：%

年 份	公司所得税率	合伙企业所得税率
1989	50.00	50.00
1990	45.00	45.00
1991	45.00	45.00
1992	39.00	41.00
1993	33.00	41.00
1994	33.00	41.00
1995	33.00	41.00
1996	33.00	41.00
1997	33.00	41.00
1998	30.00	38.00
1999	30.00	38.00
2000	30.00	38.00
2001	30.00	38.00
2002	18.00	26.00
2003	18.00	26.00
2004	18.00	26.00
2005	18.00	26.00

资料来源：冰岛国家统计局。

食品、报纸、杂志、书籍、广播和电视的收费、地热水、电、取暖用燃油、旅馆房间租金。免征增值税的项目主要是医疗服务、社会服务、教育事业、图书馆和艺术馆、体育、客运交通、邮政服务、房地产及停车场的租金、保险业和银行业服务。

经济合作与发展组织中绝大多数国家在过去的几十年内，经常运用财政赤字政策调节经济，促进经济增长和求得社会稳定。截至1998年，经合组织中的意大利、比利时和希腊的政府债务占 GDP 比重超过100%，冰岛、挪威等占40%左右。2000年，经合组织成员国未加权平均的直接税收入占税收收入的比重为68.4%。其中冰岛为55%，远低于比重超过80%的美国、日本和瑞士。1985~2000年，经合组织成员国的直接税收入占税收收入的比重从66.5%上升到68.4%，上升了1.9个百分点，冰岛属于直接税收入比重上升的国家。

1985~2000年，经合组织成员国的所得税收入占税收收入的比重从36.9%下降到36%，下降了0.9个百分点；社会保障税收入占税收收入的比重从22.4%上升到24.8%，上升了2.4个百分点；财产税收入占税收收入的比重从5.2%上升到5.4%，上升了0.2个百分点；商品和劳务税收入占税收收入的比重从33.5%下降到31.6%，下降了1.9个百分点。从分税种来看，冰岛属于个人所得税、社会保障税比重上升的国家，而商品和劳务税、财产税的比重则下降。

2004年10月，冰岛小学教师因物价上涨、工资待遇偏低而举行全国性罢工。冰岛政府为维护经济稳定发展，主张通过减税而不是改变工资协议的方法调解雇员和雇主之间的矛盾。2004年11月，总理奥斯格里姆松和财政部长吉尔·哈尔德共同宣布议会通过的议案：从2005到2007年分阶段将个人所得税降低4%，从25.75%降到21.75%；此外还取消个人财产税和公司财产税；对儿童补贴将增加3590万美元。

二 金融

1. 银行业

冰岛的银行和其他金融机构业务发达。冰岛国民银行（Landsbanki Islands）创建于1886年，在很长时期内为国有银行，曾长期是冰岛最大的商业银行，它当时发行的特种冰岛货币和丹麦克朗等值。该银行也是为农业和渔业服务的专业银行，在1961年之前还履行中央银行职能。

1904 年外国资本（主要是丹麦资本）成立了冰岛银行（Islandsbanki），并获得在冰岛发行货币的特许权，主要为购买拖网渔轮进行融资，以满足当时渔业迅速发展的需要，1930 年该银行更名为冰岛渔业银行。

冰岛中央银行成立于 1961 年，接替冰岛国民银行行使外汇管理、货币发行、金融监管等中央银行的职能。1986 年冰岛对中央银行法进行修订之后，中央银行的独立性不断增强。它现在已经无需征得财政部长的同意而单独执行货币政策，并推动实行了利率市场化。它的货币政策以稳定币值为首要目标，同时提高金融市场的效率，维护金融市场的稳定，保证外汇储备和有效清偿力。从 1992 年起，中央银行不再向国库和其他公共机构提供贷款。1990 年取消了对长期资本流动的限制，90 年代中期取消了对短期资本流动的限制。

冰岛的货币称冰岛克朗。其主辅币制是 1 克朗 = 100 奥拉。国际标准化组织（ISO）为冰岛克朗规定的货币符号是 ISK。已经发行并流通的货币面额有 10、25、50、100、1000、2000、5000 克朗纸币，1、5、10、50、100 克朗和 5、10、50 奥拉硬币。面额为 100 克朗的纸币正面是 19 世纪冰岛画家居纳尔松的头像（T. Gunnarsson），背面是一群正在放牧的冰岛绵羊；面额为 2000 克朗的纸币正面是 20 世纪冰岛著名画家基亚瓦尔（J. S. Kjarval）的头像。

冰岛克朗的汇率根据贸易加权的一篮子货币决定。冰岛没有有组织的外汇市场，中央银行授权每日公布克朗汇率，此汇率对每天所有的外汇交易均有约束力。冰岛的主要外贸货币是美元，对其他货币的汇率则是按美元的官方汇率以及在国际市场上美元对有关货币的汇率而定。冰岛允许银行同业间进行外汇交易并在外国市场从事套汇。对外汇买卖既不征税也不补贴。

冰岛中央银行与冰岛工商部磋商配合，对外汇管理事务负有首要责任。中央银行负责管理外汇交易及外汇管制，包括资本管制；中央银行还负责保证居民来自商业交易所得的一切外汇收入缴售给指定银行以及此项外汇按规定使用。所有外汇收入都必须以可兑换货币收取。非居民可以在其国内银行开立冰岛克朗账户，其余额可以不受限制地转移到国外。非居民也可以自由地开立外币账户。所有商业银行必须向中央银行通报所有非居民账户开立情况。自1993年1月1日新的外汇条例和外汇管理规定生效以来，外汇兑换、往来支付不受任何限制。

截至1990年，冰岛有7家商业银行，其中3家为国家所有，从1990年起商业银行的数目减为3家。

排名第一的商业银行是冰岛国民银行，原为国有银行，1998年实行股份化改制。

排名第二的是冰岛银行，它是于1990年在原冰岛渔业银行基础上，与冰岛工业银行（其主要股份属国家所有）、冰岛商业银行以及大众银行合并而成，2000年时它又与1998年初才成立的冰岛投资银行实行了合并。

排名第三的是冰岛农业银行（Búnardarbanki），它成立于1930年，1998年实行股份化改制并在证券交易所上市。2003年5月被冰岛考普廷银行兼并。

这些商业银行的分支机构遍布全国。此外还有42家储蓄银行。其他金融机构有投资信贷基金、保险公司等。冰岛法律规定，不允许外国银行在冰岛开设分支机构。对于外资银行参股，规定最高限额为股本的49％。1994年冰岛加入欧洲经济区，其金融系统监管的基础也随之改变。根据欧洲经济区协议，冰岛要修改有关各项法律，银行、保险公司、证券公司等都要按照欧盟的标准发展，并接受欧盟对金融的指令性规定。

进入21世纪以来，冰岛的银行业急速发展变化。最为引人注目的是考普廷银行（Kaupthing Bank，KB）跃升为冰岛乃至北欧第一大商业银行。该银行的前身是成立于 1982 年的考普廷证券公司。随着 20 世纪 90 年代冰岛金融管制的放松和金融体制改革，该公司脱颖而出，在冰岛率先建立管理基金和共同基金。1997 年成为投资银行，2000 年 10 月在冰岛证券交易所挂牌上市。从 1996 年以来，该银行每年扩大一倍，2002 年 1 月正式成为商业银行，2003 年 5 月兼并冰岛农业银行，并继续向海外扩张。该银行当时仅 34 岁的首席执行官海德尔·马尔·西德森决定于 2004 年 6 月投入 11.5 亿美元收购丹麦 FIH 投资银行，是冰岛企业最大的一笔兼并交易，并进入了丹麦的公司贷款市场。又于 2005 年投入 6.45 亿美元成功收购英国 Singer&Friedlander 银行，拓展其在英国的业务，并且在英国的服装零售商 Karen MillerLtd. 公司拥有股份。截至 2004 年，冰岛考普廷银行、冰岛国民银行和冰岛银行排名为北欧地区前 10 大银行，依序为第 8、第 9 及第 10 大银行。自 2004 年开始，考普廷银行的经营规模已位列北欧之首，在短短一年内该银行股票上涨了 73%。该行资金雄厚，在国内却无法扩展业务，因为许多冰岛公司都有大量的资产。在 2001～2005 年这 4 年中，这些在雷克雅未克证券交易所上市的公司的新资本增加了 70 亿美元，大约为冰岛国内生产总值的 50%。

2005 年底时，冰岛三大商业银行在海外机构或分行的雇员已超过 2000 人，而国内的雇员是 3000 人。考普廷银行在欧洲大陆设有 9 家分行，在美国有一家。截至 2006 年 3 月底，该银行共有雇员 2450 人，总资产为 360 亿欧元。冰岛国民银行有 10 家分行分布在欧洲大陆、美国和加拿大。冰岛银行在欧洲大陆有 6 家分行，并在加拿大开办分行。在最近几年，这三大商业银行的金融服务业务持续增长，对冰岛 GDP 的贡献已不亚于一直被认为是冰岛经济发动机的渔业。海外业务量的增加不仅使银行增加了利润、雇员增加了收入，而且对经济增长也作出了一定贡献。

2006 年 3 月，冰岛银行正式更名为"格里特纳银行"（Glitnir），同时启用新的银行标记和品牌。这个新名称来自于北欧神话，是正义之神福赛蒂的城堡，意味着友好协商精神。鉴于该银行已经在卢森堡、伦敦、哥本哈根、加拿大及中国上海建立了广泛的业务，从一个"冰岛的银行"发展成为名副其实的国际银行，更名是为适应该银行业务发展的需要。

2004 年冰岛银行业占其国民生产总值 21.9%，几乎与渔业相同，预计在短期内将超越渔业，逐渐取代渔业成为冰岛的支柱产业之一。2005 年 7 月冰岛国民银行、伯达拉斯（Burdarás）投资公司及斯特勒米尔（Straumur）投资银行开始进行资产重组。后两家的业务合并，以斯特勒米尔－伯达拉斯投资银行的名称对外营业，而冰岛国民银行则获得伯达拉斯公司的部分资产。这是冰岛历史上最大的企业资产重组，也是历年来最大的单项资产转移。三家企业共拥有资产价值 3400 亿克朗（约 53.12 亿美元），分别是斯特勒米尔 800 亿克朗（约 12.5 亿美元）、伯达拉斯 900 亿克朗（约 14.06 亿美元）、冰岛国民银行 1700 亿克朗（约 26.56 亿美元）。从资产上看，目前考普廷银行为冰岛最大商业银行，斯特勒米尔－伯达拉斯投资银行列第二，冰岛国民银行为第三，格里特纳银行为第四。冰岛银行业的海外扩张仍在持续进行。

2. 证券业

冰岛证券交易所成立于 1985 年，1986 年开始国债交易；1990 年住房债券上市交易，这是一种由国家担保的抵押债券，并很快成为长期投资者所追捧的主要证券。该交易所从一开始就采用电子交易。1990 年第一批股票上市交易，1992～1996 年，每年有大约 6 家股份公司挂牌上市，到 1996 年底达到 32 家，1997 年有 19 家、1998 年有 16 家公司挂牌上市，1999 年底上市公司的总数达到 75 家。从 2000 年开始，不断出现公司兼并或收购，到 2001 年底上市公司已经减为 71 家，2002 年底减为 64 家，2003 年又减少了 16 家，到 2004 年底时只有 34 家公司挂牌上市。

在北欧各国的证券交易所公司化改制进程中，继斯德哥尔摩证券交易所（欧姆集团）于 1993 年、赫尔辛基证券交易所于 1995 年、哥本哈根证券交易所于 1996 年相继改制之后，冰岛证券交易所于 1999 年实行公司化改制。目前有越来越多的外国投资者在冰岛证券交易市场购买股票，除了在能源密集型工业领域投资外，他们购进的冰岛克朗股票及对冰岛经济的发展均未产生大的推动作用，主要原因一是股票价值量小，二是股票市场也小。以冰岛克朗上市的股票不仅盘子小，知名度也不够，为此，有些公司已经考虑以外币形式发行股票。

世界著名的金融交易技术供应商、瑞典的欧姆集团已经促成斯德哥尔摩证交所、哥本哈根证交所、冰岛证交所和奥斯陆证交所等结成北欧证券交易所联盟，涵盖了北欧地区证券交易总量的 80%。由于欧姆交易系统的使用和共同的交易规则，这些交易所已连成一体，使跨国界证券交易变得快捷便利。任何一家企业只要在联盟中的一家交易所上市，就有了广阔的融资渠道，而不必将企业分拆，在不同地方挂牌上市。这提高了企业的融资能力，也给投资者提供了更多的选择机会。

冰岛货币市场诞生于 1992 年，1993 年交易量达到 600 亿克朗。1993 年 3 月关于证券交易、证券交易所和共同基金的新法规出台，7 月开始生效。其他一切都按照国际惯例。1992 年 11 月冰岛开始对国库券进行招标发行。1993 年 10 月一家外国银行首次在冰岛发行外币债券。

北欧 5 国的保险业垄断水平很高，其中冰岛最高，人寿保险业的企业集中度为 100%，财产保险企业的集中度为 95%（1997 年数字），远高于其他各国。这主要因为冰岛国家小、人口少，保险市场因而也小。

第九节 对外经贸关系

一 对外贸易

对外贸易对冰岛国民经济具有十分重要的意义。由于冰岛的传统经济以渔业为主，经济结构比较单一，而且国内市场狭小，加之其特殊的地理位置和气候条件及缺乏自然资源，各种生活必需品以及发展生产所需要的许多原材料和设备等都要依靠进口，所以对外贸的依赖很大，外贸依存度始终很高，是典型的小型外向型经济国家。就人均对外贸易流转额来说，冰岛是居于世界前列的国家之一。

在 19 世纪末，冰岛进口商品大约有 2/3 来自丹麦，出口商品的 1/3 运往丹麦。此后，冰岛的外贸关系发生了很大变化。在两次世界大战之间，冰岛与西班牙、意大利、希腊等国的贸易十分活跃，主要出口商品是咸鱼干。自从大规模生产速冻鱼以后，冰岛和许多以往没有贸易关系的国家建立了贸易关系，向许多国家出口渔产品。

在 20 世纪 60 年代中期以前，渔产品出口占出口总额的 90% 左右，其他是农牧产品。之后，随着冰岛引进外资，建立了电解铝厂、硅铁厂、滤净剂厂等，自 70 年代以来出口商品结构发生了变化。出口商品中水产品和农牧产品的比重下降，而工业制成品的比重上升，制成品中铝锭、硅铁、化肥、水泥、毛纺织品的比重增加幅度较大。不过冰岛 96% 以上的鲜鱼和鱼制品、畜产品要依靠国外市场。

进口商品的种类繁多，其中多数是冰岛无法生产的。进口商品的大约一半是各种燃料，过去的燃料主要是煤，后来主要是燃料油。几乎所有的石油和石油制品、机械和电器、交通运输设备、谷物、木材和一些日用消费品都必须进口。冰岛现在每年进口石油制品 60 万 ~65 万吨、谷物 1.65 万吨、木材 5 万吨左右。

冰岛十分重视加强与世界各国的经济贸易合作关系,积极参加各种经济贸易组织。冰岛于 1968 年加入关贸总协定,1970 年 3 月加入欧洲自由贸易联盟,1973 年与欧共体签订特惠贸易协定。从 1980 年 1 月 1 日起,冰岛和欧洲自由贸易联盟其他成员国一道,与欧洲经济共同体之间相互免除关税。1993 年 1 月 12 日,冰岛议会批准了欧洲经济区协定,从 1994 年起加入欧洲经济区。这些都促进了冰岛对外贸易的发展。目前冰岛特别依赖欧盟市场以及独联体市场。2004 年冰岛与欧洲经济区的贸易额占其对外贸易额的 83% 。

冰岛目前与 100 多个国家和地区有贸易往来。进口商品的主要供应国有德国、丹麦、瑞典、荷兰、英国、挪威、俄罗斯、美国和日本;出口商品的主要对象是美国、英国、德国、葡萄牙、法国、日本、丹麦和西班牙。无论是出口贸易还是进口贸易,其 85% 左右是在经济合作与发展组织成员国的市场上进行的。冰岛自二战后以来,多年的贸易差额有一部分是直接或间接从凯夫拉维克美国军事基地赚来的美元而取得平衡的,1965 年这种收入占全国出口商品及为出口服务行业收入的 4% 。

冰岛出口贸易中的大多数是由工厂主控制的销售公司掌握;进口贸易的一部分由国家掌握,其大部分由私人和合作批发公司掌握。2000 年对外贸易额(含服务贸易)约占国内生产总值的 76% ,其中与欧洲经济区的贸易额约占 70% 左右。2002 年新加坡已经与新西兰、欧洲自由贸易联盟(EFTA,由瑞士、挪威、冰岛和列支敦士登组成)签署了双边自由贸易协定。

近些年来,冰岛出口产品结构发生变化,海产品出口比例逐年下降,电解铝和高科技工业产品出口比例不断提高。2004 年 1 ~10 月,铝产品出口已占其总出口额的 21% ,而海产品出口下降为占其出口总额的 61%。同时，高科技产品如软件产品的出口也迅速增加。2003 年，其软件出口为 5130 万美元，占当年出口总额的 2.5%。2004 年 1~10 月，其高科技产品的出口总额已经突破 1 亿美元，占冰岛同期出口总额的 5%。这些数字表明，目前冰岛铝产品与高科技产品出口已经接近出口总额 1/3。由于新建和扩建铝厂，冰岛铝产品出口在今后几年内还会迅猛增长。预计到 2008 年，冰岛铝产品出口将会突破 10 亿美元，如果其他产品出口规模不变，铝产品出口额将接近出口总额的 50%。此外，冰岛目前拥有一批优秀的信息技术人才，在信息技术应用方面排名世界第三，今后冰岛高科技产品出口额还会继续增长。

冰岛和其他北欧国家一样都认识到，在经济全球化的大趋势之下，扩大出口市场不仅能够推动本国经济稳定发展，而且符合长远利益。过去，北欧各国过于依赖与西欧各国的贸易，而西欧国家近些年以来经济发展缓慢，市场趋于饱和，对西欧的出口难以扩大。而亚洲、尤其是中国的经济高速发展，使冰岛看到了进一步扩大其出口的希望，因而愈加重视与包括中国在内的亚洲国家的经济贸易合作。

冰岛 1990 年外贸总额为 32.46 亿美元，其中出口额 15.91亿，进口额 16.55 亿。在出口额中，水产品 12 亿美元，占75.42%；铝锭 1.65 亿美元，占 10.37%；硅铁 0.5 亿美元，占3.4%；动物产品 0.29 亿美元，占 1.82%；毛制品 0.14 亿美元，占 0.88%。在进口额中，工业设备与生产资料 7.46 亿美元，占45.1%；消费品 3.27 亿美元，占 19.15%；燃料油和润滑油 1.6亿美元，占 9.67%；食品和饮料 1.35 亿美元，占 8.16%。

冰岛 2004 年出口总额为 2024 亿克朗，其中水产品为 1217亿克朗，工业品为 711 亿克朗，农产品为 43 亿克朗；进口总额为 2402 亿克朗，其中工业品为 610 亿克朗，资本品为 528 亿克朗，消费品为 433 亿克朗，交通运输设备为 400 亿克朗，燃油及润滑油为 219 亿克朗。

2005 年，冰岛进出口贸易总额 81.97 亿美元，其中进口额为 50.62 亿美元、出口额为 31.35 亿美元。进出口总额和进口额分别比 2004 年增长了 8.94% 和 11.1%，而出口额则比 2004 年下降了 3.05%，贸易逆差达 19.27 亿美元。

根据海关关税手册的规定，货物进关应分为进口申报与出口申报。从冰岛出口货物通常是免税的，1990 年冰岛政府颁布法令，废除有关出口收费的规定，对出口货物既不征税也不缴纳出口费。在所有进口货物关税表后面都标有大写的 A 和 E，A 表示从欧洲经济区协定以外的国家进口货物的关税率；E 表示从欧洲经济区协定国家内进口货物的关税率或无关税。

由于冰岛经济单一，本国生产的产品有限，对进口商品的非关税限制不多，但也有少数几类商品实行配额进口，如乳制品、肉类。尽管冰岛生产的乳制品和肉类可以自给自足，但因为冰岛是欧洲经济区成员，对上述两类产品也象征性发放许可证，允许少量进口；对蔬菜采取季节性配额进口。冰岛以前对烟、酒实行国家专营，发放许可证，配额进口，现在已经放开经营。为了保护刚兴起的弱小的本国民族工业，如电子工业等，凡是在冰岛能生产的产品，就采取保护措施。冰岛并非欧盟成员，而是欧洲经济区成员，冰岛执行欧洲经济区的有关规定，并逐步向欧盟靠拢。

冰岛国际渔业博览会是冰岛重要的博览会，自 1984 年开始每 3 年举办一届，会期 4 天，目前已成为世界级大型渔业展，主办单位有冰岛渔业部、冰岛工业联合会、冰岛贸易委员会等。在 1996 年 9 月举行的第五届冰岛国际渔业博览会上，有来自 27 个国家的 600 多家公司参展。在 1999 年 9 月 1~4 日举行的第六届冰岛国际渔业博览会上，有来自 36 个国家和地区的 800 多家公司参展，主要展出的是渔产品加工、捕捞等渔业机械设备。参加 2005 年 9 月第八届冰岛国际渔业博览会的有来自 34 个国家的

500多家公司，其中马来西亚、新加坡和印度是首次派公司参展。中国厦门富远贸易公司也前来参展，主要展销各种渔具。到会洽谈和参观的客商近2万人，展会展区1.3万平方米，展出的产品近万种。

冰岛的经贸机构有：

1. 冰岛贸易委员会（Trade Council of Iceland）

该委员会成立于1986年，目的是促进冰岛对外出口和增强冰岛企业的出口意识，是冰岛主要的出口咨询机构。委员会由公营企业、私人企业和政府机构合资组成，日常事务由10名常务董事负责，其中8名由选举确定、2名由政府指定。委员会共有16名工作人员，其主要职能是：向外国公司提供有关冰岛商务环境方面的信息，并协助在冰岛寻找合作伙伴；协助外国公司与冰岛出口商建立联系；向冰岛政府提供有关对外贸易政策咨询；向冰岛出口商提供综合服务和咨询，以增加冰岛的货物和服务出口；协助冰岛生产商和出口商进行营销服务和市场调研。

2. 冰岛投资局（Invest in Iceland Agency）

它是由冰岛工商部、贸易管理委员会和国家电力公司联合组成的机构，下设两个相对独立的部门，即能源销售部和一般投资部。能源销售部成立于1988年，负责国外对冰岛电力工业的投资服务；一般投资部成立于1995年，与冰岛贸易委员会合作负责国外对电力工业以外领域的投资服务。该机构为所有投资者提供免费和可信任的服务，如安排与有关机构、公司联系和进行实地考察等。

3. 冰中贸易促进会（Icelandic Chinese Trade Council）

冰中贸易促进会于1995年10月27日正式成立，其成员包括近100家冰岛企业，主要从事工业、服务业（旅馆和旅游公司）和进出口行业。该促进会的宗旨是鼓励和促进冰岛与中国之间贸易关系的发展，为冰岛企业建立和发展与中国企业的贸易关系提供咨询和服务。

4. 冰岛商会（Iceland Chamber of Commerce）

冰岛商会成立于 1917 年，由冰岛从事各行业的商业团体和企业组成。该商会同时也是欧洲商会的成员，与北欧商会、欧洲经济区咨询委员会建有合作关系，并负责国际商会全国委员会下属六个双边商会（美、英、法、德、西班牙、瑞典）的工作。该商会的宗旨是改进总体贸易环境，促进所有行业自由、平等的交易。

5. 冰岛渔船船东协会（冰岛文简称：LIU）

该协会成立于 1939 年，宗旨是代表并维护所有冰岛渔船船东的利益。其主要职能是代表船东加强与国家立法机构（议会）和政府有关部门的联系，推动冰岛渔业的发展；同工会谈判工资待遇并关注船东的经济、法律、技术和社会等方面的利益。该协会代表 450 位船东，下设 11 个地区组织，每年召开一次全体会议，选举出 15 位董事会成员，并由董事会指定 5 位执行董事，协助董事会主席的工作。

二　水产品贸易

在整个 20 世纪，水产品始终是冰岛最主要的出口商品，但是它所占的比重十分不稳定，波动很大，这主要是由于受产量以及国际市场需求变动的多重影响。水产品出口额占出口总额比重最高的年份是 1965 年，高达 94.5%。在 1969～1983 年间，水产品平均占出口总额的 76%，占国内生产总值的比重平均为 32%。1983 年水产品出口额仅占 68%，当年工业制成品出口额占 29.3%，农产品占 1.1%，其他商品占 1.6%。1986 年水产品出口额进一步降为仅占 65.5%，为水产品出口比重最低的年份。1990 年水产品出口的比重为 75.5%，工业品出口的比重为 20.4%。冰岛目前渔产品出口量位于世界前 10 名。

在 1985～2000 年间，渔产品是全世界 50 种最具活力的出口产品中唯一的初级产品。

1985 年冰岛水产品出口额为 260 亿克朗，1987 年猛增至440 亿克朗。但由于渔业生产过程中使用了大量进口设备和燃料，同时职工工资增长高于生产发展，水产品成本高昂，出现增产不增收的亏损局面，并加重了外债。1986 年初冰岛外债达到650 亿克朗，占国民生产总值 55%。外贸逆差也由 1980 年的 3亿克朗增至 1987 年的 40 多亿克朗。

冰岛虽是传统的水产品出口国，但近些年来，水产品出口呈下降趋势，1986 年为 85.8 万吨，1997 年为 79.266 万吨，2000年为 64.978 万吨。出口总额 1997 年为 13.6 亿美元，2000 年为12.288 亿美元。其中以新鲜及冷冻鱼类的出口量居首位，1986年为 30.4 万吨，1996 年为 27.6 万吨，1999 年为 21.7 万吨。虽然出口量逐渐下降，但是由于国际市场上水产品价格有所上升，所以出口额也有所上升，1986 年、1996 年和 1999 年分别为 4.35亿美元、6.70 亿美元和 7.27 亿美元。干鱼及盐渍鱼的出口量1997 年为 7.18 万吨，出口额 2.448 亿美元；2000 年出口量为7.48 万吨，出口额为 2.76 亿美元。罐头鱼的出口量 1997 年为3072 吨，出口额为 2066 万美元；2000 年的出口量为 2803 吨，出口额为 1505 万美元。鱼粉的出口量 1997 年为 25 万吨，出口额为 1.575 亿美元；2000 年出口量为 25.22 万吨，出口额为1.188 亿美元。鱼油的出口量 1997 年为 13.16 万吨，出口额为6573 万美元；2000 年出口量为 7.853 万吨，出口额为 2414 万美元。甲壳类和软体动物的出口量 1997 年为 1.867 万吨，出口额为 7475 万美元；2000 年出口量为 6176 万吨，出口额为 3070 万美元。罐制甲壳类和软体动物的出口量 1997 年为 2.57 万吨，出口额为 1.72 亿美元；2000 年出口量为 2.07 万吨，出口额为1.197 亿美元。

表 4 - 28　　1997～2000 年水产品出口情况

年　份	1997		1998		1999		2000	
类　别	数量（吨）	金额（万美元）	数量（吨）	金额（万美元）	数量（吨）	金额（万美元）	数量（吨）	金额（万美元）
新鲜及冷冻鱼	291272	62474.6	261587	69336.2	212825	72668.9	213822	64368.0
干鱼及盐渍鱼	71882	24483.6	73258	27674.9	74939	30002.9	74789	27663.7
甲壳类和软体动物	18675	7475.7	11402	5268.1	7760	4129.6	6176	3070.6
罐头鱼	3072	2066.1	2820	1895.9	2932	1845.2	2803	1505.3
罐制甲壳类和软体动物	25729	17200.6	23272	16096.6	20823	14091.5	20739	11975.8
鱼　油	131652	6573.2	89940	6533.9	87733	3382.0	78533	2414.8
鱼　粉	250378	15754.7	232939	16626.5	241457	11817.8	252219	11882
共　计	792660	136028.5	695218	143432.1	648469	137937.9	6497803	122880.2

资料来源：《世界各国和地区渔业概况》下册，海洋出版社，2004。

　　冰岛过去限制水产品进口，每年进口量只有几百吨，最多时没有超过 5 千吨。后来逐步放松限制，近些年来进口量变动很大，1996 年为 2.74 万吨，1998 年增至 7.63 万吨，1999 年再增至 11.87 万吨，2000 年又降为 4.97 万吨。在进口的水产品中，以鲜冻渔产品居首位，甲壳类和软体动物次之。

　　1994 年结束的乌拉圭回合谈判虽然达成了《农产品协定》，首次将国际农产品贸易全面纳入关贸总协定/世贸组织框架之下，并于 1995 年 1 月 1 日生效。但《农产品协定》所构建的国际农产品贸易框架仍存在诸多缺陷。除了农产品市场准入中的众多贸易壁垒、发达国家给予农产品出口的补贴和信贷之外，仅发达国家对国内农业生产的巨额补贴就严重损害了发展中国家农业的发

冰岛

表 4－29　1997～2000 年水产品进口情况

年　份	1997		1998		1999		2000	
类　别	数量 （吨）	金额 （万美元）	数量 （吨）	金额 （万美元）	数量 （吨）	金额 （万美元）	数量 （吨）	金额 （万美元）
新鲜及冷冻鱼	11893	1997.8	59788	3791.5	86042	2955.5	7188	1170.7
干鱼及盐渍鱼	644	206.4	560	223.6	665	179.8	305	119.2
甲壳类和软体 动物	6313	896.0	14961	2238.0	31348	4748.9	36691	5043.6
罐头鱼	303	126.6	338	138.8	283	112.9	352	113.5
罐制甲壳类和 软体动物	31	20.3	30	20.2	39	23.5	25	18.3
鱼　油	198	25.5	443	71.5	217	45.7	5001	206.2
鱼　粉	238	11.8	140	6.4	79	3.0	185	3.8
共　计	19620	3284.4	76262	6490.0	118673	8069.3	49747	6675.3

资料来源：《世界各国和地区渔业概况》下册，海洋出版社，2004。

展机会。《农产品协定》将国内农业支持政策划分为"绿箱政策"和"黄箱政策"加以管理，鼓励各国减少对农产品的价格干预和扭曲贸易的"黄箱政策"措施，尽量采用不与农业生产挂钩的收入支持和其他"绿箱政策"措施，但发达国家能够使用的黄箱补贴空间仍然相当大。从 2000 年开始至世贸组织新一轮谈判达成新的农业协定之前，欧盟每年仍然可以为农业提供 769 亿美元的黄箱补贴。据世贸组织统计，从黄箱补贴（AMS）约束水平相当于农业总产值的比例来看，冰岛达 97%，居发达国家之首。

　　乌拉圭回合谈判使农产品出口的传统的关税壁垒在一定程度上有所下降，但 WTO 所有成员在乌拉圭回合谈判后农产品的关税约束水平仍然高达 62%，经合组织（OECD）国家农产品关税的平均约束水平为 45.2%，其中冰岛以及挪威、瑞士等国农产品关税税率均在 100% 以上。OECD 国家农业补贴相当于 1999 年

222

农业总产值的40%（与1980年中期的比例相同）。2002年该组织成员国对农业的各类补贴总额达3380亿美元，相当于该组织国内生产总值的1.2%。冰岛以及挪威、瑞士等5个国家2000年至2002年的农业补贴占农业净收入的比例超过60%。

表4-30 出口货物构成比例（离岸价）

单位：%

	1981~1985年	1991~1995年	2004年
水产品	72.6	77.1	60.2
农产品	1.5	1.8	2.1
工业品	24.2	18.4	35.1
其 他	1.7	2.7	2.6

资料来源：冰岛国家统计局。

表4-31 冰岛外贸进口地区构成

单位：%

进口来源＼年份	1983	1987	1990	1997	2003
德 国	11.8	15.2	12.6	11.8	11.8
英 国	8.8	8.2	8.1	10.1	7.4
丹 麦	9.7	9.2	8.6	8.0	
荷 兰	7.3	8.1	10.4	6.2	
瑞 典	8.3	8.2	7.6	6.5	
挪 威	8.0	8.3	11.5	6.9	
欧共体/欧盟	45.1	52.1	58.1		
欧洲自由贸易联盟	22.8	20.6			
欧洲经济区[①]	63.8				
美 国	7.9	7.1	14.4	9.4	7.4
日 本	3.8				
俄罗斯[②]	10.4	4.2			

资料来源：冰岛国家统计局。
①欧洲经济区成立于1994年。
②"俄罗斯"在1991年之前为"苏联"数字。

表 4-32   冰岛外贸出口地区构成

单位：%

出口对象 年份	1983	1987	1990	1997	2003
英 国	11.8	19.4	25.3	18.9	17.5
德 国	9.7	10.0	12.7	13.1	17.4
葡萄牙①	6.1	9.4	3.8		
西班牙	3.3	3.0	6.3		
瑞 士	5.7	2.7			
法 国	3.7	5.4	9.0	4.0	
丹 麦	5.0	5.1			
欧共体/欧盟	34.7	57.4	60.6	72.0	
欧洲自由贸易联盟	14.9	8.2	4.5		
欧洲经济区	76.5				
美 国	28.3	18.3	9.9	13.9	9.3
日 本	6.0	6.6	3.2		
俄罗斯②	7.4	3.6			

资料来源：冰岛国家统计局。

①西班牙和葡萄牙于 1986 年加入欧共体。

②"俄罗斯"在 1991 年之前为"苏联"数字。

三　国际收支

战后以来，冰岛多数年份在有形贸易方面是进口大于出口，无形贸易的收入一般也难以弥补外贸缺口，因而其国际收支经常项目不时出现逆差。20 世纪 60 年代国际收支经常项目有顺差的年份是 3 年，在 70 年代是 2 年，在 80 年代只有 1 年。1982 年国际收支发生困难，1983 年采取有效措施，到 1985 和 1986 年大有改善。1991 年经常项目逆差为 3.21 亿美元，是战后以来逆差最高的年份。自 20 世纪 80 年代初以来，除 1992 年外，每年进出口贸易额都占国民生产总值的 50% 以上，

对外贸易每年都有增长。除 1989 年进出口平衡外，贸易连年逆
差。1992 年累计长期外债达 39.5636 亿美元，人均 1.5 万美元。
1992 年冰岛与欧共体的贸易额为 20 亿美元。由于冰岛不是欧共
体成员国，因此不能享受欧共体成员国的同等权利和待遇，有些
商品受到歧视性限制，不能销往欧共体国家。

1983 年，冰岛的外汇储备、在国际货币基金组织的普通提
款权和特别提款权为 1.49 亿美元，黄金储备为 4.9 万盎司。
1987 年，外汇和黄金储备为 3.14 亿美元，累计外债达 23.35 亿
美元，占国民生产总值的 41.2%。1990 年外汇和黄金储备 4.36
亿美元，累积外债达 1751 亿克朗，相当于当年国内生产总值的
53.1%。1997 年底，外汇和黄金储备为 3.863 亿美元，外债总
额为 33 亿美元，相当于当年国内生产总值的 44.6%。2005 年
时，冰岛的外债从 2001 年占国内生产总值 26% 下降为不到 9%。

在 20 世纪 60 年代下半期之前，冰岛曾实行限制外国资本投
资经营的政策。但是从 60 年代下半期起，由于特许批准建立电

表 4－33　冰岛长期外债

单位：亿克朗

项　　目 ＼ 年份	1996 年	2000 年	2004 年
长期外债总额	2420.30	5857.83	12284.29
政府（中央和地方）	1198.81	1312.70	1608.76
金融机构	603.44	3205.76	9225.83
产业界	618.05	1339.37	1449.70
占 GDP(%)	50.7	82.6	147.0
占出口收入(%)	134.1	226.9	366.7
外债偿还占出口收入(%)	22.2	37.5	56.9
分期偿还率(%)	14.4	27.7	49.8
利　率(%)	7.8	9.8	7.2

资料来源：冰岛国家统计局。

冰岛

表4-34 经常项目收支

单位：亿克朗

年 份	1996	2000	2004
货物出口（离岸价）	1256.90	1492.72	2023.73
货物进口（到岸价）	1244.89	1867.52	2389.21
货物进出口差额	12.01	-374.80	-365.48
劳务收入	511.46	802.48	1137.30
劳务支出	492.66	918.85	1283.45
劳务收入支出差额	18.80	-116.37	-146.15
货物和劳务总差额	30.81	-491.17	-511.63
利息及其他要素收入	-113.17	-194.09	-215.86
经常项目净转移	-4.64	-7.62	-11.80
经常项目差额	-87.00	-692.88	-739.29
经常项目差额占 GDP（%）	-1.8	-10.4	-8.4

资料来源：冰岛国家统计局。

解铝厂等若干外国投资企业，这个政策已经改变。外国资本主要来自美国、瑞士、挪威、丹麦、日本等国，主要投资项目为铝厂、硅铁厂和滤净剂厂。1995～1997年外国在冰岛投资总额为240亿克朗（3.6亿美元）。在北欧5国当中，冰岛是唯一的资本净流入国，也是直接资本和间接资本净输入国。

1991年冰岛政府实施投资法的基本原则是，允许非本国居民在冰岛直接投资于贸易企业。除一些特殊产业外，在冰岛直接投资通常不需要特别许可，只有在涉及国家利益的敏感产业，如捕鱼、渔业加工和航空领域才实行限制。这些限制有：①禁止非本国居民直接投资捕鱼和渔业加工业；但允许间接投资，最高限额为企业总投资的33%。②根据欧洲经济区协定，欧洲经济区以外的居民投资航空公司允许占不超过49%的股份。为进一步鼓励外商直接投资，冰岛政府创造良好的投资环境，为投资者提

226

供以下优惠条件：①对投资企业征收较低的公司所得税和股息税。②与许多国家签订互免双重征税协定。③简化管理程序，特设冰岛投资局，所有有关投资事宜均可在该局办理。

外国投资者在冰岛可设立独资公司或购买冰岛公司的股份。成立股份有限公司时，必须准备一份有限公司备忘录，包括有限公司的章程、名称、发起人地址、股票认购价、认购期限和认购资金的支付。有限公司的章程要由第一次股东大会通过。有限公司分公司要在有限公司登记处注册并缴纳注册费。向冰岛有关部门提交的文件要附有准确的冰岛文译文。

表 4－35　1990～2001 年冰岛直接投资流入流量

单位：亿美元

1990～1995 年（年平均）	1996 年	1997 年	1998 年	1999 年	2000 年	2001 年
0.03	0.84	1.49	1.48	0.66	1.59	1.46

资料来源：联合国贸易与发展会议编《2002 年世界投资报告》。

表 4－36　1990～2001 年冰岛直接投资流出流量

单位：亿美元

1990～1995 年（年平均）	1996 年	1997 年	1998 年	1999 年	2000 年	2001 年
0.17	0.63	0.55	0.74	1.06	3.62	3.31

资料来源：联合国贸易与发展会议编《2002 年世界投资报告》。

冰岛政府通过一系列税收减免措施，使其经济环境更能吸引国外直接投资。公司所得税 1989 年为 50%，2002 年降到 18%，是欧洲税率最低的国家之一。对于像国际贸易公司这样在冰岛注册并从事出口活动的公司，其公司所得税率仅是 5%。尽管冰岛的经济规模很小，但是它对外国直接投资的吸引力在联合国贸易与发展会议（UNCTAD）潜力指数排名中得到反映，其吸引直接投资业绩指数 1988～1999 年为 0.3，世界排名列第 104 位；1998～2000 年为 0.4，排名第 98 位。但是其潜力指数 1988～1999 年为 0.516，排名第 12 位；1998～2000 年为 0.604，排名第 9 位。

和其他发达国家相比，冰岛由于是小国，对外投资不多。但近几年来冰岛经济繁荣，增长强劲，由于国内市场太小而不能花费更多的钱，于是资金雄厚的冰岛企业便向欧洲的高新技术、电信、金融和零售等领域进行投资或兼并企业，通过跨国并购来增加其对外投资，并向全世界扩展，被誉为"欧洲并购的生力军"。截止到 2005 年上半年，冰岛企业在英国投资的资产价值已达 2000 亿克朗（约 32.26 亿美元）。从 2000 年至 2005 年，冰岛人已在国外投资 6000 亿克朗（约 96.77 亿美元）。

有两个冰岛商业集团是欧洲企业的积极购买者。鲍格集团（Baugur Group）是冰岛一个国际财团的一部分，它在 2004 年初以 8600 万美元购买了哥本哈根的大百货商店 Magasindu Nord 公司，它还购买了几家英国的玩具公司和食品公司。伯达拉斯集团（Burdaras Group）共有 20 亿美元的资产，它的兼并目标主要是小的和中等的电子、电信和金融公司，并打算在几年之内将公司 75% 的投资放在海外，目前在海外的投资不到它的总投资的1/3。

冰岛药品零售连锁公司 Lyfog Heilsa 公司的母公司 L&H 集团公司，2005 年购买了英国香水批发销售 Per-Scent 公司 70% 的股份，金额为 4200 万英镑，这是 L&H 集团公司面向国际市场销售保健品和化妆品所采取的战略步骤。控股英国公司后，L&H 集团公司的年营业额将翻番至 120 亿克朗（1.825 亿美元），年利润达 9 亿克朗（1370 万美元）。2005 年 7 月，中国哈尔滨制药集团通过增资并购变更为中外合资企业，该公司注册资本为 37 亿元人民币。其中，中信资本冰岛投资公司认缴的注册资本为 8.325 亿元，占该公司注册资本的 22.5%；华平冰岛投资公司认缴的注册资本为 8.325 亿元，占注册资本的 22.5%。

四 对外援助

和其他北欧国家一样，冰岛重视对发展中国家、尤其是最不发达国家的经济技术援助和人道主义援助。冰岛政府承认联合国规定的发达国家提供的发展援助要达到国内生产总值的 0.7% 的目标，并承诺将在 2015 年之前履行自己的扶贫承诺。负责对外援助的发展合作机构是冰岛国际开发署。它挂靠于冰岛外交部，成立于 1981 年，其前身是成立于 70 年代初的冰岛对发展中国家援助办公室。冰岛与其他北欧国家等一道，于 1996 年开始在世界银行发展委员会中推动对穷国重债债务的减免，冰岛政府为此提供约 2 亿冰岛克朗。冰岛还通过北欧开发基金，与其他北欧国家一起对最穷的国家提供优惠贷款等援助。

冰岛政府所提供的双边和多边官方援助总和 1995 年为 4.89 亿冰岛克朗，占当年国内生产总值的 0.11%；1998 年为 5.117 亿冰岛克朗，约相当于国内生产总值的 0.09%；2002 年达到国内生产总值的 0.15%；2003 年增加到 16.45 亿冰岛克朗，占国内生产总值的 0.19%。

冰岛的多边发展援助主要用于向世界银行集团、联合国大学设在冰岛的地热培训项目、渔业培训项目等提供无偿赠款。从 1979 年至 2006 年，联合国大学冰岛国际地热培训班有 300 多位学员毕业，从 1998 年开始的渔业培训项目至 2005 年初也有 103 位学员毕业。在双边援助中，由于冰岛财力有限，为了使援助达到一定效果，便把有关援助主要集中于少数几个急需援助的国家，包括非洲的马拉维、莫桑比克、纳米比亚、乌干达、佛得角群岛等。冰岛国际开发署与乌干达签订了合作协议，在乌干达首都坎帕拉设立了办事处并派遣一名工作人员常驻。冰岛政府于 2001 年成立了"危机应急单位"，先后派专业人员赴波黑、科索沃、斯里兰卡、阿富汗、伊拉克等参与战后维和行动。冰岛参与了东帝汶的重建工作，主要是援建一座渔港。

表 4 - 37　官方发展援助

单位：万美元

年　　份	1999	2000	2001	2002	2003	2004
双边援助	360.2	540.7	664.4	707.3	1090.3	1467.6
冰岛国际开发署	316.3	379.7	491.6	481.3	571.7	695.8
其中：						
马拉维	77.5	102.7	174.5	157.3	195.5	223.8
莫桑比克	55.7	116.8	131.1	107.1	102.4	117.7
纳米比亚	131.5	105.5	97.1	118.2	100.3	126.4
乌干达	36.4	47.7	95.6	114.5		
其他国家	51.5	54.5	52.6	51.0	77.8	113.5
维和行动	43.9	161.0	172.8	226.0	518.6	771.8
其中：						
科索沃、斯里兰卡、阿富汗	140.2	171.1	224.8	394.1	612.9	
波黑	43.9	20.8	1.7	1.2	5.7	4.8
伊拉克	118.8	154.0				
多边援助	270.5	330.9	306.3	398.0	334.6	443.7
联合国	75.7	49.6	67.7	65.7	75.7	83.4
其中：						
世界粮食组织	9.7	9.3	10.4	12.5	10.8	6.3
开发计划署	25.3	23.3	22.3	24.5	22.9	26.0
儿童基金会	13.2	12.1	9.7	12.7	13.6	13.4
妇女发展基金	3.5	3.2	2.6	3.4	3.7	3.6
巴勒斯坦难民救济机构	0.7	0.8	3.2	3.2	4.0	4.7
教科文组织	2.9	3.4				
人口基金	0.8	1.0	1.2	1.3	1.4	
难民事务高级专员办事处	14.5	11.3	6.6	5.7	5.8	

续表 4 - 37

年 份	1999	2000	2001	2002	2003	2004
世界粮食计划署	0.5	0.5	3.7	1.1	5.6	
世界卫生组织	9.1	11.2				
世界银行集团	110.4	121.1	111.3	121.1	194.5	227.3
北欧发展基金	56.4	45.0	29.7	61.3	63.2	66.8
重债穷国信托基金	86.5	70.2	124.4	42.8		
国际货币基金	27.4	28.1	26.9	24.0		
多哈发展议程信托基金	1.0	1.2	1.3			
其 他	176.8	144.7	158.8	282.4	340.8	317.5
地热培训项目	60.9	64.0	53.1	68.9	88.0	96.0
渔业培训项目	32.1	38.7	37.0	53.5	71.3	76.7
难民援助	54.0	21.6	15.4	30.1	50.5	
官方发展援助总额	807.4	1016.2	1129.5	1387.7	1765.7	2228.8
占国民生产总值(%)	0.09	0.12	0.15	0.16	0.17	0.19

资料来源：冰岛外交部网站。

第五章

社会与国民生活

第一节 社会保障

相对于西欧国家来说，北欧国家在社会福利方面起步较晚，这主要因为其经济发展落后，工业化晚于欧洲其他国家。冰岛在北欧国家中又是发展最晚的。但是冰岛以及北欧各国却后来居上，目前已经成为全世界社会保障和社会福利制度最为完善、福利水平最高的国家。

从 19 世纪 80 年代至 20 世纪初始年代（1883～1909 年）是欧洲社会保障立法的起步阶段。继德国首倡劳工保险立法之后，一批欧洲国家以及少数美洲和大洋洲国家开始为社会保障立法。冰岛于 1903 年创立了由国家担保的工伤保险基金，于 1909 年制定了工伤保险法，但是直到 1936 年才在当时社会民主党的努力和工会的压力之下对社会保障制度进行了全面立法。依据这些法律，冰岛有大约一半人口开始享受由国家组织的医疗卫生计划，同时为普遍的基本养老金、补充养老金、残疾人补贴、产妇补贴、遗孀补贴、失业金等社会保障和社会福利项目奠定了基础，对城市居民还提供住房补贴和低收入困难补贴。但由于冰岛于 1944 年才正式独立，因此其社会保障制度的建立和其他北欧国家不同步。

　　自第二次世界大战结束以来，冰岛努力向其他北欧国家学习，社会保障和福利制度迅速发展，包括医疗卫生领域和教育领域，同时扩展到所有冰岛人。冰岛与其他北欧国家相同，宣称自己是"福利国家"，但是其社会福利支出的比例在北欧国家中却始终是最低的。

　　1950年冰岛的社会福利支出总额仅占国内生产总值的6.3%，而挪威为6.5%，瑞典最高达到占8.3%。到1987年，冰岛的社会福利支出比例虽然上升到占17%，但其他北欧国家已经达到占26%～36%。只是在医疗卫生服务方面冰岛接近于北欧的平均水平，而在其他各方面都是最低的。1992年冰岛福利支出总额占国内生产总值的比例为18.9%，而北欧其他国家已经达到30%以上。这与冰岛人口的年龄结构有一定关系，由于年轻人口比例较大，养老金支出便比较少；此外也与冰岛就业率很高、失业率较低有关，失业金的支出不多。冰岛和挪威一样，没有规定领取养老金的最低年龄，而其他3个北欧国家则有规定。

　　在冰岛社会保障资金的来源中，中央和地方政府共占51.5%，雇主缴纳的占38.9%，保险市场占9.4%，其他为0.3%。冰岛过去所实行的养老金制度称为"国民养老型"，雇员不必缴纳养老金，而由雇主缴纳雇员工资额的2%作为养老金。全体国民都可以获得同样数额的养老金，每月9577克朗。如果在72岁以上退休，领取的养老金为每月16001克朗。

　　目前冰岛养老金制度的主要特点是实行职业养老基金。这种基金在1969年得到普及，在1974年以立法形式固定下来。每个工会建立自己的养老基金，养老保险费缴纳的比率由工会、雇主联合会和政府三方在进行一般工资谈判时加以确定。在缴纳职业养老基金 40 年后，退休后至少可以获得相当于工资 56% 的养老金。如果发放的职业养老金低于这个比率，就要提高缴纳保险费的比率。在国营部门供职的人员在缴纳养老基金 32 年后，退休时即可享受同等待遇，法律规定聘用方承担把工资的 4% 缴纳给职业养老基金。

冰岛的养老保险还有另外两个支柱。一个是由税收所支持，依据收入调查确定付数额的现收现付式社会保障体系；另一种是带有税收激励机制的个人自愿账户计划。但前者的地位在下降，因为它是以最低工资收入为基准的；后者虽于 1999 年正式生效，但截至 2005 年下半年，大约有 52% 的工资收入者已经向个人账户缴费，其资产总额约占养老保险资产的 10%。

冰岛从 20 世纪 70 年代初就建立了私人养老金计划，目前资金已达到充足水平。从 21 世纪初开始，公共养老金体系的资金也达到充足水平。截至 2004 年底，所有养老基金的国内外资产总额已经达到相当于国内生产总值的 115%。社会保障体系所支付的基本养老金从 67 岁开始发放，在退休后还可依据资产调查情况领取补充养老金。如果一位员工在退休时没有任何其他收入，他可以从社会保障体系领取到相当于非熟练工人平均收入 45% 的养老金。

职业养老基金所发放的养老金最高可以达到在职时收入的 60%~70%，如果加上社会保障养老金，则一共可以达到在职时收入的 80%。职业养老基金组织的数目近 20 年来不断减少，1991 年时共有 88 家，1996 年下降到 66 家，2000 年为 56 家，到 2004 年底为 48 家。减少的原因主要是工会在不断合并，所以基金组织也要合并。各个职业养老基金组织规模的大小十分悬殊，其中两家最大组织的基金资产占了职业养老基金全部资产的 2/3。2004 年底时，每个基金组织平均净资产约为 205 亿冰岛克朗（约合 2.45 亿欧元），但其中最大的一家净资产为

1800 亿克朗（约合 22 亿欧元）。基金均由中央政府和市镇政府做担保。

　　法律规定，所有 16～70 岁的工资领取者和自营业主都必须参加一个职业养老基金组织。目前规定最低缴纳金额为工资的10%，在 2004 年以前，4% 出自个人，6% 出自雇主，从 2005 年开始雇主缴费的比例提高至 7%，从 2007 年开始再提高至 8%。政府雇员的养老基金是最大的公共部门养老基金，从 1997 年开始分为旧养老金部（B 部）和新养老金部（A 部），1997 年初以后担任政府雇员的人只能参加新养老金部，1997 年初以前担任政府雇员的人则可以自行选择参加 A 部还是 B 部。新养老金部的累计缴费总额在 2005 年时已经达到全体参保人员工资收入的15.5%。

表 5–1　社会保障支出

2003 年	金额（亿克朗）	百分比
总支出	1932.96	100
家庭和儿童	258.22	13.4
失业保险和失业机构	47.32	2.4
医疗保险	686.65	35.5
老　年	528.22	27.3
残疾人	271.36	14.0
遗　属	52.21	2.7
住　房	16.00	0.8
其他社会支出	44.07	2.3
行政费用	28.92	1.5

资料来源：冰岛国家统计局。

　　在民营部门供职的员工，其职业养老基金一般从 67 岁开始领取，而在公共部门工作的人员一般从 65 岁开始领取。民营部门的员工可以从 65 岁开始领取养老金，但是其金额要减少，而如果从 70 岁才开始领取，其养老金数额就要增加。从 1999 年 1 月 1 日开始，冰岛所有 16 ~ 70 岁的从业者都有权建立个人退休账户。

表 5 – 2   冰岛养老基金资产

	1990 年	1995 年	2003 年	2004 年
相当于国内生产总值(%)	38.5	57.6	102.2	114.9
总额(亿欧元[埃居],按年底汇率)	19	31	91	118
资产构成(%)*				
热销债券和共同基金	21.6	47.9	49.4	56.0
其他债券和贷款	68.9	41.1	19.3	14.0
股票和股票基金	1.2	2.8	28.2	26.3
外国资产	0	1.9	18.9	21.4
主要持有者(部分)				
中央和地方政府	9.5	12.6	5.0	5.0
住房部门	33.9	40.7	21.9	9.7
基金成员	21.8	14.3	11.3	8.8

资料来源："Institute of Economic Studies. Working Paper Series. W05：09" T. T. Herbertsson, The Icelandic Pension System in 2004.

* 资产构成数字相加超过 100，是因为重复计算外国资产以及没有"其他资产"一栏。

冰岛政府对所有 7 岁以下的儿童都发放相同的儿童补贴，与父母的收入无关。对 7 ~ 16 岁的少年儿童则根据子女数目和父母收入状况发放补贴，其主要目的是鼓励多生育。2004 年底生效的税法修正案对 2004 ~ 2007 年儿童补贴数额的规定见表 5 – 3。

表 5 – 3　儿童补贴金额

单位：克朗

	2004 年	2005 年	2006 年	2007 年
所有 7 岁以下儿童	36308	37397	46747	56096
7~16 岁儿童：				
第一个子女	123254	126952	139647	139647
以后每位子女	146713	151114	166226	166226
单亲儿童补贴：				
第一个子女	205288	211447	232591	232591
以后每位子女	210854	216902	238592	238592
扣减补贴收入线				
双亲	1444139	1487463	1859329	2231195
单亲	722070	743732	929665	1115598
扣减补贴比率				
一个子女	3%	3%	3%	2%
二个子女	7%	7%	7%	6%
三个及更多子女	9%	9%	9%	8%

资料来源：冰岛国家统计局。

第二节　国民生活

一　就业及工作时间

冰岛实行每周 5 天工作制。但是在其他西方国家每周工作时间已经在 40 小时以下的时候，冰岛平均每周工作时间仍然长达 50 小时。冰岛人超时工作的主要原因有：①为人口少而造成劳动力短缺，许多工作要待人去做；②通货膨胀率高导致实际收入减少，迫使人们去寻找第二职业；③许多冰岛人追求更高的生活水平,如想住宽敞的住宅,有两辆汽车,每年至少到国外旅游一次,有孩子的家庭都想尽快有自己的房子。这些因素都使得冰岛人愿意超时或多做一份工作。

目前,冰岛有大约 1/4 的工作是靠人们加班去做的。除一般冰岛人工作时间较长外,连产妇休假也只有 3 个月。夏天,几乎所有的中学生都参加工作。尽管如此,劳动力仍然不足,于是每年都要招募外籍工人前来冰岛工作。在医疗、治安、电信和其他公共部门,为使工作正常运转,超时工作更是在所难免。工会运动本来应当把缩短工作时间作为自己的主要要求之一,但是这在冰岛却要大打折扣,因为雇员们往往把工资看得比工时更加重要,他们主要的要求是增加工资。

表 5 - 4　周平均工作时间变化

单位:小时

年　份	男性平均周工作时间	女性平均周工作时间	男女平均周工作时间
1995	42.9	50.0	34.5
1996	43.7		
1997	43.3		
1998	43.0		
1999	43.5		
2000	43.8	50.9	35.5
2001	43.3		
2002	43.0		
2003	41.8		
2004	42.0	47.1	35.9

资料来源:冰岛国家统计局。

冰岛经常发生劳务争端,其解决的难度列经合组织国家之首。国际上通常以每年每千人由于劳务争端而不能正常工作的天数作为劳务争端严重程度和解决难度的指标。冰岛每年每千人因劳务争端而不工作的天数为 581 天，远高于经合组织国家的平均值 50 天。冰岛的这一数字意味着平均每个冰岛雇员每年有两天时间是在"罢工"。2001 年 3 月冰岛全国渔业工人举行罢工，直到 5 月劳企双方仍未达成任何协议。由于担心罢工会对国家经济造成太大损害，冰岛议会于 5 月 17 日夜通过法律强行结束罢工。

　　据经合组织 2005 年一项调查报告称，在其成员国中，冰岛人均就业年龄最高，特别是 25 岁至 49 岁和 50 岁至 64 岁年龄段的就业人数最多。根据经合组织成员国就业年龄平均值计算，在 25 岁至 49 岁年龄段，就业人数不超过 75%；在 50 岁至 64 岁年龄段，就业人数不超过 60%。而冰岛这两个年龄段的就业人数比率分别达到 88% 和 85%。冰岛的法定男女退休年龄均为 67 岁。

表 5 - 5　就业率和失业率的性别及年龄结构

2004 年	劳动力数目	就业率（%）	登记失业率（%）
总　　数	161100	80.7	3.1
16～24 岁	26200	70.1	8.1
25～54 岁	106800	89.8	2.0
55～74 岁	28000	63.2	2.5
男性总数	85300	85.0	3.2
16～24 岁	13200	71.8	9.3
25～54 岁	56400	94.2	1.9
55～74 岁	15600	71.1	2.6
女性总数	75800	76.3	2.9
16～24 岁	13000	72.5	6.8
25～54 岁	50400	85.3	2.0
55～74 岁	12400	55.5	2.4

资料来源：冰岛国家统计局。

表5－6 就业率变化

单位：%

年　份	总就业率	女性就业率	年　份	总就业率	女性就业率
1995	82.9	77.9	2002	82.8	
1996	81.6		2003	82.1	78.3
2000	83.5	79.0	2004	80.7	76.3
2001	83.6				

资料来源：冰岛国家统计局。

表5－7 劳动力就业结构

2004 年	总人数	男　性	女　性
劳动力人数	156100	82500	73600
各行业就业比率(%)			
农　业	6.3	9.3	3.1
农牧业	3.4	4.3	2.5
渔业	2.9	5.0	0.6
工　业	22.4	32.9	10.7
渔产品加工业	3.5	3.2	3.8
制造业	10.6	14.7	5.9
供水、供电业	1.0	1.8	0.2
建筑业	7.4	13.3	0.8
服务业	71.2	57.8	86.2
批发、零售、修理业	12.7	13.8	11.5
旅馆、餐饮业	3.4	2.7	4.2
交通、通讯业	6.9	8.6	5.0
金融业	4.4	2.6	6.5
房地产业	9.3	10.2	8.2
公共行政	4.9	4.1	5.8
教育	7.8	4.9	11.0
医疗卫生、社会工作	14.7	4.4	26.3
其他	7.1	6.5	7.8

资料来源：冰岛国家统计局。

冰岛人的年收入在欧洲属于最高收入之列，其工资收入比欧洲其他国家平均高出 37%。由于冰岛工会化程度很高，绝大部分雇员都加入各种工会，所以工会的力量相当强大，它经常采用罢工方式提出增加工资等要求，所以冰岛雇员收入的增长幅度比较快。例如在 1999 年第三季度到 2000 年第三季度的一年中，冰岛雇员的工资平均增长 8.3%，而同期消费指数只上升 3.5%。在冰岛，建筑工人的收入很高，比欧洲其他国家的建筑工人高63%。另一方面，冰岛的工资虽高，但是工作时间较长，而且冰岛的物价也很高。冰岛没有最低工资制度，其工资和工作时数由劳企双方集体谈判来决定。

表 5 - 8　工薪收入变化

单位：万克朗

年平均工薪收入	1995 年	2000 年	2004 年
总平均	127.2	196.8	257.4
已婚男性	221.8	329.0	417.8
已婚女性	93.7	152.6	218.8
两人（结婚或同居）	289.9	446.2	589.6
单　身	92.1	149.1	187.3
男　性	168.2	254.6	320.4
女　性	87.5	140.7	194.4

资料来源：冰岛国家统计局。

在冰岛，雇主在雇用外国雇员之前，要填写申请表，向工会征求意见。工会要在 14 天内对雇主做出肯定或否定的答复。如答复是肯定的，将由雇主向移民局提交申请；移民局给予外国人居住许可后，再向社会事务部提交申请；社会事务部同意后，将通知雇主及外国人，并交给移民局一份通知副本；移民局向外国人签发证件，并表明已同意他在冰岛工作及居住。最后雇主到移民局领取证件，并交付 500 冰岛克朗手续费。冰岛欢迎外来移民，欧洲国家来的移民很容易被批准，而亚洲移民则要严格得多。冰岛现在有不少来自越南和菲律宾等国的亚洲劳务移民。

从 2006 年 5 月 1 日起，冰岛允许欧盟新成员国爱沙尼亚、拉脱维亚、立陶宛、波兰、斯洛伐克、斯洛文尼亚、捷克和匈牙利的劳务人员自由进入冰岛工作。与此同时，社会事务部长任命一个联合工作小组评估冰岛劳务市场上外国劳工的情况，冰岛雇主联盟对此表示欢迎。

二　日常生活及消费

　　冰岛人的食物构成有 57% 是植物性食品、43% 为动物性食品；每人日均摄入能量为 3361 大卡，是联合国规定摄入量的 126%。由于大量食用有益于健康长寿的鱼虾，冰岛早已成为寿星之国，男女的平均寿命居世界之冠。在鱼类中，冰岛人最喜欢吃的是黑线鳕。

从 1995～2004 年的 10 年中冰岛食品消费变化情况看，各种肉类消费明显上升，1995 年时年人均消费 68.2 公斤，2004 年增至 83.8 公斤；鱼类年人均消费量仅略有增加，从 46.7 公斤增至 47.9 公斤；马铃薯的年人均消费量有所下降，从 47.0 公斤降至 40.4 公斤；牛奶的年人均消费量也有所下降，从 194.9 升下降至 181.2 升；与此相反，软饮料的年人均消费量则大幅上升，从 125.7 升猛增至 173.6 升。

冰岛的人均酒精饮料消费量近十多年来增长较快。在 1995～2004 年的 10 年间，年人均啤酒消费量从 40.48 升上升至 70.46 升，增长了 75%；葡萄酒年人均消费量从 6.79 升猛增至 16.25 升，增长了约 1.4 倍；烈性酒年人均消费量有所下降，从 4.98 升下降至 3.40 升；纯酒精年人均消费量从 4.76 升增至 6.71 升，增加了约 40%。冰岛及北欧其他国家虽然对酒类的管理比较严格，但鉴于欧盟其他国家对酒类管理的规定较松，因此私人跨国购酒给北欧国家酒类管理政策的执行带来了不少困难。冰岛等 5 个北欧国家的卫生大臣或部长于 2004 年 10 月在哥本哈根开会时宣布，他们将共同促使欧盟出台更为严格的酒类管理政策。

表 5 - 9　消费物价指数变化（与上年相比）

单位：%

年　份	变化率	年　份	变化率
1985	32.4	1995	1.7
1986	21.3	1996	2.3
1987	18.8	1997	1.8
1988	25.2	1998	1.7
1989	21.1	1999	3.4
1990	14.8	2000	5.1
1991	6.8	2001	6.6
1992	3.7	2002	4.8
1993	4.1	2003	2.1
1994	1.5	2004	3.2

资料来源：冰岛国家统计局。

表 5 - 10　肉类年人均消费量

单位：公斤

	1995 年	2000 年	2004 年
羊　肉	26.5	25.2	24.8
牛　肉	12.1	13.0	12.8
猪　肉	12.7	17.2	18.0
鸡　肉	6.5	11.9	17.6
总　计	57.8	67.3	73.2

资料来源：冰岛国家统计局。

表 5 – 11　食品年人均消费量变化

	单　位	1995 年	2000 年	2004 年 *
黄　油	公斤	5.9	4.9	4.7
肉　类	公斤	68.2	77.7	83.8
鱼　类	公斤	46.7	46.9	47.9
马铃薯	公斤	47.0	39.2	40.4
咖　啡	公斤	6.9	7.4	7.6
食　糖	公斤	54.6	51.2	53.0
牛　奶	升	194.9	183.4	181.2
软饮料	升	125.7	160.2	173.6

资料来源：冰岛国家统计局。

* 2004 年为暂时数字。

表 5 – 12　酒类年人（15 岁以上者）均消费量

单位：升

	1995 年	2000 年	2004 年
啤　酒	40.48	60.51	70.46
葡萄酒	6.79	11.76	16.25
白酒类	4.98	4.54	3.40
纯酒精量	4.76	6.14	6.71

资料来源：冰岛国家统计局。

　　1963 年时，冰岛每百人平均拥有电话机 26 台、小轿车 10.3 辆。年平均每人消费电力 3546 千瓦时，其中工业用电占 41%。年人均国民收入为 1305 美元，低于瑞典的 1798 美元和丹麦的 1337 美元。1992 年每千人平均拥有小轿车 458 辆、电视机 337 台、电话机 534 部。2002 年每千人平均拥有小轿车 569 辆、电视机 390 台、固定电话 623 部。2005 年每千人平均拥有小轿车约 600 辆，即私人汽车拥有率为 60%，在经合组织国家中居最高水平。

表 5 – 13　私人消费支出比例

单位：%

	2004 年 3 月	2005 年 3 月
食品和非酒精饮料	15.2	14.4
酒精饮料和烟草	4.0	3.7
服装鞋帽	5.6	5.3
住房、水、电及燃料	22.0	25.5
家具及家用电器	5.7	5.6
医疗保健	3.9	4.1
交　通	14.5	13.2
通　信	3.1	3.1
文化和娱乐	13.7	12.8
教　育	0.6	0.5
宾馆和餐饮	5.4	5.4
其他商品和服务	6.5	6.4

资料来源：冰岛国家统计局。

表 5 – 14　住宅情况

单位：套

2004 年	总　数	一或两家独宅	公寓房	其　他
总　计	113815	60136	52719	1060
一室带厨房	2138	484	1574	80
两室带厨房	16256	3131	12979	146
三室带厨房	25693	7190	18341	162
四室带厨房	25942	12349	13410	183
五室及以上带厨房	41916	35779	5835	302
情况不明	1970	1203	580	187
每千人拥有住房	388	205	180	4
每年增加（%）	2.5	1.2	4.0	2.4

资料来源：冰岛国家统计局。

表 5 – 15   邮政通信

	1995 年	2000 年	2004 年
邮局总数(家)	110	94	100*
邮件总数(万件)	7124.3	10165.9	9520.6*
有线电话(部)	148675	196336	190478
北欧移动通讯用户(NMT)	21181	27268	270072
全球通移动通讯用户(GSM)	9702	187628	21300
每千人拥有有线电话(部)	556	693	649
每千人拥有北欧移动(部)	79	96	
每千人拥有全球通移动(部)	36	662	

资料来源:冰岛国家统计局。

注: * 为 2003 年数据。

表 5 – 16   个人使用电脑及上网人数比例

单位:%

2005 年	使用电脑	上 网	2005 年	使用电脑	上 网
男 性	88	87	1～10 年级学生	81	79
女 性	87	85	高级中学学生	89	87
首都地区	89	87	高等院校学生	97	97
其他地区	85	83			

资料来源:冰岛国家统计局。

冰岛近几年移动电话迅速普及。2000 年时移动电话普及率达到 78%,居当年世界第一。2002 年每千人拥有移动电话 722 部,2005 年达到 883 部。超过 80% 的冰岛人使用互联网,2005 年在 16～74 岁的人当中约有 85% 的人经常上互联网。

冰岛人普遍采用透支消费即借款消费。截至 2005 年 10 月底,冰岛家庭透支消费总计 750 亿克朗(约合 12.1 亿美元),这一数额已经创历史纪录,每个冰岛人平均透支 25 万克朗(约

4032美元）。2006年上半年，家庭透支消费又上升了40%，这些透支的贷款利率为20%。个人消费的上涨速度迅速超过了消费者的购买能力，导致人们寻求各种贷款，包括信用卡透支。冰岛家庭累计已欠金融机构5310亿克朗（约85.65亿美元），但大部分是通胀指数债务，总计3990亿克朗（约64.35亿美元）。2005年，冰岛家庭欠金融机构的通胀指数债务已增加了2000亿克朗（约32.26亿美元），或者说增加了100%。如此巨大的债务增长从金融机构不断增长的抵押贷款以及银行的储蓄和贷款情况可以反映出来。

《2004年世界人文发展报告》显示，2004年全世界人文发展指数平均为0.729，比上年的0.722提高了0.007个百分点。排名最高的国家是挪威，其人文发展指数为0.956；瑞典和澳大利亚分别居世界第二位和第三位；冰岛居第七位。人文发展指数由预期寿命指数、教育指数和GDP指数三个分项指数构成。从这三个分项指数看，2004年预期寿命指数最高的国家是日本，平均预期寿命为81.5岁；第二是瑞典，平均预期寿命为80岁；冰岛第三，平均预期寿命为79.7岁。

联合国开发计划署每年都要结合世界各国的国民预期寿命、人均国民收入、国民受教育水平、生态环境等诸方面因素，评选当年度最适宜人类居住的国家。在其生活质量指数报告中，1991年底在全球160个国家中冰岛排名第11位，在2002年冰岛排名上升到世界第7位，在2003年联合国发展报告中，冰岛被列为世界上第二个生活质量最好的国家。

目前冰岛人自我感觉良好，认为他们非常幸福，在2004年被列为世界上最幸福国家中排名第四，前三名分别是丹麦、马耳他和瑞士。幸福满意度是根据被调查人对本人在该国生活的民主、自由、宽容、良好的管理和财富打分来确定的。有82%的冰岛人对自己的生活表示满意。在英国莱斯特大学于2006年7

月推出的全球最幸福国家排名表中，冰岛依然排名第四，排在丹麦、瑞士和奥地利之后，其五项关键指标是健康、财富、教育、国家认同感、国家景色的美丽程度。

三　社会治安

岛的社会治安情况良好，刑事犯罪率很低。在总统府、议会大厦及政府各个部门都不设警卫人员。普通公民可以不受阻拦地出入各个国家机关，包括总统府和总理办公室；可以直接和政府各级官员乃至最高领导人接触，去谈国家大事或个人私事及其他要求。总统和总理都是自己驾车上班、自己去购物。但是自2003年瑞典女外交部长遇害之后，冰岛警察总监宣布要加强部长以上领导人的安全保卫工作。

冰岛民风淳朴，民宅周围大多没有栅栏，学校没有围墙，教室和办公室不上锁，参观者可以自由进出，偷窃事件极少发生。这既与冰岛民众普遍富裕以及文化素质较高、居民普遍洁身自爱有关；也与由于人口少，许多人彼此相识，偷窃事情一旦败露便会毫无脸面。盗车事件几乎闻所未闻，因为冰岛四面环海，即便偷了车也无法将车开出去。

尽管如此，冰岛社会依然有刑事案件发生，不过大多是小型案件。在20世纪90年代上半期，雷克雅未克的治安状况有所恶化，警方为此从1997年起改进警力间协调配合能力，强化了治安效果。在1998年初的3个月中，首都雷克雅未克的治安状况明显好转，入室行窃大大减少。与1997年同期比较，案件发生率下降33.5%，从388起减至258起。根据2005年对欧洲25国零售商在防盗防窃方面的一项调查显示：由于加强了保安和闭路电视监测措施，虽然外来人入店偷盗现象明显下降，但是雇员监守自盗所造成的损失却没有减少，其中以冰岛的情况最为严重。

2003 年 1 月，冰岛南方城市塞尔福斯破获一起利用地热温室非法种植大麻的大案，警察捣毁并没收了全部大麻以及用于种植大麻的设备。利用地热暖房种植大麻既高产又保密，该暖房还装备了制作毒品的全部设备。警方还在农场主的家中和汽车内搜出很多毒品。2003 年 11 月 9 日下午，在雷克雅未克一家银行发生一起冰岛有史以来最为严重的暴力抢劫案，几名劫匪手持钢刀铁棍逼迫银行职员交出现金，然后匆忙逃走，但是其作案过程被摄像头拍下，几天后便缉拿归案。

在 2000 年至 2005 年的 5 年间，冰岛监狱中关押的外国犯人数量有很大上升。2000 年，有 7 名外国犯人在冰岛服完刑期。2004 年，这一数目则上升到 40 名。2005 年，有 14 名外国犯人服完白领罪（欺诈、侵吞公款等）的刑期，12 名犯人服完毒品罪的刑期。2004 年的数目分别是 12 名和 9 名。这与 2001～2003 年期间的犯罪情况正相反，当时的毒品犯罪多于白领犯罪。2004 年，冰岛全国有 673 人被判触犯刑律，其中女性 93 人，有 187 人被判监禁，87 人被判罚款，399 人被判为缓刑。

2004 年 10 月，冰岛警方审讯了约 20 名嫖客，据称他们在雷克雅未克一家按摩室花钱嫖娼。冰岛法律规定禁止女人卖淫，如果证明有罪，妓女将面临 2 年徒刑，皮条客和怂恿卖淫者将坐 4 年监狱。

2005 年，约有 40 名外国人被驱逐出冰岛。在 2006 年最初两个月，已有 10 名外国人被驱逐出冰岛。在这些人中，部分人 3 年内不得进入冰岛，部分人将永久不得进入冰岛。如果一部分人是申根签证国以外的国民，他们将被禁止进入其他申根签证的国家。

据"世界各国监狱人口总数（1995 年 9 月 1 日）"显示，西欧主要国家英国、法国、德国、意大利、瑞士、荷兰的监禁率分别为每 10 万居民中有 100、95、85、85、80、60 人；北欧国家的监禁率更低，瑞典和丹麦各为 65 人，挪威 55 人，冰岛 40 人。

表 5 - 17　刑事犯人数

单位：人

	1995	2000	2004
在押犯人数	107	71	95
其中女性犯人数	4	2	5
每 10 万人中的犯人数			34.2

资料来源：冰岛国家统计局。

在"廉政与反腐败国际"组织公布的"2001 年腐败比例指数"名单上，冰岛以 9.1 分名列最清廉国家的第 4 名。该指数的满分为 10 分。1993 年成立的"透明国际"组织发布 2003 年度对 133 个国家的调查结果，得分最高即最为清廉、腐败程度最低的国家，依次是芬兰、冰岛和丹麦。2004 年度腐败指数显示，在 145 个被调查的国家中，冰岛和丹麦并列为最不腐败的国家的第 3 位，排在芬兰和新西兰之后。

透明与公开是北欧国家政府的一个主要原则。冰岛的公共部门对外公开，对社会透明，所有档案都对公众开放，接受公民和媒体的监督。2005 年 10 月"透明国际"公布对 159 个国家和地区的调查结果，冰岛超过了得分皆为 9.6 的芬兰和新西兰，以 9.7 分被评为全球最清廉国家。2004 年 10 月，"国际透明"组织调查表明，芬兰廉政排名第一，丹麦和冰岛并列第三。

2001 年独立党的一名议会议员承认，他在担任一个公共委员会负责人时贪污了一笔约合 15.47 万美元的公款，称自己贪污公款隐瞒不报的行为是犯了一个"愚蠢的错误"，请求全国人民原谅。冰岛一直以"世界上政府官员最清廉的国家之一"而骄傲。自 1918 年以来，冰岛只有 4 名政府高官任期未满中途辞职。在 20 世纪 80 年代末，一名最高法院的法官因用公款买酒而被迫辞职。

第三节 妇女和家庭

一 婚姻和家庭

在 1940 年时，冰岛有近 1/4 的 45～54 岁女性没有结过婚。二战后，这种情况发生根本转变，大多数成年人都成婚或结过婚。到 90 年代，独身率低于 10%，1993 年时仅为 7.4%。从 1945 年到 60 年代末，结婚年龄普遍比较低。从 70 年代开始，结婚年龄有所提高。

在过去的传统社会中，冰岛人的婚姻稳定性比较高。但自二战后以来，离婚率急剧上升，离婚现象十分普遍。在 1956 年，每百对婚姻平均只有 7.6 对走向破裂；1970 年便翻了一番，达到 15.5 对；1980 年再翻一番，达到 33.8 对；1989 年达到 44.2 对的高峰；1993 年为 44.1 对。现在离婚率已高达 50%，夫妻往往稍有不和就离婚。一些青年则兴起了"未婚同居热"。

由于人口稀少，国家鼓励生育，冰岛人 16 岁以上生育就是合法的，未婚同居而生子也是合法的。家庭不仅包括结婚而组成的家庭，也包括未婚同居组成的家庭以及单亲家庭等。在 1946 年，相对于 100 名婚生子女，平均有 35.8 名非婚生子女；从 1966 年开始，这一数字超过 40 名，为 40.5 名，以后逐年上升；尤其是自 80 年代以后迅速攀升，1980 年为 66.5 名，1984 年达到 89.1 名，1985 年为 92.1 名，1986 年达到 103.3 名（即非婚生子女的数目超过了婚生子女的数目），1993 年达到 139.8 名。

和其他北欧国家一样，婚外同居和婚外生育在冰岛已经成为一种常态。而无论是婚生子女还是非婚生子女，在各个方面都完全平等、毫无区别，人们对此已习以为常。

2005 年一项调查显示，冰岛非婚姻家庭的婴儿出生率居欧洲首位。2004 年，冰岛 64% 的新生婴儿来自未婚同居或单亲家庭，而欧洲此项出生率平均是 31.6%。居欧洲第二位的是爱沙尼亚，60%。瑞典第三，55%，丹麦第四，45.4%。南欧国家此项出生率较低。在欧洲，似乎是越是靠北的国家，非婚婴儿出生率越高。

丹麦于 1989 年 10 月成为第一个认可同性结合、允许同性伴侣进行登记的国家（这并不等于立法承认同性婚姻，但是其条件基本上与结婚相同）。随后，其他几个北欧国家相继这样做。冰岛继挪威（1993 年）、瑞典（1994 年）之后，于 1996 年 6 月 12 日通过了《伴侣登记法》，于同年 6 月 27 日开始实施。该法律认可同性伴侣的结合并允许登记，赋予其以传统家庭所享有的大部分权利。

表 5-18　核心家庭情况

单位：户

年份	家庭总数	结婚无子女家庭	结婚有子女家庭	同居无子女家庭	同居有子女家庭	单亲父亲有子女家庭	单亲母亲有子女家庭
1965	41017	10672	24573	569	1389	261	3553
1970	45001	12417	26407	588	1092	273	4224
1975	50034	14424	28026	739	1520	284	5041
1980	53766	16829	27483	867	2843	332	5412
1985	57420	19204	25919	938	4632	453	6274
1990	61805	21373	23924	2024	6647	553	7284
1995	65450	23253	22391	2920	9012	506	7368
1999	68591	24023	22665	3151	8822	720	9210

资料来源：冰岛国家统计局。

表 5 – 19　核心家庭比例变化

单位：%

年份	总百分比	结婚无子女家庭	结婚有子女家庭	同居无子女家庭	同居有子女家庭	单亲父亲有子女家庭	单亲母亲有子女家庭
1965	100.00	26.02	59.91	1.39	3.39	0.64	8.66
1970	100.00	27.59	58.48	1.31	2.43	0.61	9.39
1975	100.00	28.83	56.01	1.48	3.04	0.57	10.08
1980	100.00	31.30	51.12	1.61	5.29	0.62	10.07
1985	100.00	33.44	45.14	1.63	8.07	0.79	10.93
1990	100.00	34.58	38.71	3.27	10.75	0.89	11.79
1995	100.00	35.53	34.21	4.46	13.77	0.77	11.26
1999	100.00	35.02	33.04	4.59	12.86	1.05	13.43

资料来源：冰岛国家统计局。

二　女性的地位

"世界经济论坛"于 2005 年发表的第一部性别平等调查报告《妇女权利：量度全球性别差距》，以同工同酬、进入劳工市场就业、女性的政治代表、受教育状况以及接受健康护理方面等 5 个范畴，作为衡量每个国家的性别差距水平，对全世界 58 个国家的情况进行评估，其中 30 个是经合组织成员国，28 个是发展中国家。在妇女社会地位排行榜中，北欧 5 国名列前 5 名，获得两性平等最高评分。冰岛排在瑞典、挪威之后，位列第 3。北欧的妇女享有与男性同工同酬及就业平等的机会最高，男女经济收入差距最小，为其他国家提供了榜样。据 2006 年初一项统计表明，冰岛妇女在议会中的地位在世界上排在第 13 位，在 63 名冰岛议会议员中有 21 名为女性，占 1/3。

冰岛女权崇高并非始于今天，根据传统，冰岛的已婚女性从来不冠以夫姓，而拥有自己的独立身份。自我介绍时只道出自己的名字及属于谁家的女儿，而不提丈夫的姓氏。冰岛有约80%的妇女就业，自食其力，不靠男性供养。冰岛曾经成立妇女联盟并在议会占有议席，发挥着重要的政治影响力，在欧洲开创了先河。冰岛居民过去有相当一部分是渔民，渔民在大部分时间需要出海捕鱼，他们出门之后要依赖妇女处理一切事务，因此渔民对妇女格外尊重。女子当家和积极参与社会政治活动的传统得以形成，今天冰岛仍保留着以妇女为尊的古老观念。

由于冰岛妇女地位较高，因此出现一些与别国不同的政策及社会要求。例如，妇女联盟认为大部分女性需要自力更生，因此必须建立更完善的托儿制度。北欧妇女不仅参政领域较全面，女性高层官员较多，妇女从政与权力的结合也很紧密，能够参与实质性决策过程，在反映妇女的整体利益方面代表性较强。在遗产继承方面，早在1850年，冰岛议会便制定了男女同样享有继承权的条款，并已实施了150多年，这在欧洲是最早的。

在2000～2004年联合国发表的年度《人类发展报告》中，冰岛和挪威在"全球最适宜女性生活的国家"排行榜上列为第一或第二位。这两个国家的女性可以享受平等的社会地位，分享政府提供的有关政策，具有独立的经济基础，享受着较好的社会健康保险待遇，并且拥有和睦美满的幸福家庭，被称为"女性的天堂"。

妇女还享有许多特殊的福利，如孕妇的工作量可以减少，产假期曾经长达一年，工资照发；以后还可以再请假一年，发给80%的工资等。冰岛从2000年开始实行男女各享受9个月产假的规定，其中有3个月是不能转让的，另外有3个月是可以转让的，并可领取80%工资。目前有90%的父亲享受产假照料妻子与婴儿。1975年时议会女议员只占议员总数的5%，到2005年已增至33%；女性的就业率也从50%增至80%。1997年时，冰岛25～64岁的女性有84%就业，男性的就业率为96%。

　　不过，根据对 2001～2004 年情况的统计，因年龄、资历、工作时间、职业、教育程度不同等因素而造成的工资差别是14%。2006 年公布的一项北欧综合研究结果显示，冰岛性别工资差距高达 28%，即女性比男性少挣 28% 的薪酬，列北欧乃至所有欧洲国家之首。

　　冰岛妇女注重女性团结的力量。1975 年是联合国确定的妇女年，10 月 24 日是冰岛妇女日。冰岛全国妇女在这一天完全不工作，并且有 2.5 万名妇女在首都举行了声势浩大的集会，这是冰岛有史以来规模最大的一次罢工，影响之大远远超出本国范围。此后每年在这一天，全国妇女都举行罢工和游行，将这一天当作争取妇女平等权利的纪念日。1986 年 10 月 24 日，首都几千名妇女在累科杰托尔哥广场举行"给丈夫们一点颜色看"的大示威，规模不断升级。冰岛妇女为了显示自己在社会上的重要地位，实行 48 小时罢工，使全国瘫痪，男士们只得依靠电台的紧急指示，煮速冻食品应付这场危机。最后，政府总理不得不出面调解，并连夜召开议会讨论，宣布保证妇女享有与男人同样的权利，要求丈夫们在家也要做家务。

　　据统计，在残疾人看护中心工作的女职员，每月收入 13.6 万克朗（约合 2200 美元）；在日托看护中心工作的女职员，每月收入 12.5 万克朗（约合 2000 美元）；在养老院工作的女职员，每月收入 11.6 万克朗（约合 1870 美元）；而上述收入均是税前收入。因此，这些女职员属于冰岛的低收入阶层。据冰岛劳动力市场研究所统计数据显示，冰岛男性月平均工资是 29.63 万克朗（约合 4779 美元），女性月平均工资是 22.38 万克朗（约合 3600 美元）。男性每周平均比女性多工作两个小时，但收入却相对高出 7 万克朗（约合 1129 美元）。所有这些导致冰岛妇女愤愤不平。

　　2005 年 10 月 24 日是冰岛"妇女日"30 周年纪念日，妇女集会要求正视妇女对冰岛经济所作出的贡献和体现的价值。组织者鼓励妇女们于下午 2 时 8 分停止工作，参加集会。因为冰岛妇女的平均工资收入只有男人们的 64.15%，工作到下午 2 时 8 分正好是一个工作日的 64.15%。包括银行和服务中心在内的许多部门于下午 2 时关门。下午 3 时有约 5 万名冰岛妇女在雷克雅未克市中心集会，许多妇女高举横幅和标语牌，甚至有的敲打着从家中带来的锅碗瓢勺，高呼口号，或集体唱歌，抒发自己的心声。许多人高举"妇女不是廉价劳动力"的标语牌以示抗议。

第四节　环境保护

冰岛政府于 1990 年成立了环境部，随后出台了一系列保护环境的法律法规，把环境保护纳入法治化轨道。这些法律有："限制野外用火法"（1992）、"野生动物保护及狩猎法"（1994）、"有机农业法"（1994）、"对治理城市污水予以财政支持法案"（1995）、"农村造林法"（1995）、"转基因生物法"（1996）、"合理利用渔业资源法"（1996）、"公共卫生与污染控制法"（1998）、"自然保护法"（1999）、"环境影响评估法"（2000），等等。

冰岛政府于 1996 年成立了自然保护局。截至 2004 年底，冰岛共辟有自然保护区 92 处，总面积为 9353 平方公里。其中有 4 处国家公园，总面积为 5331 平方公里；自然遗址 33 处，自然保护地 39 处；乡村公园 14 处。冰岛与北欧其他各国一道，于 1989 年实施了统一的北欧环境标志，包括住宅在内的环保产品都须经过专项认证。北欧国家在建材方面制定了严格的标准，以推动和发展绿色建材。

冰岛重视垃圾、废弃物的处理和回收，尽可能减少对环境的污染和破坏。在 2004 年，全国垃圾总量为 48.8 万吨（不包括有害垃圾），回收数量为 13.8 万吨。其中再生利用 12.2 万吨，有 1.3 万吨通过焚烧制造再生能源，有 0.3 万吨用于制造堆肥，另外对 34.6 万吨实行填埋处理，0.4 万吨在倾倒场露天焚烧。

在联合国科教文组织于 2003 年 3 月发布的世界 122 个国家和地区饮用水、尤其是地下水质量的报告中，冰岛排名为第 19 位。由于冰岛火山遍布，水的含硫量较高，因此影响了排名。不过其首都地区的饮用水来自万年冰川，水质十分纯洁。2005 年 1 月评估世界各国及地区环境质量的"环境可持续指数"（ESI）在瑞士的达沃斯正式发布，在此次公布的全球 144 个国家和地区中，冰岛位居第 5 位。

据冰岛国家统计局 2006 年 2 月公布的数据，在 1990 ~ 2005 年的 15 年间，冰岛温室气体排放量增加了 11%。其中，二氧化碳排放量增加最为明显，达到将近 33%；二氧化硫排放量增加 7%。二氧化碳增加是全球温室效应的主要导因，主要是重工业项目的发展加重了温室气体的排放，在过去 20 年中冰岛人均能源消费急剧上升也是原因之一。

在世界野生动植物基金会 2005 年发表的题为《水坝建还是不建？写在世界水坝委员会成立五年后》的报告中，点名批评了世界上 6 大水坝工程，其中包括冰岛东部为电解铝厂建设的卡拉纽卡大型水电站工程。冰岛的环境保护人士及绿党也对此始终持激烈的批评态度，并多次组织示威抗议活动。不过，发展经济与保护环境往往是相互矛盾的，很难完全兼顾、两全其美。

第六章

教育、科学、文化、卫生

第一节　教育

一　概况

据冰岛法律，国家对 6～16 岁的青少年实行 10 年制免费义务教育。长期以来，冰岛儿童入学率始终为100%。早在一百多年前，冰岛就消除了文盲，是世界上最早消除文盲和没有文盲的国家，国民识字率达 100%。冰岛平均每 10 万人拥有 895 名大学生。在 1992 年时，冰岛有十年制义务教育学校 212 所；各类高级中学（包括各种职业高中等）50 所；高等院校 5 所，在校学生 6.1 万人，其中外国留学生 2000 人。截至 2001 年底，全国共有十年制义务教育学校 190 所；各类高级中学 35 所；高等院校 8 所，在校学生 7.6 万人。由此可见，在1992～2001 年的 10 年期间，学生数目有所上升，高等院校的数目也有所增加；但是十年制义务教育学校和各类高中的数目在减少，这和市镇即定居点不断合并、市镇的数目迅速减少有关。

冰岛虽然历史比较悠久，但在很长时期内只有极少数教会学校。直到 19 世纪后期，由于受宗教和家族的深刻影响，其教育基本上是以家庭教育为基础，教育水平不高并且不规范。从 19

世纪末到第一次世界大战前夕，冰岛开始建立全国统一的公共教育体系，但由于冰岛当时仍隶属于丹麦，这种情况阻碍了其民族教育事业的发展。冰岛于 1944 年取得完全独立后，教育事业获得了新的生机。从这时开始，冰岛注重吸收欧美各国先进的教育思想，设立了专门的教育研究机构，积极改革本国教育体制，使教育事业向现代化迈进。经过几十年的努力，冰岛目前的教育水平已经有了很大提高。

冰岛的教育体制分为四级或四个阶段。第一阶段是对不满 6 岁的儿童实行学前教育，所依据的是 1994 年颁布的《学前教育法》，主要是通过游戏向孩子们传授一些简单的知识。第二阶段是对 6～15 岁的少年实行十年制义务教育，包括小学和初中教育，所依据的是 1995 年颁布的《义务教育法》。该法和以往相比最大的变化是完全由市镇政府负责管理义务教育阶段的学校，在义务教育阶段，学生免收学杂费和教材费。在冰岛，十年制义务教育通常在同一所学校中实施，即十年制学校；但是在一些较小市镇，只有七年制学校即小学，另在较大的市镇设有 8～10 年级的学校即初中，以接纳周围地区七年制学校毕业的学生。第三阶段是高中阶段，接纳从 16 岁到 20 岁的青年入学，学制 4 年。它所依据的是 1996 年颁布的《高级中学法》。各类文理高级中学通常是独立的学校；属于这个阶段的还有职业学校和特种专业学校，学制为 3～5 年，学制的长短主要根据学校的类型而定。第四阶段是高等学校，主要招收 20 岁以上文理高级中学的毕业生，它所依据的是 1997 年颁布的《高等教育法》。

虽然国家规定对 6～15 岁的青少年实行十年制义务教育，但是地方教育当局可以把义务教育年龄提高到 16 岁或降低到 14 岁，这主要是根据当地对教育的要求和就业状况而定。冰岛的教育历来属于公共部门，虽然有少数私立教育机构，但是它们都得到公共部门的资助。学前教育和义务教育主要是由地方政府负责。高中教育及高等教育则由中央政府负责。除了少数特种专业学校，整个教育系统几乎都是由冰岛中央政府的教育、科研及文化部负责管理。该部为义务教育和高中教育阶段制订全国课程大纲。由该部资助的全国教材中心为全国义务教育和高中教育编写统一教材，并且向义务教育阶段的学生免费发放。冰岛还设有教育考试院，这是一个由国家资助的独立机构，负责组织全国性的各种考试和考核。

由于冰岛人口很少，所以十年制学校的规模普遍很小，最大的学校位于首都，有800名左右学生，而全国一半以上十年制学校的学生不到100人，有的甚至不到10人。学校大多设在地热资源比较丰富的地方，这样可以方便建造蔬菜温室和游泳池。

高中阶段的学生免收学费，但需缴纳杂费和教材费，数额由学校董事会决定。杂费一学年不得超过6000克朗。教材费一学期不得超过12500克朗，一学年不得超过25000克朗。目前大约有90%的学生在接受十年制义务教育后直接进入高中学习，但是其比例逐年有所下降。冰岛高中的规模大小不一，最大的有1500名学生，最小的还不到50人。高中有四种类型，即文理高中、普通职业高中、综合性高中、特种职业高中。综合性高中是结合文理高中和普通职业高中这两种高中的特点。有些高中还为成年人举办夜校班。每所高中的董事会由5人组成，任期4年，由教育、科研及文化部直接任命，其中3人由该部指派，其余2人由所在的市镇提名。教师和学生代表在董事会中是观察员，没有表决权。根据《高等教育法》，高等学校都直接对教育、科研及文化部负责。对于公立高等学校，由该部在董事会中任命两名代表，其他董事则是该校人员，包括教师和学生代表。

冰岛十分重视本国语和外国语教学。在十年制义务教育学校，冰岛语是必修课。在第10年级，还要学习英语和丹麦语或另一种北欧语言。根据《全国教学大纲》的规定，学习冰岛语的课时占总课时约 19% ，学习外语的课时约占 11% 。在高中阶段还要选修法语、德语或西班牙语。特种职业高中在冰岛经济社会发展中的作用十分显著。这类学校是根据冰岛的特殊自然状况及经济生活需要而创办的，包括航海学校、工程学校、通讯学校、服务学校、农业学校、园艺学校、家政学校等，此外，还有盲人学校、聋哑学校、残疾人学校等。冰岛对艺术教育也十分重视，政府专门创建了工艺美术学校、戏剧学校、舞蹈学校、音乐学校等。

根据《高等教育法》规定，高等学校有责任建立内部质量保证机制，教育、科研及文化部有权力对高校进行评估和检查。1996 年该部成立了独立的评估与检查处，负责对冰岛从学前教育到高等教育的所有学校进行检查评估。民办大学必须得到该部的认可，并且该部有权对达不到教学与科研标准的民办大学不予认可或撤销，只有取得认可的大学有权授予办学资格与学历证书。

2003 年时，3 ~ 5 岁儿童有 94% 上幼儿园接受学前教育，2 岁以前的幼儿有 40% 上托儿所。2003 年有在校生共 82176 人，其中接受十年义务教育的中小学生 44809 人，在各类高级中学就读的学生 21901 人，高等院校学生 15466 人。另外有约 2 千多人在国外大学学习。截至 2005 年，冰岛全国共有 258 所幼儿园；183 所十年制义务教育学校；38 所公立高级中学（包括各种职业高中等），38 所民办高级中学（包括各种职业学校等）；84 所音乐学校；8 所高等教育机构，其中 5 所是公立院校、3 所是民办院校。

冰岛每年约有 1200 名学生到国外留学，其中有一半学生在国外高等院校深造。此外，每年有大约 350 名外国留学生进入冰岛的大学学习，他们大多来自德国、丹麦、挪威、瑞典、英国、法国和美国等国。近年来，中国留学生的数目增加比较快。

表 6-1　2004 年在校生数

单位：人

	人　数		人　数
义务教育 1~7 年级(6~12 岁)	30378	高等教育	16068
其中：6 岁	4160	国外留学(申请学生贷款者)	2175
义务教育 8~10 年级(13~15 岁)	13726	总　计	84976
高中教育	22629		

资料来源：冰岛国家统计局。

据冰岛国家统计局 2006 年 5 月公布的资料，2005~2006 学年冰岛在校学生首次超过 10 万人，达到 101171 人，占冰岛总人口的 1/3 强。这一数字包括从幼儿园至大学的各阶段学生，另有 2237 人在国外就学。2005 年秋季，在读高中学生 23345 人，大学生 16626 人，比 2004 年各增加 3.3%。同年，高中生中女生比例为 52.1%；大学生中女生比例为 62.8%。

1985 年中央和地方政府的教育总支出为 56.86 亿冰岛克朗。该年度直接教育经费约占政府支出的 10%，由于相当一部分文化经费也用在教育方面，所以实际教育支出约占政府支出的 20%。教育领域从业人员占全国就业人口的近 6%。

欧洲远程教育协会（EADL）由欧洲函授和远程教育领域的学校、机构及个人组成。该协会拥有欧洲 10 多个国家的成员，是对现有惯例及未来发展的信息观点进行交流的一个代表性论坛。欧洲远程教育协会成员几乎覆盖了欧盟各国，也包括来自冰岛、挪威等国的成员。该协会的成员国为欧洲 100 余万学生提供了 4000 种不同的课程。冰岛由于人口分散，因此比较重视远程教育。在 1998~2001 年的 4 年间，冰岛参加远程教育的学生增加了 171%。

冰岛全国有 200 名聋人，设有一所聋人学校。该校在 2003 年只有 17 名学生，年龄在 5~15 岁之间，配备有 8 位教师。由于以后两年中只有一名聋婴出生，学生太少，该聋人学校于2004 年关闭。

二 高等教育

冰岛唯一的综合性大学是冰岛大学，创建于 1911 年，位于首都雷克雅未克。当年，冰岛议会为纪念民族英雄约恩·西居尔兹松，决定在国立神学堂（1847 年创办）、医士学校（1876 年开办）和法科学校（1908 年开办）的基础上，于 1911 年 6 月 17 日正式成立冰岛大学。这一天是约恩·西居尔兹松诞辰一百周年纪念日。大学成立之初没有属于自己的校舍，便借用议会大厦的一些房间充当教室，到 1940 年才建成大学校舍。第一届学生只有 45 人；到 20 世纪 70 年代已经有在校生 1500人；目前全校学生总数已超过 5500 人，占全国人口的 2% 以上。每年招收新生约 1200 人，学生和教师的比例大约是 10:1。

冰岛大学设有人文科学系、经济与工商管理系、工程系、法律系、医学系、药学系、护理系、理科系、牙医系、社会科学及神学系，一共 11 个系，约 30 多个学科，包括数百个专业。各系还设有 30 多个不同学科的研究所（部）、科研中心。国家图书馆和国家博物馆也归属冰大管理。大学内多数研究所的经费主要由国家直拨，不经过大学，故其行政、财务均独立。各个系则由大学直接领导，无财权。自然科学研究所是冰岛大学最大的科研所之一，设有物理、化学、应用数学及计算机科学、地球科学、地球物理等 6 个研究室、30 多个研究小组（实验室）；有职员100 多人，其中教授 33 人，其他中高级研究人员 37 人。大学附设的其他研究所有：病理研究所、细菌研究所、解剖学研究所、卫生研究所、生理研究所、药物研究所、牙医学研究所、自然科学研究所。

冰岛大学的经费来源主要有二：一是国家拨款，二是彩票收入。1994 年国家拨款约合 2315 万美元。彩票收入为修建校舍专用。此外，各研究所的研究经费来源于不同渠道，包括政府拨款、国家科学基金、大学科学基金、公司及国际组织的资助。1994 年，自然科学研究所的总经费为 250 万美元（人均约 2.5 万美元），其中国家拨款为 174 万美元。

凡在冰岛大学读书的学生均需交纳学费（每学年 340 美元左右），其余费用（教材费，食宿费等）自理，没有任何资助。但政府可根据学生的学习成绩提供低息贷款以帮助学生学习。除外语专业外，大多数学科均用冰岛语教学。想到冰岛大学读书获得任何学位的外国留学生，首先必须学两年以上的冰岛语并经考试及格才能进入正规专业学习（短期进修者不需学冰岛语）。外国留学人员必须在每年 2 月底之前填好入学申请书送（寄）到冰岛大学国际部，6 月初向其发放录取通知单，9 月初入学。

冰岛师范大学位于首都雷克雅未克，其目前规模在冰岛高等学校中排名第二，大约有 170 名教职员工和 1800 名学生。它成立于 1908 年，当时称冰岛师范学院。在 30 年前，学院升格为大学。1997 年，该大学重新改制，分为本科生部和研究生部。

冰岛农业大学位于博加内斯市，距雷克雅未克市乘车需一个半小时。它有三个学院：自然资源学院、环境科学学院和应用教育与继续教育学院。该校从 1988 年起出版英文版《冰岛农业科学》年刊，至今已经出版 18 卷（2004 年出版两卷）。

雷克雅未克大学现有四个学院：科技工程学院、法学院、医学与教育学院、工商学院。

冰岛艺术学院也位于雷克雅未克市，培养授予艺术学士的本科生，有四个系：视觉艺术系、戏剧系、建筑设计系和音乐系。

位于阿库雷里市的阿库雷里大学成立于 1987 年，现有教育学院、信息技术学院、卫生科学学院、管理学院、自然资源学院和法律与社会科学学院。该校于 2006 年 1 月 23 日正式开设中文课程，是目前冰岛高校中唯一的中文课程，专门聘请了来自中国的汉语言文学教授进行授课，所开设的三门课分别是中国文化、基础汉语和中国商务基础。由于中冰经贸及文化往来日益密切和增多，冰岛学生想学习中文或拟到中国留学的人数急剧增多，学生报名踊跃。

比夫罗斯特商学院（Bifröst School of Business）成立于1918年，是冰岛历史最久的高等学府之一，也是冰岛唯一的专科商学院。它是民办的非盈利性大学，以培养工商管理人才、企业家为目标。该校位于博加内斯市，现有本科生500名、硕士研究生100名。其校名的意思是"彩虹桥"，出自北欧神话中通往瓦尔哈拉殿堂充当桥梁的彩虹。比夫罗斯特商学院与中国的上海大学于2005年5月19日在上海签署合作协议，当时正在上海访问的冰岛总统格里姆松出席合作协议签字仪式，并发表演讲。

冰岛作为欧洲委员会的成员国之一，从一开始就参加了泛欧高等教育交流及一体化进程。1953年，冰岛参加了欧洲委员会在巴黎召开的欧洲高等教育交流大会，有31个成员国政府参加了大会，签订了《关于进入异国大学学习时文凭等值的欧洲协定》，为日后欧洲学分制的产生奠定了基础。此后，冰岛参加了1956年欧洲委员会组织和联合国教科文组织推动而制订的《关于大学学业期限等值的欧洲协定》、1959年的《关于大学学历证书学术承认的欧洲协定》，参加了1959年召开的第一届欧洲大学校长会议。

欧洲各国可以自行决定如何落实欧洲学分互换系统（ECTS），冰岛采用的是"双轨制"办法，即在课程成绩排列时同时列出本学校的学分和欧洲学分系统的学分。冰岛大学的1个学分等同于欧洲学分系统的2个学分；不满1个学分的课程，如果超过0.5个学分，则算作1个欧洲学分，如果低于0.5个本校学分，则算作0个欧洲学分。但是，并不是冰岛大学的所有学分都可以进行转换，有少数课程只有冰岛大学的学分而没有欧洲学分，也有的课程直接采用欧洲学分系统的学分标准。冰岛还参加了促进欧洲各国学生和教师流动的"苏格拉底—伊拉斯谟计划"。

1999 年 6 月，冰岛出席了在意大利波罗尼亚召开的欧洲 29 国教育部长会议。会议讨论并通过了《波罗尼亚宣言》，提出在 2010 年建立"欧洲高等教育区"的目标，以促进欧洲的人员流动、就业和增强欧洲的国际竞争力，由此全面启动促进欧洲高等教育一体化进程的"波罗尼亚进程"。2001 年，冰岛参加了在捷克的布拉格举行的 32 个欧洲国家教育部长会议，推动"波罗尼亚进程"进一步发展。2003 年，33 个欧洲国家的教育部长在柏林召开会议，总结"波罗尼亚进程"的实施和进展情况，强调建设"欧洲高等教育区"和"欧洲科技共同体"之间的联系和合作，设定在质量评估和两阶段学位领域加强合作的 2005 年中期目标。

第二节　科学技术

一　概况

冰岛科技研发费用占国内生产总值的比重在 1990 年时为 1.1%，1995 年下降为 1.01%，2000 年又迅速上升为 2.3%，2001 年、2002 年均达到 3%，已经提前实现欧盟所提出的在 2010 年要达到的目标，超过欧盟 15 个成员国 1.9% 的平均水平和经合组织成员国 2.26% 的平均水平，在世界上属于最高的行列。2000 ~ 2001 年政府研发经费预算增加了 5.1%，但是由于民营部门研发经费的快速增长，公共资金所占的比例却在降低。冰岛政府 2001 年决定在未来的 3 年中，每年追加 1 亿克朗科研费用，以加强大学的科学研究。同时，它还决定在未来的 3 年中向科学基金会和研究生培训基金会投入 5000 万克朗，以增强大学在支撑知识社会中的作用。

冰岛政府对传统科研部门中公共实验室的资金支持保持不变，同时增加了对海洋环境及渔业的研究资金。冰岛将生物技术和信息通信技术列为目前的重点科研领域。2001 年底，冰岛大学和教育、科学和文化部签署了关于以绩效为基础支持研究的试点框架协议。对公共部门机构的绩效型管理正在被采用。冰岛政府最近还建议重组现存的资助机制，把冰岛研究委员会下辖的科学基金会和技术基金会合并为单一的研究基金会，并创立一个新的技术发展基金会。两个基金会都在自治委员会的管理下运作。2003 年国家预算为教育、科学和文化部、渔业部和工业部一共拨付研发及行政经费 8 亿克朗，其中有约 7 亿克朗是拨付给教育、科学和文化部。2004 年的国家预算又增加了约 4 亿克朗，其中有约 2 亿克朗是资助工业部的科研基金，约有 1 亿克朗用于资助渔业部提高渔业附加值的科研项目。2005 年对这三个部再增加 2.5 亿克朗。2006 年则增加约 2 亿克朗。

人均研发支出费用是衡量一个国家研发投入强度的重要指标。在 2002 年，日本、瑞士、瑞典和美国人均研发经费都超过或接近 1000 美元，冰岛以人均 752.9 美元名列世界第 6，仅次于芬兰的人均 774.7 美元，高于丹麦的 680.5 美元。当然，由于冰岛是个小国，其研发经费仅占经合组织总研发经费的 0.03%。

欧盟统计局 2006 年公布的统计数字显示，冰岛和芬兰科研人员及研发部门雇员的比例最高。这项统计包括欧盟国家及冰岛、挪威、土耳其、俄罗斯和日本等国。2003 年，在冰岛所有从业人员中有 2.24% 是科研人员；而欧盟 25 国科研人员的平均比例为 1.44%。冰岛企业中研发部门的雇员占 0.81%；而欧盟国家的相应数字为 0.35%。

作为小国，北欧各国无力广泛涉及所有的高科技领域，只能紧跟世界科技发展的趋势，依据国力和自身的科技优势有所为有所不为。它们集中力量发展能够带动本国国民经济整体增长的尖端技术领域，如信息科学、生物技术、环境保护研究等。此外，北欧各国还根据国情，开发传统产业优势项目，诸如瑞典的生命科学、芬兰的林业和机械、挪威的水力发电和海洋开发技术、丹麦的医药以及冰岛的地热技术与基因工程。20 世纪 80 年代，经济实力雄厚的瑞士、美国、日本等 19 个国家处于全球新药研究开发核心圈；80～90 年代时，冰岛等国加入这一核心圈。据瑞士国际管理发展研究所于 2004 年 11 月公布的对 1999 年一些国家和地区专利数目的统计，冰岛的专利数目为 6 件，排名第 48位。

冰岛国家虽小，却是个海洋大国，渔业资源丰富，海洋捕捞、养殖条件很好，所以仍把海洋可持续发展放在重要位置。一是重视对保护海洋资源环境的教育。渔业资源实现可持续发展，必须发展养殖业。为发展渔业，保护海洋生态环境已成为人们的自觉行动。二是开展可持续发展的研究。冰岛海洋研究所每年对渔业资源情况进行分析预测，为国家渔业管理委员会确定捕捞控制提供决策依据。联合国大学在冰岛大学的项目基地承担海洋渔业可持续发展的研究，对确定每年鳕鱼合理的捕捞量提出科学的分析方法。三是冰岛政府在控制捕捞、保护海洋生物资源和环境方面，采取了发放准捕证、限定配额、设立专门监管机构、对海产品加工进行安全跟踪、减少污染等有效的措施。

冰岛是火山和地震高发区，因此十分重视对火山和地震的观测和研究。在雷克雅未克市设有"北欧火山学研究中心"。该中心发明通过测定地热水中化学物质的变化来预报地震，并通过 2002 年 9 月发生在冰岛旅游城市胡萨维克市附近的 5.8 级地震验证了其理论。

　　对北极的大规模科学考察，开始于 1957 年的国际地球物理年。当时有 12 个国家的 1000 多名科学家在北极和南极进行了大规模、多学科的考察与研究，在北冰洋沿岸建成了 54 个陆基综合考察站，还在北冰洋建立了许多浮冰漂流站和无人浮标站。

　　冰岛作为北冰洋沿岸国家之一，于 1988 年参加了在列宁格勒（今圣彼得堡）举行的北冰洋沿岸国家科学家会议，共同协商北极科学研究计划，建议成立非政府的国际北极科学委员会（IASC）。经过 4 年多艰苦谈判，在北极圈内有领土和领海的加拿大、丹麦、芬兰、冰岛、挪威、瑞典、美国和前苏联共 8 个国家的代表，于 1990 年 8 月 28 日在加拿大签署了国际北极科学委员会章程条款，成立了第一个统一的非政府国际科学组织——国际北级科学委员会。这虽然是一个"非政府机构"，但章程条款明确规定，只有国家级科学机构的代表才有资格代表其所属国家参加该委员会。1991 年 1 月，该委员会在挪威奥斯陆召开了第一次会议，并接纳法国、德国、日本、荷兰、英国等 6 个国家为其正式成员国。至此，人类在北极地区的国际科学合作迈出了有历史意义的一步。1996 年 4 月 23 日，国际北极科学委员会通过决议，接受已在北极地区开展过实质性科学考察的中国为其第 16 个成员国。

　　1985 年 5 月欧共体正式启动"尤里卡计划"。1986 年 6 月底在伦敦举行的第三次部长会议上确定了 62 个新的科研项目，并把冰岛作为第 19 个成员国吸收进来。虽然冰岛的生物技术研究处于领先地位，但是法律明确规定禁止胚胎干细胞的研究，和法国、波兰等国迄今的立场相同。

　　冰岛和其他北欧国家一道于 2005 年成立了"北欧能源研究机构"，通过生物制氢系统分析，提高生产生物氢的能力。美国 2003 年 11 月与 14 个国家的部长及欧盟委员会签署协议，正式建立"氢能经济国际伙伴关系"（IPHE），协调国际氢燃料研究及技术开发。IPHE 部长级会议第一次会议于 11 月 18～21 日在美国举行。澳大利亚、巴西、加拿大、中国、欧盟委员会、法国、德国、冰岛、印度、意大利、日本、韩国、挪威、俄罗斯和英国的代表与美国代表共同签署了这项协议，并成立了指导委员会和执行委员会。

二　主要科研机构

冰岛技术研究所（IceTec）是一家技术研发与教育机构，位于首都雷克雅未克，已深入其本国市场并取得了很大成功，同时为有特殊需求的国际客户提供服务。该所拥有受过高等教育的科学家、技术专家、管理专家和教育家。他们每年可以处理约 2000 件工作任务，拥有 20 多年与中小企业一起工作的经验。该研究所旨在通过发展、创新和增强生产力来加强冰岛的经济发展，强调适合单个客户需求方案的首创性和灵活性。冰岛技术研究所的核心客户是那些中小型企业，它在与产业界保持密切联系的同时，把工作重点放在研发、技术转移、教育、对大公司及中小企业提供技术支持等方面，并担任提高创新力、生产力和竞争力方面的咨询顾问，为企业直接投资尽快取得回报。在很多情况下，它的研究成果具体表现为成品或技术方案。冰岛技术研究所能够为公司提供有关技术和管理方面的咨询事务，帮助改进产品和生产质量，促进管理的自动化、经济性。该所的主要业务领域是：对生物技术、材料、生产技术、食品技术和环境保护方面的应用研究；技术观测和技术转化；服务企业和企业家；教育和再培训；技术，教育和管理方面的专业咨询服务；在环境事务和信息技术方面提供服务；参与国际项目。

1987 年冰岛标准化委员会（STRI）成立，它隶属于冰岛技术研究所董事会，有三个技术行业标准化组织在其领导下工作，即建筑、信息技术和电子技术行业。1988 年，冰岛标准化委员会成为欧洲标准化局的成员，并参加了北欧间标准化合作组织。作为欧洲标准化局的成员，冰岛标准化委员会的作用是参照欧洲标准制定冰岛标准，并代表冰岛参加国际和区域性标准化团体。1992 年冰岛议会通过了标准制造法。

冰岛对海洋资源的开发研究十分重视。成立于 1965 年的国家海洋研究所是冰岛海洋资源科学研究中心。其主要任务是开展海洋研究，对冰岛周围海域的鱼类资源和其他生物资源进行评估和研究，为合理利用这些资源提出建议和意见，包括每年向渔业主管部门提出有关鱼类种群年度可捕量的建议。该研究所现有工作人员约 150 名，其中有研究人员和助理研究人员 100 名，拥有 3 艘海洋调研船。

冰岛渔业研究所成立于 1964 年。其主要任务是检测研究渔船所捕获的原条鱼的质量以及鱼品加工厂的产品质量；此外还负责对工业企业进行技术和实验方面的支持，并向企业的技术人员开办培训课程。

生物技术是冰岛重要的高新技术领域，处于领先地位的公司是基因解码（deCode Genetics）公司。该公司总部设在雷克雅未克市，是由曾在美国哈佛大学医学院工作的美籍冰岛人卡利·斯蒂芬森教授于 1996 年回国后创立的。该公司通过对冰岛人口资源的研究，探索可遗传常见病致病原因的基因，并针对病因开发新药。该公司拥有世界最先进的实验室。公司的经营目标是通过与国际著名制药企业和医疗保健机构进行合作，通过科研识别致病基因，以便治疗并预防疾病。冰岛独特的地理和历史条件使得冰岛人口组成较为单纯，且同宗同源。冰岛所拥有的详尽文献资料可确定所有当代冰岛人的族谱。此外，冰岛的医疗保健体系也为研究提供了十分完备的个人健康档案。

基因解码公司建立了基因数据库，截至 2005 年已经收集到 61 万已故的和健在的冰岛人的基因数据和各种档案，包括教会记录、人口普查资料等，能查到 10 多万冰岛人的基因状况、健康档案和家谱。这个基因数据库包括遗传基因数据库和通用数据库，前者可以用来识别遗传病，而后者可以用来开发一些诊断疾病的软件，仅这两项就为该公司带来巨额利润。一方面，冰岛人如果要诊断和治疗与有关基因相关的疾病，就必须到基因解码公司做检查和治疗，寻找构成心脏病、糖尿病、哮喘病及其他常见病的基因。在这个领域，该公司已经申请了多项基因专利技术，主要是利用基因诊断和治疗的技术，预计在 5 年内可获得 6 亿美元的收入。另一方面，利用其控制的冰岛人巨大的基因库，该公司可以与世界上任何研究机构、公司等进行合作和交易。该公司已经与美国一家生物技术公司和另一家实验室签署了共同进行心血管系统、神经系统、代谢和心理等 12 种疾病的分子研究的协议，估计在 5 年内可获利 5 亿美元。

该公司以每年 100 万美元向政府购买全体国民的医疗、族谱记录，然后转售给进行有关研究的国家并带来新的收入。冰岛政府在 2003 年和该公司合作，将冰岛居民自愿提供的 DNA、医疗记录及族谱联结输入资料库中，供科学家研究。这项行动的法律依据是"建立全国性健康资料库法案"。这项法案在冰岛议会中获得 3/4 议员的赞同，但也有人权团体抗议政府不应将国民资料卖给私人机构。

冰岛已经有约 11 万成年人将其 DNA 样品提供给基因解码公司，这使遗传学研究在冰岛成为一项全国的科学行动。民众与公司的合作，以及公司在基因数据软件和 DNA 阅读技术上的投资，使基因解码公司成为能够寻找并获得基因资源的先导者。公司拥有的数据不仅能解决心脏病，而且能解决 50 种不同疾病的诊断与治疗。经过数年努力，该公司现在已经进入收获期，正在研发多种新药，其中包括治疗动脉粥样硬化的一种新药。新药的成功试验表明，基于基因操控的新一代治疗手段正在出现。该公司研发的新药投入市场后，全世界都会从冰岛志愿者所贡献的基因中受益。

第三节　文学艺术

一　文学

冰岛有着悠久的文化传统，冰岛古代文学在世界文学史中占有重要的地位。公元874年挪威人开始移居冰岛时，冰岛的语言和文化受挪威的影响很深，但是在以后几百年的发展过程中，冰岛人逐渐形成了自己独特的民族文化和文学。冰岛是北欧文化的集中地，有着"文学之岛"的称号。

冰岛古代诗歌有"埃达"和吟唱诗。那些从挪威传来的神话、传说最初只是通过口头方式广为流传，直到1150年左右才使用拉丁字母将其记录下来，从此产生了具有叙事诗体裁的最早作品，被收集在神话诗集《旧埃达》、《新埃达》中而流传至今。"埃达"一词在古斯堪的纳维亚语言中为"神的启示"或"运用智慧"的意思，后来引申为"诗作"或"写作"。《旧埃达》也称为《诗体埃达》，是在13世纪之前由佚名行吟诗人根据民间流传的诗歌写定成篇，它包括神话诗和英雄诗，共有38篇。神话诗包含有关北欧多神教诸神（奥丁神、托尔神、弗雷神等）以及关于世界的起源、毁灭和再生的传说。英雄诗主要叙述公元4~6世纪欧洲民族大迁徙时哥特人、匈奴人、法兰克人的故事。"埃达"诗的韵律简单，诗句很短，语言风格活泼质朴。

《新埃达》是学者、诗人兼政治家的斯诺里·斯图鲁松（1179~1241）于1222~1225年期间完成的。他把《旧埃达》的神话故事和英雄传说用散文的形式叙述出来，并对《旧埃达》的内容做了一些评述。《新埃达》一直是研究古代北欧文学和历

史的重要资料。斯图鲁松还撰写了属于"国外萨迦"的巨著
《海姆斯克林格拉》(《挪威国王列传》),详细记述了从远古到
1177 年挪威历代国王的传记和王室历史,既有文学价值,又有
重要的史料价值。

　　吟唱诗源自挪威,后来流行于冰岛。它在语言形式和主题思
想上跟埃达诗迥然不同,诗句较长,讲究押韵(有内韵和尾
韵),较多使用特殊的形象比喻即隐喻式,如把船称为"海马"、
大海称为"鲸鱼之路"等。吟唱诗主要是歌颂当时的国王和知
名之士,也描述当时发生的其他事件。吟唱诗人埃伊特·斯卡特
拉·格里姆松(约 910~990)是第一个采用尾韵的北欧诗人。
他在其著名的诗作《赎头》中,介绍和模仿了古英文诗和拉丁
诗的韵律。吟唱诗的韵律复杂,因而诗人的想象力和灵感在无形
中受到限制,诗的内容也相应地比较贫乏。

　　到 13 世纪时,冰岛成为残留的海盗文化的遗存地和巨大宝
库。源于对古代北欧历史传统的深厚感情,冰岛人记载下一个个
动人的北欧海盗英雄的传奇故事。他们笔下的海盗世界是这样
的:性格刚毅的妇女保卫着家庭的利益,甚至还经常驱使她们的
丈夫去进行残暴的掠夺。北欧妇女和丈夫解除婚姻常常是因为丈
夫懦弱无能,或者只是因为穿着打扮缺少男子汉气概。他们在极
为恶劣的环境中也能生存发展。

　　冰岛古代的"萨迦"即英雄传说,是散文叙事体文学。"萨
迦"一词源出于德语,本义为"故事"和"传说"。13 世纪前
后,挪威人和冰岛人把过去叙述祖先英雄业绩的口头创作用文字
记载下来,加工整理就成了"萨迦",包括神话和英雄传奇,具
有比较浓厚的浪漫主义色彩。所涉及的历史事件大多发生在 9 世
纪中叶至 11 世纪中叶之间。冰岛人此时生活在氏族社会制度之
下,"萨迦"反映了氏族社会的生活习俗、宗教信仰和精神面
貌,兼有人物传记、族谱和地方志的特点,同时也表现出作者进

行文字加工的艺术技巧。它在故事题材和创作风格上对北欧文学的影响颇深，因而是有历史价值的文学著作。

流传至今的"萨迦"不少于 150 种，大致可分为"史传萨迦"和"神话萨迦"两大类。"史传萨迦"也称"家族萨迦"，主要作品有《得土记》和《冰岛人萨迦》。前者含有公元 930 年以前去冰岛定居的名人年表和许多关于宗教、法律、习俗的有价值的资料。后者记述自 950～1130 年冰岛有名望的人物的生平、成就和他们的家世，共有 30 多篇，分为长篇和短篇。短篇中最著名的首推《贡恩劳格萨迦》，写的是诗人贡恩劳格和美人海尔嘉之间缠绵悱恻的爱情悲剧，文笔简洁，主题突出。长篇中的名著有：①《尼雅尔萨迦》，描写复仇心理和法治观念之间的矛盾。主人公尼雅尔是个贤德的人，但在竞相仇杀的氏族社会里不可能实现他的法治理想，终于被仇人烧死。这部作品中有善和恶的斗争，也有阴谋和爱情的冲突，结构复杂，人物性格刻画得非常鲜明。②《拉克斯峡谷萨迦》，描写爱情、嫉妒和仇杀，情节曲折，与德国中世纪的英雄叙事诗《尼伯龙人之歌》有相似之处。③以诗人埃吉尔·斯卡拉格里姆松的名字为名的《埃吉尔萨迦》，描写 9、10 世纪挪威的社会政治状况，有些地方反映了自由和专制的矛盾。④《格雷蒂尔萨迦》，叙述一个智勇双全的英雄同敌人的优势兵力作战，结果惨遭杀害。⑤《红色埃里克萨迦》，讲的是 9 世纪 80 年代冰岛人驾驶原始的木船穿过浩瀚的大洋，在发现格陵兰岛之后还远航到美洲的东海岸。

"家族萨迦"还包括"王室萨迦"。其中的《斯德龙萨迦》是叙述 12～13 世纪冰岛政治斗争的故事，其中许多篇目是斯诺里·斯图鲁松的侄子斯图拉·多尔塔尔松以具体历史事件为线索撰写而成的。以上这些"萨迦"把讲史和想象性创作结合起来，既是历史的记录、珍贵的历史文献，同时也是优秀的古代文学作品。

此外还有"宗教萨迦"。11世纪中叶,基督教传入冰岛后,教徒们利用"萨迦"的形式宣扬基督教教义,赞颂有名的主教或教士,如《劳伦蒂斯萨迦》。

"神话萨迦"则包括属于神话一类的古代英雄传说,有些则是根据原有的神话传说改编而成,有《伏尔松萨迦》、《奇数箭萨迦》、《弗里蒂萨迦》等。冰岛古诗是日耳曼各民族在基督教时期以前的神话及英雄史诗和传奇得以保存至今的最为丰富的来源。它们并不是冰岛一国的文化遗产,而是北欧乃至欧洲各国古代共同的文化珍宝。

从14世纪中期开始,"萨迦"创作艺术逐步衰退,继之而起的是编年史作品和骑士小说"罗曼斯"。冰岛的散文体叙事文学从此逐渐失色,韵文成为主要的文学体裁,有宗教诗和用各类浪漫主义题材编写的半民间诗体故事,其中最为独特的是"关于斯基迪的韵文诗",它记述了浪人斯基迪进入神宫的故事。这一期间的重要文学家是担任霍拉教区主教的约恩·阿拉松(1484～1550)。

14世纪至18世纪中叶的文学作品,同古典文学相比较,不论在主题思想和艺术价值方面都大为逊色。印刷术和纸张虽于16世纪已传到冰岛,但直到18世纪仍为教会所垄断,普通人不得不用手抄世俗的书籍,包括古代的"萨迦"。他们整理了黄金时代的古典文学,使它得以流传。作为丹麦的附属国,冰岛人民在艰苦的环境中为保护本民族文化进行斗争。他们坚持不懈地从事诗歌创作,出现了一些有影响的诗人,其中以哈尔格里米尔·彼得松(1614～1674)和约恩·维达林(1666～1720)为代表。前者是教士出身,以写宗教赞美诗见长,他的作品以《耶稣受难赞美歌》最为著名,冰岛人举行葬礼时都采用这首歌。他的《圣歌五十首》在冰岛再版达60多次,并被译成包括汉语在内的多种文字。维达林的《启示》在冰岛也是家喻户晓。他们的作品有许多精辟的警句。

18 世纪启蒙运动时期，埃吉尔特·奥拉夫松（1726～1768）从事冰岛自然史和地理的研究，同时崇拜冰岛古典文化，也是著名诗人，发表过大量诗篇，以诗集《农民阶层》最为著名。他最先用诗歌描写冰岛优美的自然风光，把冰岛比喻为"高山妇人"，冰岛的诗歌和绘画艺术至今仍不断借鉴这一比喻。诗人约恩·索尔劳克松（1744～1819）、贝尼迪克·格伦达尔（1762～1825）等除了写诗之外，还翻译了英国诗人蒲伯的诗作、弥尔顿的《失乐园》等，对冰岛的诗歌创作产生了一定影响。西古德尔·彼得松（1759～1827）是冰岛第一位剧作家，写了两部莫里哀－霍尔堡式的喜剧《克劳尔福尔》和《纳尔费》。作家约恩·斯坦恩格里姆松（1728～1791）发表了一部自传体小说，生动地描写了自己的生活历程，而且也是同时代人生活的真实写照，深受读者欢迎。

19 世纪初，随着浪漫主义文学的崛起以及"萨迦"等古代文学传统的恢复，促使冰岛文学有了进一步发展，也激起了冰岛民族复兴的希望。冰岛人民开展了争取民族独立的斗争，要求摆脱丹麦的统治。1816 年"冰岛文学社"宣告成立。许多诗人写诗唤醒人民对祖国及古代文化的热爱，鼓舞他们进行斗争。这时的诗歌创作更加注意语言的纯洁性，而不是简单地模仿古代语言。其中有几位重要的诗人对冰岛文学的发展作出了贡献：民族主义者比亚尔尼·索拉伦森（1786～1841）第一个把浪漫主义文学介绍到冰岛，创作了不少有浪漫主义色彩的抒情诗。他的诗继承了冰岛古诗的风格，也受到外国文学的影响，其代表作是《回忆冰岛》一诗。约纳斯·哈尔格里姆松（1807～1845）既是自然科学家，也是冰岛浪漫主义文学最重要的诗人。他的诗作描写冰岛的自然风光，激发人民的爱国热情。他于 1835 年在哥本哈根创办《菲约尔尼》杂志，发表民族主义诗歌等。斯文比约恩·埃伊尔松（1791～1852）是一位优秀的诗人，他给古代吟唱诗和"埃达"诗做过注释，还把荷马史诗译成散文体冰岛文。

诗人格里姆·托姆森（1820～1896）的诗作富有鲜明的民族特色，同时也是北欧负有盛名的文艺批评家，并从事古希腊诗歌的翻译工作。马蒂亚斯·约胡姆松（1835～1920）是冰岛国歌的词作者，他写的赞美歌、挽歌和以历史为题材的诗歌比较著名，还写有第一部剧本《流放者》。他也是著名翻译家，翻译过莎士比亚和易卜生的剧作、拜伦等人的诗。在1880年前后形成的冰岛现实主义文学中，代表作家之一是杰斯蒂尔·保尔松（1852～1891）。出版商索尔斯坦·埃尔林格松（1858～1914）是冰岛诗歌界第一个社会主义者，年轻时宣传自由思想和社会主义。他擅长于创作尖锐而机智的讽刺诗，并把自己的诗称为"尖刺"。他对同时代作家和文学爱好者有很大影响。同时代的另一位著名爱国诗人是律师艾纳尔·贝内迪克松（1864～1940）。冰岛著名诗人霍伊塔达尔的斯坦芬·西古德松（1887～1933）和达维兹·斯特凡松（1895～1964）对于现代诗歌的发展作出了贡献。前者发表诗集《流浪者之歌》（1918）和《神圣的教堂》（1924），后者最重要的诗集是《黑色的羽毛》（1919）以及《诗集》（1922）、《致意》（1924）和《新诗集》（1947）。这些诗作成为冰岛诗歌的转折点，歌颂青春，歌颂爱情和自由，语言朴素自然。

第二次世界大战后，出现了现代派诗人。他们的诗作不太讲究传统诗歌的韵律，表现的方式比较自由，语言精炼，想象丰富，50年代以来在冰岛诗坛居于主导地位。最重要的现代主义诗人是斯坦恩·斯坦纳尔（1908～1958），他积极推动冰岛诗歌改革，提倡现代主义，对50年代"原子诗人"产生很大影响，他的代表作是诗集《时光与水》（1948）。1946～1953年斯坦芬·霍尔德尔·格里姆松等5位诗人相继发表处女诗作，由于当时处于原子时代，因此他们被称为"原子诗人"。沃尔的约恩·约恩松（生于 1917 年）也是一个重要的现代派诗人，在作品《渔村》中，他用现代手法描述了冰岛西部一个地道小渔村中人们的生活与命运，诗作的风格明显受到法国超现实主义的影响。他们的作品反映了第二次世界大战后冰岛的现实生活。

斯诺里·雅尔塔尔松（1906~1986）原来是画家，居住在挪威。他的第一部作品是用挪威语创作的长篇小说《高高飞翔的渡鸦》（1934），描写一位艺术家在爱情和事业上的困境。他于 1936 年回到冰岛，在首都市立图书馆工作，1943 年任馆长。他一共发表过四部诗集：《诗》（1944）、《在格尼塔海兹》（1952）、《叶子和星星》（1966）和《秋天的黑暗笼罩着我》，其中最后一部诗集于 1981 年获得北欧理事会文学奖。他试图把新的诗歌手法和古老的传统手法结合在一起。诗人汉纳斯·彼得松则以一种十分个性化的方式，使冰岛诗歌从斯泰因·斯泰纳尔的基础上又向前跨进了一步。

冰岛文学受诗体"萨迦"的影响很深，作品的体裁主要局限于诗歌。18 世纪中叶外国小说开始被介绍到冰岛。19 世纪中叶，冰岛作家开始创作小说，1900 年后日益繁荣，逐步取代了几世纪以来一直处于领先地位的诗歌。被誉为冰岛小说家鼻祖的约恩·托罗德森（Jon Thoroddssen, 1818~1868）于 1850 年发表了冰岛第一部长篇小说《少男少女》。作者受到古代"萨迦"以及英国作家司各特和狄更斯的影响，以生动幽默的笔触描绘人物和事件。他的另一部长篇小说《丈夫和妻子》在他死后于 1871 年才出版，描写 18、19 世纪冰岛的农村生活。盖斯图尔·波尔松（1852~1891）是现实主义作家、早期的社会主义者。他的作品讽刺权贵，对被侮辱和被损害的大众寄予同情。他的短篇小说《他的摇篮》反映了雷克雅未克劳动者的生活。19 世纪

80 年代，冰岛出现了历史小说；90 年代出现了历史剧。

　　进入 20 世纪以后，冰岛工人运动开始发展。特别是俄国十月革命的胜利，对冰岛文学产生了深刻影响。拉克斯内斯是 20 世纪冰岛和欧洲最著名、最受尊重的小说家和文学家之一，他是一位多产作家，一生写有 60 多部作品，先后被译成英、法、中、俄等 43 种文字，出版次数超过 600 版，已有 9 部小说被搬上银幕，其中最著名的是《独立的人们》。

　　哈尔多尔·基尔扬·拉克斯内斯是笔名，其真名为哈尔多尔·古兹永松。拉克斯内斯 1902 年 4 月 23 日生于雷克雅未克。他曾在拉丁学校和雷克雅未克一所中学修业，中途辍学并开始文学创作。17 岁时出版第一部小说《自然之子》（1919），反映了他在童年接触的大自然之美。以后他又陆续写了一些散文和诗歌。20 岁时他到欧洲大陆旅行，接触到艺术中的现代主义流派，对表现主义、超现实主义等很感兴趣，同时也接触到宗教思想。1923 年在卢森堡公爵领地一寺院内居住一年多，皈依天主教，并写了长篇小说《在圣山下》（1924），描写他的这一段经历。1925 年完成长篇小说《来自克什米尔的织工》（1927），描写来自克什米尔的一个青年织工在各种思潮中为选择一种信仰而苦恼，最后宣告"上帝胜过女人"而皈依了天主教，这表明了他本人世界观的剧烈转变。1927～1930 年他旅居美国和加拿大，与美国作家厄普顿·辛克莱成为好友，并深受辛克莱的影响。1930 年他回到冰岛，结婚后定居于雷克雅未克，专门从事文学创作。以后曾两次访问苏联，并到过西班牙等国。

　　30 年代，他以冰岛历史上重大事件为题材，写作多卷本长篇小说《洁净的葡萄树》（1931）和《海岸的鸟》（1932）。作品以一个渔村为背景，描写穷苦的渔家女子萨尔卡·瓦尔卡的坚毅、果敢而又纯洁的性格，她面对渔村中的贫困与黑暗从不退缩。作品被译成多种文字出版，使他在文学领域中取得无可争辩的地位，并得到冰岛政府每年向成名作家颁发的年金。

他的长篇小说《独立的人们》（1934～1935）描写贫苦农民比亚图尔坎坷的一生。比亚图尔为获得土地和独立自主而进行了不屈不挠的斗争，最后在孤立无助中爱上了同样具有独立性格的养女阿丝达，与她相依为命，矢志创造新的生活。另一部长篇小说《世界之光》（四部曲，1937～1940）取材于19世纪冰岛民间一个贫穷诗人的痛苦经历。他并非英雄，却自以为可以给世界带来光明，结果在腐败堕落的社会中悲惨地度过一生。

在40年代，他创作了总名为《冰岛之钟》的三部长篇小说：第一部《冰岛之钟》（1943），第二部《聪明的姑娘》（1944），第三部《哥本哈根的火光》（1946）。小说描写17世纪冰岛人民反抗丹麦统治的斗争。主人公奥尔尼·马格努松是丹麦国王的朋友，但又是维护祖国冰岛独立和尊严的战士，他处于对朋友的忠诚和对祖国的忠诚的矛盾之中，最后他的复兴祖国的计划遭到失败。1948年出版著名的讽刺小说《原子站》，抨击执政当局出卖国家利益，把冰岛变成外国的空军基地，并号召冰岛人民为保卫民族独立而斗争。

他的长篇小说还有通过历史故事表达反战意愿的《歌颂英雄的萨迦》（1952），表达对幸福和人生价值奋力追求的《布雷克科特村编年史》（1957）、《得乐园》（1960）等。他的小说大多贯穿对社会的批判精神，为被压迫被剥削者执言。他采用超现实主义手法写了一些抒情诗；还写了一些剧本，如《银月》（1954）、《鸽子宴》（1966）等。1963年，他出版了回忆录《诗人的时光》，把他从20岁到43岁、即从第一次世界大战到第二次世界大战结束期间的各种重要经历作了浮光掠影式的回忆，同时对世界各地的社会生活、文学艺术及政治情况等进行了评述。他还翻译过海明威和伏尔泰等人的作品。

拉克斯内斯于1953年获得斯大林文学奖，1955年获得诺贝尔文学奖。他曾访问过中国，并为中国作家叶君健在冰岛出版的长篇小说《山村》写了一篇热情洋溢的序言。他的几部作品已经译成中文出版。冰岛不少作家用挪威文和丹麦文进行创作，而拉克斯内斯坚持使用冰岛文。他于 1998 年 2 月去世，冰岛政府举行了盛大的国葬。2002 年 4 月为纪念拉克斯内斯诞辰 100 周年，冰岛大学举办各种纪念活动，雷克雅未克市长在拉克斯内斯的故居主持了纪念雕塑的揭幕仪式。

贡纳尔·贡纳尔松（Gunnar Gunnarsson，1889~1975）也是 20 世纪冰岛著名作家。1897~1939 年他居住在丹麦，用丹麦文创作了 40 多部作品，内容都与冰岛有关。他主要写有多部长篇巨著，大多是对往昔的回顾以及历史题材小说，很少涉及冰岛国内当代政治。他的第一部长篇小说《鲍里家族史话》（1912~1915）是四部曲，主要描写冰岛的工业化进程与农民陈旧观念之间的冲突，揭露了丹麦对冰岛在经济上残酷压榨，反映了冰岛人民要求摆脱丹麦统治和争取民族独立的强烈愿望。他的第二部长篇小说是六卷本《山上的教堂》（1923~1928），是自传体，描写一个名叫乌吉·格雷帕松的农家子弟成长为作家的生活道路。1929 年，贡纳尔松发表了他最重要的作品《黑鸟》，展示了 19 世纪初暴力与情欲、命运与罪孽交织的场面。此外，他还发表了许多历史题材小说。其中《登陆》描写了公元 870 年挪威人首先在冰岛登陆定居的故事，原计划写 12 卷，从 1912 至 1952 年出版了七卷。

1939 年贡纳尔松回到冰岛居住后出版了长篇小说《荒野的悲哀》（1940）和《安魂弥撒》（1952），都是描写贫苦农民在农村现代化社会变革过程中所经历的困难和问题。他写作的《海边奏鸣曲》（1954）是描写人与自然、土地关系的长篇小说。他还写有诗集、论文和九部短篇小说，最有名的短篇小说集是《基督降临节》（1937）。

冰岛现代作家还有诗人 S. 斯提纳尔、H. 希福松、西格福斯·达达松，小说家丁·比艾斯松、A. 索尔查松等。

20 世纪 60 年代，出现了两位女作家。雅科比娜·西古尔查多蒂尔（生于 1918 年）出身于农家，是讽刺小说家，作品有《圈套》（1968）和《活水》（1974）。施瓦瓦·雅科布斯多蒂尔（生于 1930 年）是出色的短篇小说家和剧作家，1969 年出版了第一部社会讽刺小说《食客》。

北欧理事会于 1992 年 3 月 3 日在赫尔辛基举行 1992 年度北欧理事会文学和音乐奖颁奖仪式，冰岛女作家弗丽达·西古达多蒂尔（生于 1941 年）和瑞典作曲家安德斯·埃利亚松分别获奖。西古达多蒂尔因 1989 年创作的长篇小说《夜幕中》而获文学奖。评奖委员会认为，这是一部勇于创新并富有诗意的作品。这部小说此前曾获得冰岛全国文学奖。

埃纳尔·卡拉松（Einar Karason，生于 1955 年）是冰岛当代最受欢迎的作家之一，1988～1992 年曾任冰岛作家协会主席。他的三部曲《在魔鬼岛屿出现的地方》、《金岛》和《希望之乡》（1983～1989）以 50 年代雷克雅未克一个家庭为中心，通过对冰岛农牧民及渔民文化与美国文化之间的矛盾和冲突的描写，生动反映了战后冰岛的巨大变化。

艾纳·马尔·古德芒德松（Einar Mar Gudmudsson，生于 1954 年）的三部曲《旋转楼梯上的骑士》（1982）、《房顶上有翅膀在拍击》（1983）和《雨点的尾声》（1986）记述了雷克雅未克从一个小村庄发展成一座大都市以及一代新人发展成长的过程。他的长篇小说《宇宙天使》（1993）获得 1995 年北欧理事会文学奖，该小说还被改编成电影。小说的主人公是个精神病患者，由于是站在精神病世界写的，所以外面的正常世界反而显得处处古怪滑稽。该书已被译成中文出版。

北欧理事会文学奖评委会 2005 年 2 月 23 日在赫尔辛基把

2005 年度北欧文学奖授予冰岛作家雄（Sjon）。他以小说《幽灵》获此殊荣，奖金为 35 万丹麦克朗（约合 4.7 万欧元）。雄出生于 1962 年，16 岁时出版了第一部诗集，25 岁时出版了第一部小说。《幽灵》是他于 2003 年出版的第五部小说，把冰岛 19 世纪浪漫的民间传说写成一部迷人的故事，着重强调现代伦理道德观念。

二 戏剧

冰岛的民族戏剧发展得比较晚，戏剧活动最早出现于 1720 年左右，当时教会为传播宗教教义而用拉丁语演出一些短小的宗教剧。从 1784 年起，教会的拉丁语学校开始在首都雷克雅未克演出一些欧洲剧作家的剧目，其中大多是丹麦剧作家 L. E. 霍尔堡和法国剧作家莫里哀的喜剧。1791 年，雷克雅未克附近的斯考尔霍特拉丁语学校首次上演由冰岛人创作的剧目，标志着冰岛民族戏剧开始有所发展。1888 年，冰岛建起了第一座固定剧院，为冰岛戏剧的发展创造了良好的条件。1897 年成立了冰岛戏剧协会，直到 1930 年冰岛才有了职业剧团。

冰岛第一位民族剧作家是西格纳多·彼得森（1759～1827），在他的剧本中，常常采用讽刺小品的形式来反映当时的社会现象。诗人马蒂亚斯·约胡姆松于 1861 年创作了冰岛第一部经典性剧作《流放记》，描写绿林好汉的故事，人物形象生动逼真。剧作家因德里齐·埃纳尔松（1851～1939）是一位很有影响的剧作家，他于 1871 年发表处女作《除夕》受到观众的欢迎。他曾经建议成立国家剧院，写有问题剧和历史剧，也翻译过莎士比亚和易卜生的剧本。他以冰岛民间传说为题材的作品，开冰岛浪漫主义戏剧的先河。约翰·西古尔永松（1880～1919）是冰岛戏剧史上的先驱者之一，他原在丹麦学习兽医，后来从事戏剧创作，曾用冰岛文、丹麦文写了五部话剧，以创作悲剧闻名于欧洲。他在 1911 ～ 1912 年以冰岛民间传说为素材创作的优秀剧作《山间的埃维恩杜尔》，描写了饮食与情欲这两种人类本能之间的矛盾和冲突。他的悲剧《加尔达拉罗夫杜尔》（1915）描写了人的愿望和用智慧力量同黑暗势力展开搏斗，被誉为冰岛的"浮士德"式作品。他还写有《他的妻子》。

1897 年冰岛戏剧协会成立，这标志着冰岛戏剧开始向专业化方向迈进。戏剧协会拥有自己的演出剧场和一批导演和演员，有一套经常轮换上演的保留剧目。在这一时期涌现了一批优秀剧作家和剧作，其中以大卫·史蒂文森（1895 ～ 1964）及其剧作《金门》（1941 年）、西格纳多·诺达尔（生于 1886 年）及其剧作《复活》（1946）等尤为著名。这两部剧作曾在北欧各国和英国公演，轰动一时。

1950 年国家剧院的建立标志着冰岛戏剧的发展进入新的历史阶段，从此冰岛戏剧日益走向成熟，其导演、表演艺术和舞台美术的水平都有了提高。现代冰岛戏剧主要是朝着两个方向发展的，即传统的乡土戏剧和创新性的实验戏剧。传统的乡土戏剧主要取材于民间传说，乡土气息比较浓厚，体现出朴实自然的风格，这类作品大多属于幽默喜剧。而创新的实验戏剧主要以现实的社会问题为内容，反映家庭关系、伦理道德以及个人价值观念与宗教信仰等等的变化，这类作品在很大程度上受现代主义戏剧的影响，形式多样新颖。阿格纳·托尔达松（生于 1917 年）的闹剧《原子和妇人》（1955），把西方社会现代化的繁荣假象和冰岛乡村的古老道德观念进行了对比。在诺贝尔文学奖获得者 H. K. 拉克斯内斯所创作的一系列"社会喜剧"中，把传统的闹剧、讽刺剧乃至宗教剧的技巧和现代的易卜生式问题剧、布莱希特史诗剧等手法等融合在一起，创作了《冰岛之钟》（1950）、《银月》（1954）、《鸽子宴》（1966）等代表作品，获得较高声誉。他的《出卖了的摇篮》(1954) 曾经在冰岛和欧洲许多国家演出过。

50 至 60 年代出现的剧作家既有继承乡土戏剧传统的剧作家约库特·雅各布松(生于 1933 年)和艾纳·帕尔森(生于 1925年)等,也有发扬实验戏剧精神的厄杜尔·比约恩松(生于1932 年)、约纳斯·奥尔纳松(生于 1923 年)等。热衷于实验戏剧的"面具剧团"上演布莱希特和尤内斯库等人的作品,也培养了一批本国的剧作家,包括艾尔林格·哈尔道森(生于1930 年)、古德蒙德·斯坦森(生于 1925 年)和麦格纳斯·琼森(生于 1938 年)等。

70 年代以后,冰岛出现了两位引人注目的年轻女剧作家斯瓦瓦·雅科布斯多蒂尔(生于 1930 年)和尼娜·阿纳多德(生于 1941 年)。1974 年,冰岛话剧演员前往欧洲、拉丁美洲和美国演出短剧《伊努克》,曾轰动一时。

冰岛戏剧艺术家对中国古典戏剧抱有浓厚兴趣。早在 1954年冬,冰岛一个著名剧团在雷克雅未克国家剧院上演了中国古典戏剧《琵琶记》,并连续上演了 4 个月,座无虚席;随后又上演了另一部中国古典戏剧《珍珠记》。

表 6 – 2　剧院统计

	1995~1996 年	2000~2001 年	2003~2004 年
剧院数目	7	8	6
舞台数目	11	13	11
排演作品数目	53	85	80
演出剧作	37	63	46
演出场次	871	1524	904
观众总人次	233555	276155	230172

资料来源:冰岛国家统计局。

三　电影

冰岛电影业虽然早在 1906 年就已经诞生，但是真正开始发展则在十几年之后。1919 年一个丹麦摄制组在冰岛拍摄了根据冰岛畅销小说改编的影片《博格一家的故事》，片中所展示的冰岛美丽风光使人们开始领略到电影的独特魅力。1944 年冰岛获得完全独立之后，民族电影业焕发出蓬勃的生命力。导演奥斯卡·吉斯拉松于 50 年代拍摄了一批具有纪录风格的影片。加布埃尔·阿克塞尔把冰岛英雄传说《红披风》搬上银幕（1967）。雷尼尔·奥德松拍摄的《谋杀的故事》（1977）则开启了冰岛电影的一个新时代，影片中可以清晰地看到法国新浪潮电影的影响。

为了发展电影事业，冰岛政府于 20 世纪 70 年代末成立了电影基金会作为电影主管部门和资助机构，隶属于教育、科学和文化部。一批从国外学习归来的年轻导演与在电视台工作的一些志同道合者成为冰岛电影的中坚力量。他们拒绝好莱坞式的商业电影，立足于本国民族文化题材，除了继续把冰岛的英雄传奇搬上银幕之外，还将冰岛的美丽风光和现实生活中的故事结合起来，使冰岛电影在国际影坛开始声誉鹊起。例如毕业于英国国立电影学校的奥古斯特·古德门松的处女作《土地和儿子》、赫拉芬·京勒伊革松的《父亲与遗产》（均为 1980 年）等。

80 年代以来，冰岛电影业在经济上一直处于困境，但是观众大力支持自己的民族电影，使冰岛电影仍能产生引人注目的作品。例如斯来恩·贝特尔松执导的《马格努斯》和索尔·弗里德里克松执导的《自然的孩子们》均获得欧洲电影奖提名，后者于 1991 年获得欧洲的"费力克斯"最佳音乐奖。在第 21 届莫斯科电影节上，冰岛导演奥古斯特·古德门松被评为"最佳导演"。由冰岛和美国合拍的电影《飞向天堂》，参加了 2006 年 6 月在上海举行的上海第九届国际电影节展映。

电影《爱情的追忆》（Children of Nature）在 1991 年获蒙特利尔电影节最佳艺术贡献奖，于 1992 年获得奥斯卡最佳外语片提名。该片由冰岛电影公司、德国及挪威联合摄制，导演是弗里德里克·索尔·弗里德里克森，讲述一位老农夫的故事：他独自一人住在冰岛北部，后来决定搬到首都和亲戚一起居住，但事情并不像他所计划的那样，他年轻的亲戚完全来自另一个世界。后来老人搬到了一个老乡家里，他偶然遇到自己童年时的恋人，他们决定重访他们度过童年时光的霍斯特若德海岸。他们从养老院逃出来并偷走了一辆吉普车，警察便开始调查此事，故事由此展开。

冰岛人几乎都是热心的影迷，他们高达人口总数的 90% 以上。他们总是花更多的钱去看本国电影，而不愿看进口电影。为了维持必要的电影票房，不少观众甚至反复买票去看同一部电影，从而维护了在 80 年代时每年只有 2、3 部、甚至只有 1 部作品的本国电影业的生存。雷克雅未克市现在最大的影城是 Haskolabio 影城。

冰岛电影制片公司是冰岛最大的电影制片公司，每年拍摄几部到十几部影片，有喜剧片、警匪片、鬼怪片，也有音乐片和儿童片，而真正的电影是反映当地生活、日常小事和平凡人的影片。

近些年来，越来越多的外国影片和广告片选择冰岛独特的风光作为外景拍摄地，蓝色的蓝湖、间歇喷泉、冰川及火山湖等都成为摄影师选择的热点。包括"007 系列"电影《择日再死》、《蝙蝠侠：侠影之迷》、《古墓丽影》等许多著名影片都曾在冰岛拍摄外景。

表 6 - 3 首都地区电影院

	1995 年	2000 年	2004 年
电影院	6	7	7
放映厅	23	26	27
座位总数	5841	6210	5703
每周放映场次	665		
看电影总人次（万）	120.9	139.0	124.0
人均看电影场次	7.6	7.9	6.8
故事片首映场次	189	164	167
冰岛语影片	7	6	4

资料来源：冰岛国家统计局。

四 音乐

冰岛的民间音乐最早起源于移民时期挪威农民的音乐艺术。这些农民创作了反映航海者和渔民严酷生活的歌曲、叙事故事以及伴随着它们的乐器演奏。以后，随着基督教的传入及其在冰岛的确立，冰岛民间音乐便受到格里戈里教堂圣歌的很大影响。在冰岛的民间音乐中，几乎完整无缺地保存着古斯堪的纳维亚音乐的许多特点，包括音调的全音阶的严格、协调，古老的和声，不很精确的拍节结构，自由的、不规则的韵律。

冰岛古代的音乐主要限于民歌或歌谣，后来曾经出现现已不通用的一种弦乐器称为"langspil"。由于冰岛十分缺少乐器，所以歌唱就成为非常普遍的音乐表达方式。大约在 20 世纪初，由于冰岛的学校不能开设音乐课程，有一小部分人就到国外学习音乐，这些人回国后便开设音乐课程。作曲家托尔斯托松（1861～1938）是冰岛民间音乐的著名收集者和研究者，他对冰岛民间音乐的继承和发展作出了重要贡献。此外，还有许多音乐

家也对冰岛的传统民歌加以整理、改编，如希·赫尔加松
（1848～1922）、加·赫尔加松（1839～1903）、克里斯基扬斯唐
（1858～1939）、拉克斯达尔（1865～1928）、厄纳尔松（1877～
1939）等。这些作曲家的作品成为 19 世纪末 20 世纪初冰岛民间
音乐创作的基础。现代冰岛音乐创作受到现实主义风格、特别是
欣德米特形式主义流派的影响。属于现实主义流派的冰岛作曲家
有佐伊尔弗松、帕尔松等。

　　冰岛人第一次尝试组建一支交响乐队可以追溯到 1874 年，
当时丹麦国王为庆祝人类定居冰岛 1000 周年到冰岛访问，冰岛
人为此组建一支乐队，为丹麦国王举办了音乐会。此后音乐会在
冰岛迅速普及。1930 年为庆祝"阿耳庭"议会成立 1000 周年再
度举办音乐会，很多丹麦音乐家应邀到冰岛演出。两年后，雷克
雅未克音乐家协会成立。在此后的 20 年，冰岛交响乐业余爱好
者举办了多场音乐会。直到 1950 年，在冰岛政府、雷克雅未克
市和国家广播事业局的大力资助下，终于成立了冰岛交响乐团，
当时由 40 名音乐家组成。但是一直到 1982 年，冰岛议会才通过
认可乐团演奏合法的法律。目前冰岛交响乐团拥有签约音乐家
70 多名。

　　在过去 40 多年里，冰岛首都的音乐文化取得了巨大进步，
举行了很多交响音乐会和室内音乐会，歌舞剧、戏剧、演说和合
唱音乐会。各音乐学校也提供高质量的音乐培训。冰岛交响乐团
每年冬季定期举办捐助音乐会，演奏冰岛以及外国作曲家的经典
曲目和现代音乐作品。乐团还定期为国家广播公司录制作品，这
些作品在冰岛和国外几家广播电台播放。

　　当代冰岛享誉世界的最著名歌手是比约克。比约克·古德门
兹多蒂尔 1965 年 11 月 21 日出生于雷克雅未克，她的音乐风格
影响了很多女歌手。她在雷克雅未克上小学时从师学习钢琴和长
笛演奏，一开始便表现出良好的音乐天赋。在 11 岁时，她的首

张同名专辑便告推出，大多为流行名曲的翻唱，专辑推出后在当地颇受欢迎，从此比约克这个名字在冰岛家喻户晓。70年代末，朋克浪潮的震荡让比约克的音乐理念发生巨大转变，使她对后朋克产生了浓厚兴趣。1979年，她组织了一支名叫"出走"的后朋克乐队。1981年她另组塔皮·提卡拉斯乐队。1982年，乐队的两首单曲揭开了冰岛的"新浪潮时代"，在冰岛现代音乐史上被称作"雷克雅未克摇滚运动"。在1983年专辑《米兰达》推出后，比约克组成后朋克乐队"库克"。1986年，"库克"与克拉斯唱片公司签约并更名为"糖块"，比约克是该乐队主唱，该乐队成为冰岛摇滚乐队中的佼佼者。

该乐队于1992年解散后，比约克赴伦敦谋求发展。她开始对电子舞曲音乐发生兴趣。她单飞后的首张单曲唱片《人类行为》于1993年6月推出。一个怪诞的比约克横空出世，成为比约克转变风格的第一个标志。在此基础上，比约克推出了单飞后的首张专辑《处女作》。其中的《男孩般的维纳斯》和《纵情》飞快地打入了英国排行榜，并令她成为欧美歌坛站在最前列的先锋女将。在这一年末，《新音乐快讯》杂志将《处女作》评为当年最佳专辑，比约克获得当年英国唱片工业大奖中的"最佳国际女艺人奖"和"最佳新人奖"。《处女作》在美国达到金唱片销量，在英国更是获得了白金销量。

冰岛花腔男高音布鲁诺·塞巴斯提安是当今世界十大男高音之一。1998年9月在北京劳动人民文化宫内的太庙上演的歌剧《图兰多》中和2002年9月在北京世纪剧院举行的歌剧精选音乐会上，他富有穿透力、稳定和充满活力的演唱，倾倒了在场的中国乐迷。2003年9月，他在作为首届北京国际戏剧演出季的开幕演出、世界超大级景观歌剧《阿依达》中饰演拉达梅斯。

连续数年荣膺"雷克雅未克最佳音乐组合"桂冠的冰岛爵士乐队，是全球第一支将冰岛传统民乐与爵士曲风相结合的乐队，并且在很短时间内将这一突破性的尝试扩展到整个北欧地区。该乐队作为冰岛流行乐界的杰出代言人到许多国家进行巡演，并曾与多位世界知名音乐家合作。该乐队曾于 2004 年 10 月到上海举行演出。

约瑟夫·冯（冯嘉祥）是冰岛籍世界著名华人吉他演奏家、作曲家、电脑音乐制作家，他在年轻时以世界考生第一名成绩进入英国皇家音乐学院，师承世界吉他大师约翰·威廉斯，毕业后入该院研究院深造，后考入荷兰阿姆斯特丹音乐学院专攻作曲，再考入维也纳音乐与表演艺术大学研修吉他，受聘于冰岛音乐学院、英国修伏特大学、香港中文大学等教授吉他。他与海内外一批音乐家于 1992 年 10 月在北京举办大型演奏会"现代国乐"，是中国民乐界的一次盛举。他曾出任第 25 届国际电脑音乐节（ICMC）主席，是联合国"2002 全球环境促进大会"特约作曲家，也是北京 2008 奥申委宣传片特约作曲家。

约瑟夫·冯为中国著名歌唱家彭丽媛 2004 年推出的专辑《源远流长》制作了电脑音乐，将中国音乐元素、世界音乐元素、国际当代先进电脑音乐元素做了完美的融合，赋予了中国民歌以新的生命与魅力。他编配的《燕子》就是彭丽媛在专辑里最喜欢的一首歌。在编配《小河淌水》时，由于约瑟夫·冯得知云南大理白族自治区的"大鸟"和"阿哥"是同音且同义，就用电脑制作"大鸟展翅"和"大鸟拍翅"的音像来表现阿妹心目中的"阿哥"，这种创意同中国的象形文字不谋而合，堪称发生在录音室里的"象形音乐"。

五　美术

在基督教传入之前，冰岛的文化主要是北欧维京人的文化。维京人有着发达的造船业和精湛的手工技艺，流传下来属于这一时期的艺术品主要是墓室小型金银饰品。这些工艺精细的物品构成冰岛早期造型艺术的主要面貌。

自从基督教于 1000 年传入冰岛以后，冰岛文化在与欧洲大陆文化的频繁交往中逐渐成长起来。冰岛的早期基督教美术可看作维京艺术的延续。这个时期的宗教建筑主要是木结构小型教堂，木窗和门楣上雕刻有简单的人物形象和植物图案。其中时间最早、艺术价值最高的是称为"最后的审判"的木板线刻残片，时间大致在 1100 年前后。从 1263 年起，冰岛先后沦为挪威和丹麦的属地，这一时期的美术被纳入斯堪的纳维亚和欧洲大陆的发展轨道。

罗马式艺术和哥特式艺术于公元 13 世纪以后出现在冰岛。瓦尔西约夫萨塔迪尔教堂（1200）的大门浮雕《骑士与狮子》是这一时期大型雕塑杰作之一。这个时期的绘画主要是手抄本插图和细密画，保存至今的最早的手抄本插图是一部动物神话残篇，时间大约在 1200 年前后。到 14 世纪之后，有关北欧的英雄传说手抄本大量涌现，这类手抄本插图大致反映当时教堂装饰绘画的面貌。与此同时，北欧哥特式细密画也传到冰岛，现存的《冰岛圣经素描集》是这一时期的珍品。在这部素描集中，绘有大量的圣经故事、使徒形象以及各类装饰图案。据考证，这些素描是专为教堂壁画和祭坛画设计的。

15 世纪中叶宗教改革之后，基督新教路德宗在北欧占据统治地位，圣像破坏运动随之而来。冰岛美术在此后很长一段时间处于停滞衰败的状态。这一时期美术的主要成就是民间艺术，其中艺术价值较高的属木雕、金银饰品和丝织图案。

冰岛第一批世俗专业画家出现于 1800 年左右。19 世纪下半叶以后，冰岛美术呈现出前所未有的活力，绘画和雕塑的发展尤为迅速，涌现出一批具有民族特色的画家和雕塑家，他们力图通过描绘家乡的自然景色和人民日常生活表达对家乡和人民的热爱。S. 古德门松是冰岛绘画的开拓者，早年就学于丹麦哥本哈根学院，以肖像画见长。索尔劳克松（þórarinn þorláksson，1867～1924）是冰岛第一位风景画家，他的作品流溢着北国的静谧与冷峻的特质。J. 斯特方松是浪漫主义画家。风景画家约恩松（Ásgrímur Jónsson，1876～1958）等优秀美术家为冰岛现代艺术的发展作出了有益贡献。冰岛最著名的画家是约翰内斯·斯文松·基亚瓦尔（Johannes Sveinsson Kjarval，1885～1972），他受英国风景画家 J. M. W. 特纳的影响，融会冰岛民间艺术的传统，在长达 60 多年的创作生涯中创作出大量色彩丰富、风格多样的冰岛风景画，火山、荒原、北极光、变幻无常的气候等大自然风光都进入了他的画作，同时努力探究生命和艺术的哲理。位于雷克雅未克的基亚瓦尔博物馆专门收藏他的大量画作并提供常年展览。

冰岛较有名的画家还有：索尔斯坦松（Guðmundur Torsteinsson，1891～1924），写生画家埃弗尔斯（生于 1886 年）、伊奥加涅松（生于 1921 年）、斯库拉松（生于 1890 年）、纽纳尔松（生于 1929 年），肖像画兼风景画家斯哲范松（生于 1881 年）、伊昂斯多蒂尔（生于 1888 年）、谢文（Gunnlaugur Scheving，1904～1972）、古德纳松（Svavar Guðnason，1909～1988）、特里格瓦多蒂尔（Nína Tryggvadóttir，1913～1968）、马蒂亚斯多蒂尔（Louisa Matthíasdóttir，1917～2000）、达维兹松（Kristján Davíðsson，生于 1917 年）、埃罗（Erró，笔名，真名古德门松［Guðmundur Guðmundson］，生于 1932 年）、拉鲁松（Ólafur Lárusson，1951 年生）、奥斯卡（Jón Óskar，生于 1954 年）、索拉林多蒂尔（Erla þórarinsdóttir，1955 年生）、奥斯吉尔松（Halldór Ásgeirson，1956 年生）、古德尼（Georg Guðni，1960 年生）、西居尔兹松（Sigurður Árni Sigurðsson，1963 年生）等。

雕塑家以埃纳尔·约恩松（Einar Jónsson，1874～1954）为

代表，他的作品具有浓厚的北欧象征意味，许多作品收藏在雷克雅未克博物馆；他还创作了许多纪念性雕塑，其中著名的有民族独立运动领袖约恩·西居尔兹松的铜像等。其他较著名的雕塑家有：斯文松（Ásmundur Sveinsson，1893～1982）、R. 约恩松（Ríkharður Jónsson，1888～1977）、奥拉弗松（Sigurjón Ólafsson，1908～1982）、赫尔加多蒂尔（Gerður Helgadóttir，1928～1975）、P. 古德门松（Páll Guðmundsson，生于1959年）等。

冰岛建筑艺术的高潮期是从18世纪末期开始的，特别是进入19世纪后，冰岛相继出现了许多著名建筑，例如在雷克雅未克修建了议会大厦（1880年）等。著名建筑设计师萨穆埃尔松（Guðjón Samúelsson，1887～1950）设计了冰岛国家剧院等雷克雅未克的代表性建筑。在建筑风格方面，偏向于新古典主义式样，这类建筑物主要集中于雷克雅未克。

2004年位于雷克雅未克的冰岛国家画廊举办了"冰岛的艺术·1980～2000"专题艺术展，展出53位艺术家的317件艺术作品，向观众提供全面了解冰岛艺术20年发展的机会。

冰岛邮局发行的冰岛邮票获得2001年国际最漂亮的邮票比赛一等奖。在意大利举行的国际邮票展上，冰岛邮票无论在设计、美工、造型及与环境和谐方面都获得专家的高度评价。从2004年开始，北欧八国邮政联盟的8个国家和地区——丹麦、芬兰、法罗群岛、格陵兰、冰岛、挪威、瑞典和奥兰群岛联合发行了"北欧神话"系列邮票。该系列包括三组邮票，第一组"北欧诸神"在2004年发行，另外两组于2006年和2008年发行。

1954年，欧洲委员会包括冰岛在内的14个成员国（比利时、丹麦、法国、德国、希腊、冰岛、爱尔兰、意大利、卢森堡、荷兰、挪威、瑞典、土耳其和英国）共同签署了《欧洲文化协议》，同意在相互间积极开展文化合作与交流。

第四节　医疗卫生和体育

一　医疗卫生

中世纪时，冰岛没有医护人员，人们深受各种疾病、特别是瘟疫之苦，至少有一半儿童夭折。1760 年冰岛才有了第一位乡村医生，并开始在本地培养医生。到 1800 年时，全国划分为 4 个医疗区；1875 年医疗区增加到 8 个，但是医生十分短缺。1876 年成立了医科学校，培养出更多的医护人员，医生短缺的情况才得到改变，从 1876 年到 1900 年医生人数增加了四倍。

冰岛实行国民医疗保险计划，全体公民都纳入到该计划中。医疗保险基金的来源主要是国家财政收入。冰岛实行医药分业管理，看病与售药严格分开。医疗机构主要负责看病，住院部药房的药品只供住院病人使用，不得对外销售；药店只负责售药，不负责看病。冰岛设有医院和私人诊所两种医疗机构。患者看病一般先到私人诊所，诊所如果不能诊治再转到医院治疗。经医生诊断后，如果不需要住院治疗，则由病人持医生处方到药店购药。病人如果需要住院治疗，住院期间所需药品可由医院药房提供，药品费用包含在整个治疗费用之中。

除非处方药药费由病人自行承担外，门诊病人的医疗费用由病人承担一定限额，超过限额部分由保险基金报销（医保目录之外的药品费用除外）。住院病人的医疗费用则全部由保险基金或政府财政承担。对药品报销的类别和比例有严格规定：医院住院用药全部报销；在药店购买的处方药品平均报销率为 63%，其中胰岛素类全额报销，而抗生素类不给报销。

冰岛于 1973 年颁布了《医疗卫生法》作为医疗卫生领域的法律基础。冰岛于 1980 年制订了第一部中期医疗卫生规划草案；

1991 年推出 "1991～2000 年国家卫生规划"；2001 年又推出 "2001～2010 年国家卫生规划"，其重点包括 7 个方面：1. 预防滥用烟酒和毒品，2. 儿童与成年人，3. 老年人，4. 心理健康，5. 预防心血管疾病，6. 预防癌症，7. 预防意外疾病。

冰岛的医院分为专业教学医院、普通医院和社区医院。2002 年冰岛人均医疗卫生支出为 2643 美元，全国医疗卫生总支出占国内生产总值的 9.2%。北欧 5 国的社会保障和社会福利制度目前面临很多困难。冰岛国家医院财政赤字累累，目前已达到 15 亿冰岛克朗（约合 1900 万美元）。卫生和社会保障部、财政部为加强医院的经营管理，决定拨出 9.3 亿冰岛克朗（1163 万美元）帮助国家医院解决财政赤字。

冰岛实行强制医疗保险，其公共卫生保健标准在世界上属于最高之列。全国共有 46 所医院、488 名医生、3775 张病床。1998 年平均每千人有 15.6 张病床。

表 6－4　医护人员占全国人口的比例

单位：‰

	1995	2000	2003
内外科医生	3.0	3.4	3.6
护 士	7.6	8.0	8.7
牙 医	1.0	1.0	1.0

资料来源：冰岛国家统计局。

2002 年冰岛共有 1819 人去世，其中男性 922 人、女性 886 人，死亡率为 6.3‰。男性平均预期寿命为 78.2 岁，女性为 82.2 岁。世界各国男性寿命普遍低于女性，世界男性平均寿命比女性短 7～8 岁。欧洲大部分国家男性寿命比女性要短 6～7 岁。但是北欧国家的男女寿命之间的差别比其他欧洲国家要小，冰岛男女寿命相差只有 4 岁。近几十年来冰岛男性寿命增加较快，目前是世界上寿命最长的。冰岛女性寿命之长位于世界第 9 位。

1996 年冰岛的婴儿死亡率居世界最低位，仅为 3.4‰。1999 年冰岛的试管婴儿占新生儿总数的 3.6%，而欧洲平均为 1.6%。

冰岛的艾滋病病毒感染者在 2001 年有 220 人，成年人感染率为 0.2%。到 2002 年底，艾滋病病毒携带者有 162 人，其中 52 人被确诊为艾滋病患者，一共有 36 名患者死于艾滋病。大多数患者都是同性恋者。截止到 2004 年 12 月 1 日，冰岛共有 183 人感染艾滋病，其中男性 141 人、女性 42 人。25～29 岁年龄段人群为感染高峰人群，共 40 人，其次为 40～49 岁年龄段人群，有 33 人，男性均多于女性，年龄最小的感染者为一名 4 岁儿童。感染最普遍的途径依次为同性间不洁性行为、异性间不洁性行为及吸毒者共用针头吸管导致的传染。

冰岛外科医疗总务办公室于 2006 年 2 月 21 日对外宣布，在雷克雅未克家禽公园内的家禽体内发现了非危害性禽流感病毒抗体。非危害性禽流感病毒抗体在野生动物中很常见，不会对人类造成威胁，为此没必要采取相应措施。

二 体育

冰岛体育运动比较普及，有 41% 的冰岛人经常参加有氧运动、健身运动、慢跑、集体运动项目等各种体育锻炼。足球是最受欢迎的体育运动项目，虽然其国家队在国际比赛中没有取得过很好的成绩。篮球已经越来越受到人们欢迎，这和电视大量转播美国职业篮球联赛有一定关联。由于冰岛全国各地普遍设有使用地热水的露天游泳池并且全年开放，所以游泳在冰岛十分普及，并且是作为娱乐运动项目。参加钓鱼、徒步旅行、骑马的人数也在增多。

冰岛的体育运动有较为辉煌的历史。在近代的田径比赛中，有记载的第一个男子跳远世界纪录是英国选手麦切尔在 1864 年创造的，成绩是 5.80 米，1868 年英国人苏埃尔以 6.40 米刷新了纪录，1875 年，冰岛运动员劳尔以 7.04 米的成绩第一个突破 7 米大关。

冰岛奥林匹克运动委员会成立于 1921 年，总部设在首都，1935 年得到国际奥林匹克运动委员会的承认。它的第一任主席是 G. 哈多尔松，秘书长为 G. 奥拉夫松。冰岛参加过第四、第五届夏季奥运会，均没有获得名次。冰岛自 1936 年以后参加了历届夏季奥运会。三级跳远运动员 V. 埃纳森在 1956 年举行的第 16 届夏季奥运会上以 16.25 米的成绩获得银牌。在 1984 年举行的第 23 届夏季奥运会上，柔道选手 B. 弗里德松获得一枚铜牌。2004 年在雅典举行的夏季奥运会上，冰岛获得一枚金牌，这是冰岛所获得的首枚奥运会金牌，在各国奖牌榜上排名第 54 位。2004 年 9 月在雅典举行的残疾人奥运会上，冰岛代表团以 1 金、3 银、奖牌总数为 4 块的成绩名列第 47 名。

20 世纪初期，冰雪运动已在欧美一些国家得到广泛开展。1901 年斯堪的纳维亚国家举行了北欧运动会，并成为传统的运动会，直至 1926 年才停办。顾拜旦很早就设想单独举办冬季奥运会，国际奥委会曾就此进行讨论。但是顾拜旦的建议遭到斯堪的纳维亚国家的强烈反对。瑞典、挪威等国代表认为，既然已经有了传统的北欧运动会，再搞一个与此平行的冬季奥运会没有必要，再说以往的奥运会也没有冬季项目。这些国家宣称，如果国际奥委会强行召开冬季奥运会，它们将不参加。显然，如果当时冬季奥运会没有瑞典、挪威等这类冰雪运动开展较普及、水平较高的国家参加，就失去了代表性和人们对它的兴趣。经过变通，当时称为"第八届奥林匹亚体育周"的第一届冬季奥林匹克运动会于 1924 年 1～2 月在法国的夏蒙尼举行。第五届冬季奥林匹克运动会于 1948 年 1 月 30 日至 2 月 8 日在瑞士的圣莫里茨举行，冰岛和丹麦等国首次参加，但是没有获得奖牌。

1998 年初，冰岛运动员弗罗萨多蒂尔和捷克运动员巴尔托娃在短短几天内上演了破室内女子撑杆跳高纪录大战，把原有纪录提高到了 4.56 米。接着澳大利亚的乔治又连续改写了室外世界女子撑杆跳高纪录。目前，女子撑杆跳高已经有 4 名运动员越过了 4.40 米以上高度，她们之中包括冰岛的弗罗萨多蒂尔。

2002 年 12 月 12 日在德国举行的欧洲游泳锦标赛上，冰岛运动员阿纳松（Orn Arnarsson）以 1 分 54 秒的成绩获得 200 米仰泳金牌，这是他第 4 次获得欧洲 200 米仰泳冠军称号。2003 年冰岛运动员获欧洲游泳锦标赛 100 米仰泳银牌，成绩是 51.74 秒。

在 2003 年 8 月 4 日结束的丹麦赛马锦标赛上，冰岛选手和选马通力合作，夺得总分、五步、四步和驯养项目等 5 项冠军。驯养项目不仅是为了夺取名次，也是为了培育更好更纯的纯种冰岛马。

在 2004 年雅典奥运会后，国际足联于 2004 年 9 月公布女子足球队排名，冰岛女足以积分 1791 分位列第 17 名。冰岛国家手球队具有国际水准，在世界锦标赛上的最好成绩是第 6 名。在 2002 年于瑞典举行的欧洲手球锦标赛上以不败战绩进入半决赛，最后获得第 4 名。在 2003 年 1～2 月于葡萄牙举行的世界手球锦标赛上，冰岛获得第 7 名，同时取得进军下届奥运会的资格。

冰岛是世界上最热爱国际象棋的国家之一。1972 年，美国著名棋手鲍比·菲舍尔在雷克雅未克举行的世界冠军挑战赛上击败苏联棋手鲍利斯·斯帕斯基，获得世界冠军，冰岛人因此一直将菲舍尔当成冰岛的骄傲。1992 年，出于商业运作的原因，菲舍尔和斯帕斯基在南斯拉夫联盟的圣斯特凡岛举行了一场“世界冠军回敬赛”。当时正值南联盟内战，美国对其实行经济制裁，禁止本国公民去从事商业活动。比赛之前，菲舍尔收到美国政府的官方警告信件，但菲舍尔对此不屑一顾。这次比赛中菲舍尔再次击败老对手，但随后被华盛顿一个大陪审团缺席宣判有罪，罪名是“与敌人进行贸易”，从此遭到美国通缉。后来美国宣布菲舍尔的签证过期，2004 年 7 月菲舍尔被日本当局扣留。在菲舍尔同日本当局进行了 9 个月斗争之后，冰岛议会支持菲舍尔，破格给予菲舍尔冰岛国籍。冰岛一家私人电视台租用了一架客机，将菲舍尔从日本接到冰岛。在菲舍尔抵达雷克雅未克时，大约 200 人到机场欢迎他。

冰岛在每年 6 月 23 ~ 26 日举行"冰岛午夜高尔夫公开赛"。虽然是午夜，但是太阳还会照射在球场上。这个巡回赛会在雷克雅未克及周边的两个球场举行，即在雷克雅维克高尔夫俱乐部和位于海港市的凯里尔高尔夫俱乐部举行。每年 6 月 20 日举行朗格瓦格马拉松赛。朗格瓦格马拉松赛自始至终所经过的地方被认为是冰岛自然风光最美丽的地带，是冰岛的自然保护区。每年 8 月 20 日举行的雷克雅未克国际马拉松赛，吸引来自冰岛和世界各地的马拉松爱好者，有标准赛段、半段、10 英里以及 34 英里，任由爱好者选择。

冰岛举办的其他体育赛事还有：3 月 13 日米湖的雪地摩托节、4 月 4 ~ 13 日（复活节期间）塞季斯峡湾的滑雪节、4 月 9 日徒步环绕米湖以及米湖的冰上高尔夫球赛、6 月 18 日环米湖马拉松赛、阿库雷里 6 月 23 ~ 26 日北极国际高尔夫球锦标赛、11 月 19 ~ 21 日雷克雅未克冰岛冰球邀请赛等。

第五节　新闻出版和文化设施

一　大众传媒

冰岛国家广播电台成立于 1930 年，当年 12 月开始对公众广播。1930 年在冰岛建立国家广播电台时，议会通过一项法令，规定国家对广播事业拥有垄断权，任何个人或团体不得开办广播电台。冰岛政府的法令还规定，外国人在冰岛出版刊物，必须由冰岛人担保和负责。

冰岛没有官方通讯社，只有一家私人通讯社即博格索尔斯通讯社（Frettastofa Borgthors）。它成立于 1976 年，只向外国新闻机构提供有关冰岛的消息，不向冰岛新闻界发布消息。该社同北欧地区的几家通讯社有合作关系。冰岛电视台成立于 1966 年，比欧洲其他国家晚一些。1986 年成立了一家商业电视台。国家广播电台和电视台总台长由冰岛总统任命。电台和电视台主任由教育、科学和文化部长任命。

在 1986 年之前，成立于 1930 年的冰岛广播事业局是冰岛唯一的广播事业机构，在广播电视领域处于垄断地位。从 1986 年开始，这种垄断地位被打破。现在，冰岛有三家电视台，其中两家是民营电视台。同时还有几家民办广播电台。公立的广播事业局不以盈利为目的，主要为公众提供服务，传播民族文化、历史和传统，宣传民族的语言和价值观。为了保证电视台所用的语言是纯粹的冰岛语，电视台专门成立了由 5 名资深人士组成的语言审查小组，该小组的职责就是使电视语言更加民族化和本土化，不受不规范的外来词汇的影响。

广播理事会由议会选出，任期 4 年，由各党派代表组成。该理事会负责对电台和电视台的节目制定政策和进行监督。理事会主席由教育、科学和文化部长任命。

冰岛广播电台在北欧其他国家和美、英、法等国派有兼职记者。该台每天播送一套冰岛语节目，大约 16 个半小时。在 1976 年时，各种节目所占的时间比例大体是：新闻 10.4%，古典音乐 16.8%，其他音乐 32.2%，广告和通知占 7.2%，天气预报、教育、儿童节目、戏剧等各占少量比例。该台没有外文广播（1980 年）。

冰岛广播电台提供一种在世界其他国家所没有的特殊服务，即在每个人去世时播报讣闻及其生平。因为冰岛人口少，许多人相互认识，甚至有亲属关系，通过电台播报讣闻可以使那些来不及见最后一面的朋友知道这个消息。

冰岛电视台每天晚上播送一套节目，平时从晚上 8 点开始，12 点以前结束，周末开始播送时间较早。每周节目时间共约 24 小时（1980 年），内容以外国编制的节目为主，本国编制的教少。从节目内容来看，新闻所占的时间最多，其次是教育、体育、电影和音乐。电视台还开办了儿童专用电视频道。

表 6 – 5　广播电视

	1995	2000	2004
广播节目频道数目	18	26	28
广播播放总小时	88547	148564	137099 *
电视台数目	6	9	12
电视播放总小时	16994	49880	53633 *
家庭拥有影视设备比例(%)			
电视机	97. 4	97. 7	97. 6
收音机	99. 2		
录像机	79. 3	89. 2	84. 4
DVD			41. 6

资料来源：冰岛国家统计局。

＊　为 2003 年数字。

冰岛目前共有约 120 种报纸和杂志。其主要报纸是《晨报》、《每日时报》、《萌芽日报》等。

《晨报》于 1913 年创刊，在雷克雅未克出版，是冰岛发行量最大的报纸，目前每周出版 6 天，每天早上发行。它从 1929 年独立党成立伊始就支持该党政策，为独立党成为冰岛第一大党起到举足轻重的作用，但该党从来没有正式控制该报。近些年来，该报不再像在冷战时期那样完全支持独立党的各项政策。其消息来源主要依靠路透社、美国之音、英国广播公司、北欧以及其他欧洲国家的广播。它在海外有冰岛最庞大的特派记者网，在国内有 60 名通讯员（1960 年）。《晨报》日发行量多年来保持在 5 万份以上，平均约每 5 个冰岛人拥有一份《晨报》。

《萌芽日报》是日报，于 1910 年创刊，当时称为《萌芽报》（Visir），是冰岛最早创立的报纸。它在 1975 年之前是冰岛唯一下午出版的报纸。1975 年，该报一位编辑脱离该报社，创立了《日报》（Dagbladid）与之竞争，经过一番较量之后，两家报纸于 1981 年合并，称为《萌芽日报》（Dagbladid-Visir，缩写为 DC）。该报从来没有依附于某个党派，宣称在政治上保持独立。其消息来源过去主要依靠美联社，从 50 年代起主要依靠路透社、合众国际社和挪威通讯社，目前的销量接近于《晨报》。

《人民意志报》原为人民联盟机关报，为日报，1936 年创刊。其前身是 1930 年创刊的周报《工人报》，1930 年冰岛共产党成立时《工人报》成为其机关报。1936 年 10 月，《工人报》改名为《人民意志报》。在 1938 年共产党和工党（社会民主党）左翼组成统一社会党之后，该报成为统一社会党的机关报。1956 年大选时，统一社会党和社会民主党左翼结成名为"人民联盟"的选举联盟，该报因此成为人民联盟的机关报。因发行量太低、亏损严重，该报于 1992 年停刊。

工党（社会民主党）于 1919 年创办《人民报》。进步党于 1917 年创办了《时报》（Timinn）、1918 年创办了《日子》周刊（Dagur）。这些报刊的发行量都不大，长期依靠政府补贴及本党成员的支持才得以维持。在经营压力之下，这三种报刊于 1997 年合并成名为《日子》的报纸，虽然不再依附于任何党派，但其编辑方针倾向于左翼。它和《萌芽日报》隶属于同一家出版社。《看与听》是冰岛发行量很大的杂志之一。

北欧国家人均报纸拥有量普遍居世界前列。以 2002 年平均每千人拥有报纸的数量看，挪威是 706 份，位居全球之首；芬兰是 544 份，排名第三；瑞典 543 份，世界第四；冰岛是 393 份，列第六；丹麦是 371 份，与德国并列第八。以每千成年人拥有日报发行量看，2004 年冰岛为 700 多份，居世界第一。以每百万人口拥有日报种类数量看，在 2003 年英国为 2.3 种、蒙古为 3.6 种、巴基斯坦为 4 种、冰岛为 14 种、卢森堡为 16 种、挪威为 21 种。

二 出版业

冰岛现在有 50 多家出版社，有的出版社每年推出 40 多种新书。冰岛人均著书、出版及购书量均为世界第一。自 1980 年以来，冰岛每年出版图书 1000 多种，在 2000 年将近 2000 种，其中文学类图书有 300～500 种。由于冰岛人普遍酷爱读书，因此被戏称为"书虫民族"。大部分新书都是在年底圣诞节之前出版，成为一年一度的书籍盛宴，人们以购买新书作为圣诞礼物相互赠送。由于印制成本很高，许多图书因此被送往国外印刷。不论是在国内还是在国外印刷，由于印数不多，因此图书的价格很高。

表 6-6 报刊书籍出版

单位：种

年 份	1995	2000	2003
图书品种总数	1601	1967	
其中：			
精装书	1046	1192	
平装书	555	775	
文学类书	427	415	
期刊总数	958	1104	980
报纸总数	118	59	89
其中：日报	5	3	3
非日报	113	56	86

资料来源：冰岛国家统计局。

三　图书馆和博物馆

冰岛十分重视图书馆和博物馆建设，全国共有 57 所图书馆，包括大学图书馆、公共图书馆以及医院、老年公寓、监狱中的图书馆。全国图书馆总藏书量为 2235658 册（均为 2001 年数字）。2001 年图书馆外借图书 2441243 册次，全国人均借书 8.5 册。

冰岛早在 1818 年就成立了国家图书馆。1909 年国家图书馆有了自己的专门建筑物，当时馆藏图书为 4.5 万册、手稿 1.4 万件，全馆员工 30 人。根据国家的《出版样本缴送法》，冰岛的每种出版物（印刷物及录音资料）问世后应缴送两件给国家图书馆。

由几个部门图书馆合并而成的冰岛大学图书馆成立于 1940 年，坐落在冰岛大学主楼，馆藏 34 万册图书；根据《缴送法》它可获得冰岛出版物每种 1 件，该图书馆有 25 名员工。此外，冰岛大学还有 16 个分支图书馆。

1957 年冰岛议会决定将国家图书馆与冰岛大学图书馆合并，但没有马上实施。1966 年教育、科学和文化部任命了一个委员会，决定在冰岛大学附近建造一座新图书馆建筑。1970 年冰岛议会决定图书馆新楼应在人类定居冰岛 1100 周年的 1974 年兴建。该工程于 1978 年破土动工，到 1994 年全部竣工，于同年 12 月 1 日正式开馆。该建筑由冰岛建筑师设计，建筑物四周花园外边是粗糙的火山熔岩矮墙，紧贴建筑物外沿有一条不深的护城河。新馆大楼为地下一层、地上四层，建筑面积共 13000 平方米，可以容纳 90 万册图书和 700 位读者。

冰岛国家兼大学图书馆是独立于大学的文化设施，有自己的管理委员会并受教育、科学和文化部直接领导，作为冰岛最大的学术图书馆，为学生、教员、研究机构和公众提供服务。虽然部分馆藏图书仅供读者在馆内借阅，但大部分国内外藏书对用户开放，并可以外借。它还作为国家版本图书馆，负责保存冰岛的全部印刷品和录音制品，同时也收集国外出版的有关冰岛的资料，这些均供公众使用。该馆还开展馆际互借，是欧洲图书馆联盟和国际图书馆联合会成员。图书馆免费向 17 岁以上读者开放，读者外借图书需持有冰岛身份证并有冰岛的永久性地址；外国人侨居冰岛想进行研究工作，可向图书馆管理部门提出外借申请。

教育、科学和文化部部长有权对国家兼大学图书馆业务工作、管理职责以及图书馆委员会召集的会议进行指导。教育、科学和文化部任命一个任期 4 年的 5 人图书馆委员会，其中两人由大学理事会提名；一人由冰岛研究理事会提名，一人由冰岛图书馆协会提名，一人由教育、科学和文化部长提名。部长任命其中一人为主席，一人为副主席。该委员会决定图书馆的政策，监督图书馆财务计划、工作进程及运作。图书馆总监、馆长和一名员工代表可以出席图书馆委员会的会议，并可发言和提出建议。该图书馆馆长任期 5 年，是由委员会从申请人中按能力挑选出来，可连任一届。

该图书馆由财政部拨款，根据图书馆与大学之间的特殊安排，大学的部分年度预算可以分给图书馆使用。运行、更新、维护、装备和设备的开支由财政部做专门预算。冰岛国家与大学图书馆收藏的手稿和地图甚丰，其中有冰岛著名作家哈尔多尔·拉克斯内斯和约恩·斯文松的专藏和大量的医学史籍乃至棋谱，还有多种语言版本的《圣经》。国家与大学图书藏有印刷资料约 90 万件，包括图书、期刊及其他资料。最重要的是藏书中包含有大量外国资料，此外还有手稿 1.5 万卷。

1971 年 4 月，北欧历史上最古老的羊皮书装在一批古色古香的箱子里，从丹麦哥本哈根大学图书馆运往冰岛，哥本哈根大学甚至为此而降半旗。这些古代羊皮书文献是 18 世纪冰岛学者奥德尼·马格努松（Arni Magnusson，1663～1730）花毕生精力从冰岛各地收集的。他年轻时到哥本哈根大学读书，成绩斐然，后来成为哥本哈根大学教授。他在任教的同时经常回冰岛旅行，从民间收集了大量羊皮书和羊皮碎片，陆续带回哥本哈根供研究之用。这些羊皮书和羊皮纸碎片大都写作于数百年前，散落于民间。1722年他把收集到的35箱古羊皮书和手稿集中在一起，用一条帆船托运到哥本哈根，但这条船在途中沉没，35箱珍贵文献沉入海底。但是他仍继续努力收集。1730年去世前他留下遗嘱，把冰岛羊皮书和羊皮纸碎片全部捐献给哥本哈根大学图书馆。哥本哈根大学图书馆专门开辟一个区域收藏这些文献，统一称为"奥德尼·马格努松收藏"。丹麦政府在1956年成立研究机构专门研究这些文献。"奥德尼·马格努松收藏"虽经两次大劫难，数量上仍很可观。

早在1961年丹麦国会就开始讨论是否把这些羊皮书归还冰岛，在丹麦人民中也引起巨大反响，讨论长达10年之久，最终丹麦最高法院做出判决，将真正和冰岛有关的羊皮书归还给冰岛。1971年4月21日，第一批羊皮书到达冰岛首都雷克雅未克，冰岛举国欢腾，像过节一样庆祝这些文化遗产的回归。一直到1997年，陆续的归还行动才宣告结束。在收藏品当中，一共有1666件羊皮书和碎片归还给冰岛，哥本哈根大学仍留有1400件左右的文献。冰岛政府将这些无价之宝珍藏于国家文化中心，随后又成立专门研究所，收藏、整理和研究这些羊皮书。该研究所坐落在冰岛大学校园内，名为"奥德尼·马格努松研究所"。

冰岛全国一共有101家博物馆（2001年数字），大多数规模都比较小，其中有68家历史博物馆、15家艺术博物馆、18家艺术史类博物馆。

冰岛最大的博物馆是位于雷克雅未克市的国家博物馆，馆中陈列着冰岛各个历史时期的大量珍贵文物，从石器、铁器、铜器到民族服饰、雕刻绘画等。冰岛自然博物馆建于 1889 年，现在设有地质地理部、植物部和动物部。露天博物馆建于 1957 年，汇集了冰岛历史上各个时期各种建筑风格的民居。旅游胜地莫斯菲尔城有一座羊毛博物馆，展示冰岛各种古老的剪羊毛工具的图片和羊毛加工工具，详细介绍冰岛牧羊业和羊毛加工业的发展史。冰岛有一家私人建立的动物性器官博物馆，收藏有 143 具雄性动物的生殖器，从杀人鲸到北极熊一应俱全。这家博物馆仍在继续征集标本，收藏冰岛本土各类哺乳类动物的性器官，不论尺寸大小，只要是雄性的就可以。另外有 4 座动物园及水族馆。2001 年参观者总数为 957164 人次。

2002 年冰岛财政预算为文化事业拨款 58 亿克朗，占全国财政预算总额 2390 亿克朗的 2.4%，占教育、科学和文化部财政预算 283 亿克朗的约 21%。

第七章

对 外 关 系

第一节　外交政策概述

冰岛从自己的地理位置、人口及经济力量和特点出发，通过参加地区性组织以及一系列全球性国际组织，来保障自己的民族独立、国家安全和经济社会发展。冰岛于1946年11月19日加入联合国，1949年加入北约，1952年加入北欧理事会，并且参加了欧洲委员会、经济合作与发展组织、欧洲自由贸易联盟、欧洲经济区等许多国际组织。它同美国的特殊关系和与欧洲国家的紧密合作是对外关系的两大支柱。它作为北约成员国与美国进行防务合作，保持与大西洋两岸国家的良好关系，构成其外交政策的核心。冷战结束后，冰岛为顺应国际形势变化，除继续重点保持与美国等西方国家的伙伴关系之外，注意加强与亚洲和其他地区国家的关系，并通过联合国等国际组织积极参与各种国际事务。

1999年时冰岛已同117个国家建立了外交关系。由于冰岛人口少，外交官及经费也少，当时只在11个国家开设了大使馆和派驻大使，每个大使馆同时兼管冰岛与其他若干国家的外交事务。2005年冰岛在印度新德里开设了大使馆，主要为了加强与印度的经济贸易关系。截至 2006 年，冰岛已同 138 个国家和地区建立了外交关系；在 15 个国家开设了大使馆，它们是：挪威、丹麦、瑞典、芬兰、英国、法国、德国、奥地利、美国、加拿大、日本、俄罗斯、中国、印度、南非；在联合国、欧盟、北约等重要国际组织派有常驻使团。

冰岛驻法国大使兼任联合国教科文组织以及经济合作与发展组织的代表，同时兼管意大利、西班牙、葡萄牙等国。冰岛驻比利时大使馆同时负责与欧盟的联系，在布鲁塞尔另设常驻北约总部的使团。2001 年在奥地利首都维也纳开设大使馆，除负责与奥地利、匈牙利等国的双边关系之外，还兼任欧洲安全与合作组织、联合国驻维也纳办事处等国际组织的常驻代表。2001 年在加拿大首都渥太华开设大使馆，同时兼管冰岛与秘鲁、哥伦比亚等南美洲国家的外交事务。2001 年在莫桑比克首都马普托设立的大使馆是冰岛驻非洲国家的第一个、也是迄今唯一的大使馆，2005 年迁至南非行政首都比勒陀利亚。1995 年冰岛在北京设立大使馆，这是冰岛在亚洲开设的第一个大使馆，同时兼管冰岛与蒙古、朝鲜、韩国、越南及澳大利亚和新西兰的外交事务。

冰岛积极参与北欧合作，发展同北欧邻国的政治、经济、文化关系；重视维护冰岛的海洋经济权益；注重发展同广大发展中国家的关系；主张在国际监督下，实行相互和全面裁军；禁止在冰岛部署核武器。冰岛十分重视对海洋资源的保护和防止大陆对海洋的污染，并积极倡导和参与环保工作；认为发达国家在环境保护方面应该发挥更大的作用；强调应允许对那些并未面临威胁的海洋哺乳动物进行开发和利用。冰岛政府对冷战后世界和欧洲形势的基本看法是：认为当今世界并不太平，欧洲局势尚未稳定，直接军事威胁虽已消除，但是地区及民族间的冲突有所加剧，建立新的安全机制的努力并未取得进展，形势发展令人担忧。

关于联合国作用及其改革问题，冰岛政府认为，在新形势下应加强联合国的作用；联合国也应做出符合形势变化的调整，应扩大其工作范围、提高工作效率；支持扩大安理会成员；主张所有成员国都应无条件按期全额缴纳会员费。在科索沃问题上，冰岛政府支持北约空袭南联盟，认为南联盟在科索沃地区的行为是对人权的践踏，北约除动武外别无选择。

第二节　与北欧国家的关系

由于拥有共同的历史和文化传统，冰岛与北欧其他国家始终保持密切的合作关系，积极参加北欧地区两大官方合作组织即北欧理事会和北欧部长理事会的各项工作和活动。主张北欧合作应依靠三个支柱：北欧内部合作、在欧洲事务上的合作以及同毗邻地区的合作。认为在丹麦、瑞典和芬兰等多数北欧国家参加欧盟的情况下，北欧合作不应被削弱，在欧洲事务、同毗邻地区合作等领域的合作中应更有活力。

1952年3月，冰岛与丹麦、挪威和瑞典共同成立北欧理事会，第一届会议于1953年2月在丹麦首都哥本哈根举行。芬兰于1955年10月加入。该理事会是北欧各国议会间进行合作的论坛和咨询机构，其宗旨是讨论北欧国家的共同问题，研究合作的途径，向北欧各国政府提出建议并督促关键建议的实施。北欧理事会由成员国议员中选出87名理事组成，冰岛7名，其他4国各20名，任期1年。理事会全体会议于每年春季在各国首都轮流举行，5国政府首脑和部长可以出席并发言，但没有表决权，也不入选有关机构。理事会设立由各国代表团正副团长组成的主席团，作为全体会议休会期间的最高执行机构。主席团主席由举行全体会议的东道国代表团团长担任。主席团秘书处设在瑞典首都斯德哥尔摩。理事会还设立了法律、文化、社会和环境、交通、经济、预算和审计委员会以及《北欧交流》编辑部等 7 个常设机构。除防务问题外，北欧理事会对促进本地区的政治、经济、文化、社会等领域的合作发挥了重要作用，冰岛从中受益匪浅。北欧理事会成立 50 多年来，北欧 5 国之间进行了卓有成效的合作，实现了互免签证，建立了统一的劳务市场，5 国侨民可相互享受侨居国的社会福利。

在北欧理事会的倡议下，北欧 5 国政府签署了称为《北欧合作条约》的《赫尔辛基条约》，经批准后于 1962 年生效。该条约确定了北欧理事会的性质、结构、工作程序和活动范围。根据条约规定，北欧国家应继续保持和发展在立法、文化、社会和经济政策领域内的合作，积极开展在交通、环保和通讯等各领域的合作。

1971 年北欧理事会对《赫尔辛基条约》进行修订，成立了政府间合作机构北欧部长理事会；各国政府相互对口的部长组成各个专业的部长理事会，分别不定期开会讨论北欧理事会所提出的各项合作建议，并就合作的具体实施做出决定，其议决方式是采取协商一致原则。5 国的政府首脑对部长理事会的工作负有最高责任。为了帮助冰岛经济、促进冰岛工业的发展，北欧 5 国设立了冰岛基金，从 1970 年 3 月 1 日起，分 5 年为冰岛提供 1400 万美元的无息贷款，冰岛从 1980 年 3 月 1 日起分 15 年偿还。

1993 年 3 月 18 日，北欧 5 国签署新的《北欧合作条约》，将北欧国家之间合作的主要责任从议会转移到政府，使 5 国政府首脑成为北欧国家之间全面合作的直接领导者。安全与外交也正式列入合作的工作范围。在 5 国都成为欧洲经济区的成员国，丹麦、瑞典及芬兰同时成为欧盟成员的情况下，5 国政府联合起来共同维护它们在欧洲事务中的利益。

冰岛与北欧其他国家共同努力，在很多领域都达成了合作协议，包括：《消除北欧内部边界护照管制协议》（1954）、《共同劳动力市场协议》(1954)、《社会保障协议》(1955)、《北欧文化协议》(1971)、《北欧交通协议》(1972)、《环境保护公约》(1974)、《北欧国家间法律有效性协议》(1977)、《北欧语言公约》(1981)、《共同劳动力市场的个人健康保护协议》(1981~1994)、《共同劳动力市场的教师协议》(1986)、《避免双重征税协议》(1988)、《北欧环境标志协议》(1989)、《北欧高中入学协议》(1992)、《高等教育协议》(1994)等。1995年对《赫尔辛基条约》增加了一个特殊条款,要求在法律和其他规则的制定、解释和执行之中平等对待所有北欧国家的公民。

冰岛还参加了北欧国家所设立的各种合作机构,包括:北欧工业基金(1973)、北欧投资银行(1976)、北欧经济研究会、北欧文化基金(1976)、北欧项目出口基金(1982)、北欧开发基金(1989)、北欧环境金融公司(1990)、北欧电影与电视基金、北欧研究与培训基金、北欧学者奖学金、北欧住房基金、北欧基因库、北欧检测中心等。

北欧各国于2002年10月29日在芬兰首都赫尔辛基举行庆祝活动,纪念北欧理事会成立50周年。芬兰总统哈洛宁、冰岛总统格里姆松、瑞典国王卡尔十六世·古斯塔夫、挪威国王哈拉尔五世和丹麦女王玛格丽特二世共同出席了北欧理事会第54届会议开幕式,在发言中一致强调北欧合作的意义。在庆祝活动上,颁发了北欧理事会文学奖、音乐奖、环保奖和影片奖。

在冷战结束之后,冰岛认为国际形势的变化增加了北欧在外交和安全领域加强合作的可能性。1996年10月,冰岛政府首次派观察员出席在瑞典举行的北欧国家国防部长例会。11月,冰岛总统奥拉维尔·格里姆松对丹麦进行国事访问。1997年8月,冰岛驻芬兰大使馆开馆,至此,冰岛在所有北欧国家均设立了大使馆。1998年5月,丹麦女王玛格丽特二世对冰岛进行国事访问。11月,冰岛总统格里姆松对瑞典进行国事访问。5月,冰岛出任北欧理事会轮值主席国，在任期间，主持召开了北欧首脑会议、北欧外长会议及北欧卫生部长会议等一系列政府部门会议。8月，挪威首相邦德维克访问冰岛。

　　冰岛与挪威的渔业争端历时很久，也很难解决。冰岛要求在巴伦支海增加鳕鱼捕捞配额，在挪威海增加鲱鱼捕捞配额，但都遭到挪威方面的拒绝。从1993年8月开始，冰岛渔民在巴伦支海捕鱼时与挪威海军发生冲突，挪威军人甚至开枪示警。冰岛渔民在公海即所谓"海上漏洞"区捕鱼，挪威称其"偷鱼"，冰岛人则认为公海上的资源应当由各国共享。挪威曾经拒绝冰岛渔船进入挪威北部港口，冰岛也不允许挪威渔船进入冰岛设在格陵兰岛的港口。1994年6月间，挪威和冰岛两国发生"鳕鱼战"，实力较强的挪威以冰岛渔民侵犯其200海里渔业保护区为由，不仅割断了一些冰岛拖网渔船的渔网，而且派遣数艘战舰和作战飞机进行威胁。两国政府领导人为此发生了激烈的舌战。

　　1999年4月，持续达5年之久的冰岛、挪威、俄罗斯3国关于巴伦支海捕鱼争端最终获得解决，为冰、挪关系以及冰、俄关系发展扫清了障碍。但是在其他海域仍经常发生捕鱼纠纷，例如2001年8月有4艘挪威渔船因涉嫌在冰岛水域捕捞毛鳞鱼而被冰方扣留，其中一艘船的船长与冰方就解决该问题达成协议，即没收所捕毛鳞鱼并缴纳约10倍的罚金，但另外3艘船则称是在格陵兰水域进行的合法捕捞。冰岛与丹麦等国也不时因捕鱼问题发生纠纷，例如从1996年8月起，冰岛和丹麦之间就冰岛与格陵兰岛（丹麦的属地）之间海域的捕鱼问题发生争端。

　　冰岛政府对于挪威全民公决不加入欧盟的结果表示欢迎。冰岛认为，入盟所能得到的好处已从欧洲经济区里享受到了。假使挪威随芬兰、瑞典两国一起入盟，欧洲经济区非欧盟成员就只剩下冰岛和瑞士，那么欧盟也就不会像以往那样对欧洲经济区给予足够的重视了。

第三节　与欧洲联盟的关系

欧盟是冰岛最大的贸易伙伴，冰岛十分重视并不断加强同欧盟国家的关系。由于与欧盟在渔业政策上有分歧，担心其近海渔业资源受欧共体/欧盟的控制，冰岛因此没有申请加入欧盟，是北欧国家中唯一没有申请加入欧盟的国家。冰岛于1970年3月加入欧洲自由贸易联盟。1972年冰岛和欧洲自由贸易联盟的其他成员国和准成员国一样，相继与欧洲经济共同体及欧洲煤钢共同体签署了自由贸易协定。冰岛与欧洲经济共同体的协议于1973年4月1日生效，与欧洲煤钢共同体的协议于1974年1月1日生效。规定自1973年起相互之间的工业贸易关税每年递减20%，到1977年1月免除绝大部分工业品关税和部分农产品关税。近几十年来，冰岛经济的高速发展在很大程度上一方面得益于与欧洲自由贸易联盟的合作，另一方面得益于与欧共体的合作。

1992年5月2日欧洲自由贸易联盟（简称"欧自联"）和欧共体在葡萄牙的波尔图正式签署了关于建立欧洲经济区协定，1993年1月12日冰岛议会批准了此协定。1992年冰岛的民意测验结果表明，当时有50.4%的人认为冰岛在2000年以前会提出加入欧共体的申请，但是此后反对加入的呼声迅速增强。冰岛与欧盟的贸易占冰岛出口总额的67%、进口总额的53%，冰岛80%的渔产品销往欧盟，冰岛70%的外汇是以欧洲特别提款权结算。

1994年冰岛加入欧洲经济区，希望以此作为参与欧洲事务、扩大与欧盟国家经济往来的途径。在加入欧洲经济区的谈判中，冰岛经过积极努力，取得了对自己比较有利的结果：冰岛73%的渔产品可以免税进入欧盟国家，并逐年增加，到1997年达到

96.6%；欧盟承诺不在冰岛渔业部门投资，以保护冰岛的渔业；每年允许欧盟国家到冰岛渔区捕捞 3000 吨红鱼，允许冰岛到欧盟渔区捕捞 1 万吨毛鳞鱼。冰岛把该协议称为"伟大的历史性协议"，使冰岛获得了"进入 21 世纪的护照"。冰岛还采取一系列措施进一步加强与欧盟在经济、外交及安全等领域的磋商与合作，在重大国际问题上采取同欧盟一致的立场。

冰岛就是否加入欧盟的问题已经争论多年。在历次大选中，只有社会民主党在 1995 年大选中和社会民主同盟在 2003 年大选中提出加入欧盟的主张，除此之外，从来没有任何政党提出过这种主张。主张加入欧盟的提议在冰岛政界以及选民当中的支持率很低，而且政界的支持率比选民中更低。加入欧洲经济区之后，冰岛已经基本上享有欧盟成员国的待遇，这也使它在一段时期内不积极申请入盟。

从 1996 年 5 月 1 日起，包括冰岛在内的北欧 5 国成为《申根协定》的观察员国。同年 12 月，冰岛和挪威作为"联系成员国"加入《申根协定》。从 2001 年 3 月 25 日起，冰岛正式成为《申根协定》15 个成员国之一，持冰岛护照者去其他成员国旅行原则上不需要检查护照。2003 年初的一项民意测验显示，46%的冰岛人反对加入欧盟，28%的人还没有决定是否应加入，只有26%的人表示同意加入欧盟。按性别分类统计，男性有 51%反对加入，28%同意加入；女性有 35%反对加入，25%同意加入。冰岛要加入欧盟，国内的阻力还相当大。

2004 年 9 月的一项民意调查表明，53%的冰岛人赞成加入欧盟，47%的人反对；而政府对于加入欧盟的态度则不积极。2005 年 4 月，冰岛总理奥斯格利姆松表示，由于国内金融市场狭小使冰岛克朗产生较大波动，冰岛因此而付出了代价，今后将不得不考虑采用欧元的可能。但是不久他又表示，冰岛具有其特殊性，目前尚不具备加入欧盟的条件。冰岛外长奥德松也于

2005 年 8 月表示，冰岛暂时不会考虑加入欧盟，冰岛虽是欧洲经济区成员国，但未被要求与欧盟成员国一样遵照执行所有的决议和规定，冰岛在渔业等许多重要领域都保持自己的控制权。目前，冰岛经济快速增长，各项经济指标均高于欧盟平均水平。冰岛对目前的状况感觉良好，而且欧盟宪法条约未获通过也使支持加入欧盟的冰岛民众的热情暂时下降，因此在一段时期内冰岛不会加入欧盟。

在北欧 5 个国家中，只有冰岛没有参加欧洲自由贸易联盟的早期创建过程，重要原因之一是冰岛当时正和英国发生"鳕鱼战"，英国反对冰岛参加谈判。随着西欧区域经济一体化的发展，冰岛逐步感到继续置身于局外的种种不便。在北欧其他国家的敦促和帮助之下，冰岛于 1968 年 11 月提出加入"欧自联"的申请，1969 年 1 月就加入"欧自联"开始进行谈判，于 12 月结束谈判。1970 年 3 月 1 日冰岛成为欧洲自由贸易联盟的正式成员国。

渔业和农业本来不包含在欧洲自由贸易联盟的自由贸易范围之内，但由于渔业在某些成员国的国民经济中占据重要地位，1960 年签订成立欧自联的《斯德哥尔摩公约》第 26～28 条款对渔业做出特殊安排，对渔产品工业中加工的附加值部分要求取消关税和数量限额。冰岛加入"欧自联"后，"欧自联"对冰岛渔产品做出特殊规定，即由于冰岛经济主要依赖渔业出口，因此允许其渔产品可以像其他国家的工业品一样享受自由贸易的待遇。与此同时，对于关税和数量限额的取消也做出了特殊安排。从冰岛加入"欧自联"之日起，所有成员国对冰岛的工业品出口立即取消全部关税和数量限制，而冰岛对其他成员国进口关税和数量限制的取消则允许有 10 年的过渡期。具体的执行过程是：冰岛在入盟之时，首先取消原有关税的 30%，然后从 1974 年 1 月 1 日开始每年递减 10%，到 1980 年 1 月 1 日关税削减为零；对于进口数量限制，冰岛于 1974 年底之前全部取消。

第四节　与美国及北约的关系

一　与美国的关系

冰岛和美国以及北约的关系在其对外关系中占有特别重要的地位。美国从 1941 年开始派军队驻扎在冰岛并建立军事基地，同年在冰岛设立大使馆。冰岛于 1944 年 6 月 17 日宣布完全独立之后，美国是第一个承认冰岛独立的国家；与此同时，也有美国参议员居然提出将冰岛以美国第 49 个州的资格合并于美国的动议（当时美国有 48 个州）。二战结束之后，冰岛政府一度请求美军撤离冰岛，美国迟迟未予答复。1946 年夏，冰岛政府抗议美军非法滞留冰岛。同年 9 月美国驻冰岛大使才予以答复，宣称"为了美国的利益，于必要时可以在利用该岛主要空军基地的条件下，将在双方同意的基础上召回驻冰岛的美国军队"。在美、英的共同压力之下，冰岛政府于 1946 年 10 月宣布接受美国的提案，美国从此享有对北大西洋最大航空基地凯夫拉维克基地的统治权。

1949 年 1 月和 3 月，美国两次邀请冰岛加入北约并愿就此进行会谈。经过谈判，美国承诺不要求冰岛建立武装部队，在和平时期也不派军队驻扎冰岛。3 月 30 日，冰岛议会通过决议，同意冰岛加入北约。4 月 4 日，冰岛参加北约成立的仪式并在条约上签字。冰岛加入北约的目的是希望作为没有武装部队、没有自卫能力的弱小国家，在发生战争时能够得到类似二战期间所得到的安全保护。1950 年 6 月朝鲜战争爆发后，冰岛出于恐惧以及在美国的压力之下，于 1951 年 5 月 5 日和美国签订《冰美防务协定》，规定美国军队有权使用冰岛的军事基地，并且由美国代表北约负责冰岛的防务，6000 名美军陆续进驻冰岛。在 1951

年底，驻冰岛的美军达到 3.4 万人，而当时冰岛的人口仅为
14.4 万人。美军还在冰岛建立了一系列雷达设施。

美军驻扎冰岛曾引起冰岛人民的反对。冰岛统一社会党率先
发表声明，谴责美国军队驻扎冰岛，宣布冰岛人民不接受政府签
署的协定，号召人民保卫国家的独立。1951 年 5 月 18 日，雷克
雅末克举行规模空前的群众大会抗议美军驻扎，同日爆发了当时
规模最大的罢工。从 1954 年起美国和苏联的关系有所缓和，同
年 9 月，冰岛 40 名著名人士在全国发起了要求彻底独立的签名
运动，签名人数占总人口的 25%。以后又成立了"冰岛反对国
土被占领委员会"，统一部署独立运动。冰岛码头工人曾经数度
举行罢工，拒绝卸下美国军火。冰岛议会于 1956 年 3 月以 31 票
对 21 票通过决议，要求美军撤离冰岛。但在 1956 年 10 月发生
匈牙利事件后，冰岛议会于 12 月通过决议撤回 3 月的决议。1971
年，冰岛议会再次发生是否应终止《冰美防务协定》的争论。

冰、美于 1994 年初就美国驻冰岛军事基地前途问题达成协
议，美国将保留基地但缩小规模。1996 年 4 月，冰美两国正式
签署防务合作条款执行协议，重申对 1951 年双边防务协定所承
担的义务，确认美军继续驻留凯夫拉维克基地，强调双方继续保
持双边及在北约内部的安全与防务合作。1994 年 10 月和 1997
年 7 月，冰岛两任总统芬博阿多蒂尔和格里姆松先后访美，并会
见美国总统克林顿。

冰岛与美国之间的特殊关系，除了在军事上的联防之外，主
要表现在经济上。在冷战期间，冰岛在两个方面从美国获得经济
上的好处：一是驻冰岛的美军直接把大量美元带到冰岛用于消
费，并且为冰岛人提供可观的就业机会；二是在双边贸易方面，
美国为冰岛提供多种优惠和照顾。在 20 世纪 80 年代，有约
1700 名冰岛人直接或间接从事与美军基地有关的工作。根据
《冰美防务协定》的规定，美军基地所需的肉蛋禽等副食品必须

在冰岛当地购买。仅这两项每年就为冰岛带来数以亿计美元的收入。长期以来,美国在经济和贸易方面给冰岛以特殊照顾,冰岛对美国的出口额在 20 世纪 80 年代中期占其出口总额的 28.4%,其中美军基地的消费便占冰岛出口收入的 8% 左右。随着美国在冰岛军事基地的缩小和驻军的减少,使冰岛与此相关的经济收入减少以及一批人员失业。同时,由于美国对冰岛在贸易方面的照顾逐步减少,两国之间的贸易额急剧下降,1991 年冰岛对美国的出口只占其出口总额的 12.6%,1996 年两国贸易额约占冰岛进出口总额的 11.2%,这也是冰岛经济在 90 年代陷入衰退的原因之一。

在 2003 年 3 月美国对伊拉克动武时,冰岛政府表态予以支持,但没有提供具体帮助。大约有 1500 名冰岛和平主义者于 2003 年 1 月 18 日在雷克雅未克市中心广场举行反战示威,示威群众高举反对美国侵略伊拉克和别指望冰岛参与伊拉克战争等标语在美国驻冰岛大使馆前游行,并向美国大使馆递交抗议者的签名信。据对男女各 600 人进行的民意测验显示,80% 的测验者明确回答反对对伊拉克战争,只有 8% 的人表示支持战争,另有 12% 的人谢绝回答。按性别统计,96% 的女性和 85% 的男性表示反对对伊战争。

占冰岛总人口大约 1.4% 的 4000 多名冰岛人捐资于 2005 年 1 月 21 日在美国《纽约时报》刊登整版广告,谴责本国政府支持美国主导的伊拉克战争,要求立即将冰岛从支持入侵伊拉克的"自愿联盟"名单中除名,同时向伊拉克人民致歉。广告说:"冰岛部长们支持入侵伊拉克,我们就此向伊拉克人民表示歉意。"2005 年的一项民意测验结果显示,4/5 的冰岛人希望本国退出美国的"自愿联盟"。冰岛外交部则排除了改变政策的可能性,称继续"支持维护伊拉克的稳定与民主"。

2004 年时,美国在冰岛驻军人数为 1750 名,并有 F-15 战斗机驻扎在这里，但表示准备把驻冰岛的空军作战部队撤出。2006 年 3 月，美国通知冰岛政府，将于同年 9 月之前撤除驻扎在凯夫拉维克基地的空军部队。这样，冰岛便基本上没有美国及北约的军队。冰岛政府虽对此表示失望，但已无法改变美国的决定。

二　与北约的关系

加入北约是冰岛外交和安全政策的基础之一。冰岛在 1918 年从丹麦获得初步独立时，曾经宣布实行永久中立。但这种中立并不是像瑞典等国那样建立在有自己军事力量的基础上，因为冰岛没有自己的武装力量。直到二战后，在北约各成员国当中，冰岛是唯一只有警察而没有自己的军队的国家。作为一个没有自己的军队、没有任何防御能力的小国，冰岛只有采取"搭便车"的做法即加入一个集体安全组织，才能解决自己的安全保障，而它认为北约作为防务同盟是战后唯一有能力制止战争的力量，对于维护欧洲的和平与稳定起着关键作用。

冰岛强调跨大西洋纽带对欧洲安全的重要性，赞同北约在冷战结束后根据新形势所做的调整，主张这一调整应是渐进的，避免削弱盟国间的防务合作，尤其是同美国的关系。冰岛主张北约应同俄罗斯加强合作，同时积极支持北约东扩；赞同北约新的战略概念，积极参与欧洲防务和安全合作；强调冰岛的战略地位和小国在北约中的重要性。1999 年 4 月冰岛总理和外长参加了在华盛顿举行的纪念北约成立 50 周年的首脑会议。冰岛和法国及西班牙等国一样，没有参加北约的军事一体化机构。冰岛和法国一样，都不是北约核计划小组的成员。

2002 年 11 月 22 日，冰岛政府决定向北大西洋公约组织提供 3 亿冰岛克朗（约 360 万美元，人均 128 美元）的经费，这笔钱是应北约向各个成员国的要求而支付的。对于冰岛这样的小国来说，这笔经费是不小的支出。在北约成员国当中，只有冰岛始终没有参加成立于 1950 年的"对共产党国家出口管制统筹委员会"（即"巴黎统筹委员会"，因总部设在美国驻巴黎大使馆而得名）。

受北约领导的驻阿富汗国际安全部队的指派，作为北约成员国之一的冰岛从 2004 年春季起接管喀布尔国际机场。由于冰岛是一个没有军队的小国，无力单独承担喀布尔国际机场的管理工作，因而请求其他北欧国家提供帮助。为此，瑞典、丹麦、芬兰、挪威和冰岛 5 国决定向喀布尔国际机场派遣一支联合军事消防队。这支消防队由 34 名专业人员组成，在阿富汗驻扎期为 12 个月。2005 年立陶宛决定率领一支北约领导下的多国安全部队，参与阿富汗古尔省的重建工作，冰岛和丹麦都表示同意参加。

第五节　与俄罗斯及波罗的海各国的关系

一　与苏联/俄罗斯的关系

在 1991 年苏联解体之前，冰岛与苏联的关系在冰岛的防务与外交政策中占有重要位置。1944 年 6 月冰岛共和国宣布成立后，苏联在同年即与冰岛建立外交关系，并缔结贸易协定，以促进相互之间的经济发展。1953 年 8 月，冰岛与苏联签订《贸易与支付协定》，双方贸易额迅速上升。冰岛约 70% 的燃料和石油产品从苏联进口。冰岛的咸鱼、冻鱼（主要是鲱鱼和大西洋鳕鱼）和毛纺织品等大量销往苏联及东欧国家。冰岛政府长期奉行对苏联在军事上警惕、在政治上缓和、在经济上合作的政策。1985 年冰岛与苏联签订了《五年贸易协定》。1986 年 12 月冰岛充当美国总统里根与苏联总统戈尔巴乔夫在雷克雅未克举行历史性首脑会晤的东道主，冰岛政府和人民对这次会晤寄予很大希望，为此做了大量的准备和组织工作。

1990 年 10 月冰岛总统芬博阿多蒂尔对苏联进行了非正式访问。

在苏联解体之后，冰岛对俄罗斯的发展前景十分关注，并且重视发展与俄罗斯的密切关系，支持俄罗斯的改革进程，希望俄罗斯实现稳定。冰岛政府认为，俄罗斯在欧洲持久和平问题上扮演着不可或缺的角色，加强北约与俄罗斯之间的相互信任关系十分重要，但认为俄罗斯在北约东扩问题上没有否决权。俄罗斯同冰岛的关系，首先是经济关系。从 20 世纪 90 年代开始两国之间的贸易额下降，俄罗斯减少了石油的开采量和出口量；冰岛对俄罗斯渔产品的出口也明显减少，而更多地转向加拿大和美国。

1994 年冰岛与俄罗斯签署了两国关系基本准则声明。1995 年 5 月，冰岛总理奥德松应邀出席在莫斯科举行的纪念世界反法西斯战争胜利 50 周年庆典。1998 年 9 月，俄罗斯外长访问冰岛，双方签署了未来合作特别意向书。同年 10 月，冰岛政府向俄罗斯西北部省区提供价值 1400 万冰岛克朗的渔产品援助。俄罗斯副总理参加了在雷克雅未克召开的妇女与民主千年大会。同年 12 月，冰岛与俄罗斯签署第一份航空协议。

俄罗斯总统普京应冰岛总统格里姆松的邀请，于 2004 年 9 月访问冰岛。两国领导人讨论了在文化、商贸和渔业加工等方面的合作。冰岛计划在俄罗斯摩尔曼斯克、莫斯科和加里宁格勒建造 3 个渔业加工厂。普京访冰时还为东正教在雷克雅未克建新教堂工程奠基。普京是冰岛历史上继中国国家主席江泽民之后第二位到冰岛进行正式国事访问的大国元首。此前，美苏两国首脑曾在 1986 年 11 月在冰岛举行会谈，签订了裁减核武器条约，但他们并未对冰岛进行正式访问。

二　与波罗的海各国的关系

冰岛积极支持波罗的海 3 国争取国家独立的斗争，并于 1991 年 8 月率先承认 3 国，与之建立外交关系，随后签订了贸易协定。冰岛自 1922 年以来一直承认波罗的海 3 国的独立地位，认为苏联对 3 国的吞并是非法的。在 3 国争取独立的过程中，冰岛坚定地给予支持，强调要尊重民族自决权，其动因之一是为了提高冰岛在世界上的知名度，"让大国听到小国的声音"。冰岛积极参与北约国家与波罗的海 3 国的政治、经济合作，支持 3 国加入北约的努力。

波罗的海沿岸国家为加强合作，于 1992 年 3 月成立了波罗的海国家委员会。冰岛和挪威作为与该地区关系密切的国家也加入了这个委员会。1995 年 5 月，这个委员会 11 个成员国的政府首脑在瑞典的维斯比市举行会议，制定了波罗的海地区 21 世纪合作框架。同年 7 月，11 国外长在瑞典的卡尔马市举行会议，根据首脑会议的建议，制定了在经济、环境保护和安全等领域进行合作的具体行动纲领。从 1998 年开始，北欧理事会和波罗的海 3 国议会每年召开一次联席会议，以加强相互间的合作。此外，北欧 5 国与波罗的海 3 国的外长及政府首脑也经常举行会晤，商讨诸如打击有组织犯罪、保护儿童权益、能源、北约和欧盟的扩大、环境保护等领域的合作。2003 年 10 月，上述 8 国首脑决定波罗的海 3 国将正式加入北欧投资银行，这标志着北欧国家与波罗的海 3 国之间迈入具有重要实质内容的合作，从而将带动在其他领域的合作与发展。

1996 年 9 月，拉脱维亚总理对冰岛进行了正式访问。1998 年 6 月，冰岛总统格里姆松访问波罗的海 3 国，提出北欧 5 国和波罗的海 3 国建立八国集团的设想。同年 8 月，爱沙尼亚议长对冰岛进行正式访问。1999 年 4 月，拉脱维亚总统访问冰岛。同年 9 月，爱沙尼亚总统对冰岛进行正式访问。

自 20 世纪 90 年代以来，瑞典、丹麦等国与波罗的海 3 国的政治经济交往十分频繁，希望将北欧合作扩大为环波罗的海合作。而冰岛等距波罗的海较远国家则担心被边缘化，希望与波罗的海 3 国的合作步伐不要太快。在 2000 年 11 月于雷克雅未克召开的第 52 届北欧理事会上，一项建议波罗的海 3 国加入北欧理事会的提案便以 34：11 票被否决。冰岛还加入了北极委员会、巴伦支海理事会等地区性组织。

第六节 与国际组织及其他国家的关系

冰岛于 1946 年 11 月加入联合国，迄今已经是联合国大多数附属机构及专门机构的成员，在联合国纽约总部及日内瓦和维也纳办事处均派有常任代表。冰岛驻巴黎大使兼任派驻联合国教科文组织和粮农组织的常任代表。冰岛是联合国安理会 2009/2010 年度非常任理事国的候选国之一，它以此表明，希望在国际事务中发挥积极作用，为解决国际问题履行自己的责任。

联合国大学地热培训项目和渔业培训项目均设在冰岛大学。前者成立于 1979 年，为发展中国家培训地热技术人员；后者成立于 1998 年，为从事渔业的发展中国家培训专业技术人员，包括在渔业政策和渔产品加工各领域的培训。1998 年 7 月，联合国 120 个会员国在罗马通过《国际刑事法院罗马规约》，决定成立常设国际刑事法院，并规定这项条约于 2002 年 7 月生效，即在 60 个国家以批准或加入方式成为缔约国后 60 天生效。冰岛是批准这项条约的第 10 个国家。

冰岛是 1945 年成立的国际复兴开发银行 29 个创始国之一。冰岛于 1973 年 6 月参加了欧洲安全与合作会议（现称为"欧洲安全与合作组织"），1975 年 8 月 1 日签署了该组织的《赫尔辛基最后文件》，1990 年 11 月签署了《巴黎宪章》。冰岛参加了有关地区性及海洋生物保护方面的组织，包括西北大西洋渔业组织、东北大西洋渔业组织、北大西洋鲑鱼保护组织、北大西洋海洋哺乳动物委员会和国际海洋开发理事会。从 1999 年 5 月起，冰岛担任欧洲委员会轮值主席国。2003 年 10 月，联合国渔业大会在雷克雅未克召开，联合国粮农组织渔业委员会主任出席并主持会议，有 85 个国家约 450 名代表与会，会议的主题是保护海洋渔业资源、加强海洋生态管理、改善海洋生态环境。

　　冰岛积极参加联合国主持的各种维和行动。1994 年以后，冰岛先后派出 50 人参加波黑和科索沃的维和行动，主要是派出警察、医生和护士。在斯里兰卡政府与猛虎组织于 2002 年 2 月签署停火协议后，冰岛和北欧其他国家组成了斯里兰卡停火协议监督委员会。2006 年 5 月底欧盟宣布，鉴于反政府的猛虎组织不断制造暴力事件，破坏和平进程，决定将其列入恐怖组织名单，并对其采取相应的制裁措施。猛虎组织则宣称，不再保证停火监督人员的安全。瑞典、丹麦和芬兰政府均决定从斯里兰卡撤出停火监督人员。此外，冰岛也接纳一些战争难民。例如 2001 年 2 月冰岛政府照会国际红十字会，同意接收 20～25 名南斯拉夫联盟塞尔维亚的战争难民。

　　冰岛、挪威、列支敦士登和瑞士 4 国欧洲自由贸易联盟继与新加坡签订自由贸易协定之后，于 2004 年年底同泰国签署自由贸易协定。

表 7 - 1　　冰岛参加的主要国际组织

国　际　组　织	加　入　日　期
万国邮政联盟	1874 年
国际海洋考察理事会（ICES）	1938 年
世界卫生组织	1943 年 6 月
国际民用航空组织	1944 年
联合国粮食和农业组织	1945 年 10 月
国际复兴开发银行	1945 年 12 月
国际货币基金组织	1945 年 12 月
联合国	1946 年 11 月
国际民用航空组织	1947 年 4 月

冰岛

续表 7 − 1

国 际 组 织	加 入 日 期
国际劳工组织	1948 年 4 月
经济合作与发展组织	1948 年 4 月
北大西洋公约组织	1949 年 4 月
世界能源理事会	1949 年
国际电信联盟	1949 年
欧洲委员会	1950 年 3 月
世界气象组织	1950 年
世界海关组织	1950 年
北欧理事会	1952 年 12 月
国际金融公司	1956 年 7 月
国际原子能组织	1957 年 7 月
国际海事组织	1960 年 11 月
国际开发协会	1961 年
联合国教科文组织	1964 年 6 月
国际解决投资纠纷中心	1966 年
关税及贸易总协定/世界贸易组织	1968 年 4 月（1964 年成为联系国）
欧洲自由贸易联盟	1970 年 3 月
国际航道组织	1970 年
国际刑警组织	1971 年
欧洲安全与合作组织	1973 年 6 月
国际保护自然与自然资源联合会	1973 年
国际通信卫星组织	1975 年
世界知识产权组织	1986 年
欧洲通信卫星组织	1987 年
国际海事卫星组织	1991 年
北大西洋海洋哺乳动物委员会	1992 年
西欧联盟	1993 年（联系国）
国际海底管理局（ISA）	1994 年
国际海洋法法庭（ITLOS）	1996 年
禁止化学武器组织	1997 年
多边投资担保机构（MIGA）	1998 年
国际展览局	1999 年
全面禁止核试验条约组织	2000 年

第七节 与中国的关系

冰岛重视中国在国际事务中日益增长的作用，在一些国际事务中支持中国的立场，愿意与中国发展友好关系，尤其是扩大两国之间的经贸关系。

一 政治关系

1954 年 8 月底在雷克雅未克举行冰岛、挪威、丹麦、瑞典 4 国外长会议发表的公报中，主张在不远的将来恢复中国在联合国的合法席位。但是在美国的压力下，冰岛在同年 9 月举行的联合国第 9 届大会上，对美国提出不讨论中国在联合国代表权问题提案投了赞成票。冰岛在 70 年代之前与中国没有外交关系，经济和文化方面的往来也很少。

中国和冰岛于 1971 年 12 月 8 日建立大使级外交关系，次年 5 月中国在冰岛建立大使馆并派出常驻大使。1983 年，中国驻冰岛大使改由驻丹麦大使兼任。冰岛驻华大使则一直由巡回大使或驻第三国大使兼任。1995 年 1 月，冰岛在北京设立大使馆并派出首任常驻大使肖尔玛·韩纳松，这是冰岛在亚洲设立的第一个大使馆，负责冰、中事务以及冰岛与亚洲一些国家的事务。同年 12 月，中国恢复向冰岛派出常驻大使。

建交后，两国关系不断发展。中国对冰岛扩大专属渔区曾给予支持，冰岛支持恢复中国在联合国的合法席位。冰岛关于台湾问题的立场是明确的，冰岛只承认一个中国，中华人民共和国政府是代表全中国的唯一合法政府。与此同时，冰岛尊重包括台湾人民在内的全体中国人民要求和平统一祖国的愿望。

在 70~80 年代，中冰两国往来逐步发展。冰方访华的有：外交部秘书长彼德·索尔斯坦松（1975）、议会外交政策委员会主席奥古斯特松、外交部长欧·约翰内松（1982）、外交部秘书长英格瓦松（1985）。冰岛总理赫尔曼松 1986 年 10 月访问中国，两国政府签订了贸易协定。中方访问冰岛的有：国务院副总理耿飚（1979，系中国国家领导人首次访冰）。1989 年 6 月冰岛参加了西方国家对中国的制裁，几年后两国关系恢复正常。

90 年代以来，两国互访增多。冰岛外长汉尼巴尔松（1994）、总理奥德松（1994）、议长索凯斯多蒂尔、总统芬博阿多蒂尔（1995，系冰岛总统首次访华，并出席北京世界妇女大会）、议会副议长阿纳德、外交部常务秘书贡雷格松（1999）、外长奥斯格里姆松（2001）、环境部长弗里德雷夫斯多蒂尔（2002）、财政部长哈尔德（2002）、卫生部长克里斯蒂安松（2002、2005）、审计署审计长索尔达尔松（2003）、工商部长斯韦里斯多蒂尔（2004）、司法部长比亚尔纳松（2004）等先后访华。

在 1995～2006 年期间，中国国务院副总理兼外长钱其琛，国务院副总理李岚清（1995），全国人大常委会副委员长田纪云（1996），中共中央政治局委员黄菊（1999），全国人大常委会委员长李鹏，中共中央政治局委员、中宣部部长丁关根，国务委员吴仪，最高人民检察院检察长韩杼滨（2000），国务委员王忠禹（2002），外经贸部部长石广生（2002），中共中央政治局常委罗干（2003），文化部部长孙家正（2003），全国人大常委会副委员长王兆国（2004），国家旅游局局长何光暐（2004），国家审计署副审计长令狐安（2005），中国国际贸促会会长万季飞（2005），全国政协副主席黄孟复（2006），全国政协副主席张梅颖（2006），国家工商总局局长王众孚（2006）等，曾先后访问冰岛。

冰岛共和国总统格里姆松博士 1997 年 2 月 20 日致电江泽民主席，对中国领导人邓小平逝世表示诚挚的哀悼。冰岛总理奥德松在唁电中对邓小平逝世表示"最真切的同情和最诚挚的哀悼"。冰岛外长哈·奥斯格里姆松也向钱其琛副总理兼外长发来唁电。

2001 年是中国冰岛建交 30 周年，冰岛外交兼外贸部长奥斯格里姆松于 10 月底访华并参加了中冰建交 30 周年庆祝活动。

应奥拉维尔·拉格纳·格里姆松总统的邀请，中国国家主席江泽民于 2002 年 6 月对冰岛进行国事访问。江主席在访问冰岛期间分别同格里姆松总统、奥德松总理等冰岛领导人进行会谈和会见，并广泛接触各界人士，就双边关系和共同关心的国际问题广泛、深入地交换意见，共同探讨扩大两国合作的新途径。

2005 年 1 月，冰岛议会议长哈尔多尔·布伦达尔率团访问中国，中国全国人大常委会委员长吴邦国及全国政协主席贾庆林分别会见布伦达尔议长一行。同年 4 月，冰岛卫生部长克里斯蒂扬松访华。5 月，冰岛总统格里姆松对中国进行国事访问，中国国家主席胡锦涛与格里姆松举行会谈，国务院总理温家宝和全国人大常委会副委员长王兆国分别会见格里姆松。11 月，冰岛交通、旅游和电信部长波德瓦尔松访华。

1984 年中国保定市与冰岛哈布纳菲厄泽市结为友好城市。中国与冰岛于 2004 年 4 月 12 日正式签署《中国旅游团队赴冰岛旅游签证及相关事宜的谅解备忘录》，冰岛正式成为中国公民出境旅游目的地国家。

二　经贸关系和经济技术合作

1955 年 7 月 5 日，中国首次参加雷克雅未克博览会。中国馆开幕仪式由冰中文化协会主席雅各布·本尼狄克松主持，冰岛共和国商务部长出席了开幕仪式。这是由中国国际贸易促进会在冰岛举办的第一次展览，展出的展品有 300 多种，包括陶器、玉雕、石雕、象牙雕刻、漆器、刺绣、丝织品、棉纺织品、毛皮和皮革、水果、烟叶、谷物等，受到冰岛观众的欢迎。

中国和冰岛自 1971 年建交以来，双方都重视发展双边经贸关系，总体发展良好。贸易额一直呈增长势头，只是贸易额不大，这主要是由于两国经贸关系中存在一些实际问题。冰岛出口商品比较单一，主要是海产品和工业制成品，使中国进口的选择余地有限，制约了中、冰贸易的发展。冰岛是高工资、高消费国家，出口商品价格远高于中国消费水平。两国相距遥远，没有直达船舶往来，进出口商品需经欧洲大陆转船，转口运输交货期长、费用高。中国的出口商品对冰岛人有较大吸引力，但是冰岛人口少，市场容量小，商品起订数量小，花色品种要求多。这些因素客观上限制了两国贸易的发展。

中国货轮"汉川"号于 1975 年 7 月 21 日抵达冰岛斯特勒伊姆维克港，这是中国货轮首航冰岛。80 年代以来，两国经贸合作有所发展。1982 年冰岛从中国进口的商品额为 172 万美元，向中国出口的商品额为 66 万美元。1983 年单方面从中国购买 183.5 万美元商品。随着中国进口冰岛的渔产品增加，双边贸易额有较大幅度的增长。据中国海关统计，1999 年两国贸易额为 1459 万美元，增幅为 15.3%。在 1991～2000 年的 10 年间，中国从冰岛进口的商品共计 31 个品种，其中 17 种是海产品，占 54%。这 10 年间中国从冰岛进口商品总额为 3749.58 万美元，其中海产为 3035.12 万美元，占 80.94%。

2000 年中冰贸易额为 3175.2 万美元，比 1999 年增长 117.6%。其中中国出口额为 1761.1 万美元，进口额为 1414.1 万美元，同比分别增长 163.1% 和 79.0%。中国向冰岛主要出口焦炭、耐火材料、轻纺制品、服装、纺织纱线、织物及制品、鞋类、食品罐头、五金工具、渔具、集装箱、船舶等，从冰岛主要进口渔产品、机电产品和船用机械等。

2004 年，中国从冰岛主要进口渔产品达到 18338 吨，是

1999 年的 3.4 倍。中冰贸易额只占冰岛外贸总额的 1% 强。冰岛将对华经贸合作的重点放在旅游、渔业、地热开发和利用等方面。自 2005 年 1 月 1 日起，中国将由冰岛进口的"格陵兰鳙鲽鱼"关税从 10% 降至 5%。产于冰岛的冷水虾，色泽如红宝石，味道特别鲜美，肉质口嚼性强。冰岛力思（LYSI）集团公司生产的深海鱼油于 1998 年进入中国市场，该公司已有 60 年鱼油生产历史，产品出口一百多个国家和地区，此次进入中国是中冰两国政府在卫生领域的首次合作。

据中国海关统计，2004 年双边贸易额为 7329 万美元，比上年增长 7.3%，其中中国向冰岛出口 4595 万美元，从冰岛进口 2734 万美元，分别增长 0.9% 和 20%。2005 年中国与冰岛进出口贸易额为 1.21 亿美元，同比增长 65.7%，其中中国出口 7470 万美元，进口 4673 万美元。2006 年 1～6 月，中冰贸易额为 5360 万美元，比上年同期同比增长 14.2%。

而据冰岛方面统计，2004 年中国与冰岛进出口贸易额为 1.58 亿美元。2005 年为 2.8629 亿美元，其中出口 2723 万美元，进口 2.5896 亿美元，比 2004 年分别增长了 38.4%、33.18%、38.02%。2004 年中国香港地区和台湾地区与冰岛的贸易额分别为 1100 万美元和 4000 万美元。两岸三地与冰岛的贸易总额为 2.09 亿美元，约占冰岛同期进出口总额的 3.31%。2005 年冰岛与香港地区进出口总额 1442 万美元，其中出口 316 万美元，进口 1126 万美元，比 2004 年分别增长了 13.31%、8.08%、14.79%。2005 年冰岛与台湾地区进出口总额 3490 万美元，其中出口 916 万美元，进口 2574 万美元，比 2004 年分别下降了 22.66%、50.93%、2.72%。从冰岛国家统计局数据看，2005 年中国对冰岛出口额与日本对冰岛出口额十分接近，分别是 2.5896 亿美元和 2.6654 亿美元，相差只有 758 万美元；而 2004 年分别是 1.0978 亿美元和 1.6159 亿美元，相差 5181 万美元。

中冰两国签署的主要经贸文件有：《中冰两国政府贸易协定》（1887 年 10 月）、《中冰两国政府关于鼓励和相互保护投资协定》（1994 年 3 月）、《中冰两国经贸合作混委会协定》（1995 年 8 月）、《中冰两国关于避免双重征税和防止偷漏税协定》（1996 年 6 月）、《中冰民用航空运输协定》（2003 年）、《中国旅游团队赴冰岛旅游签证及相关事宜的谅解备忘录》（2004 年）。

1995 年中冰两国政府成立贸易和经济合作混委会，截至 2005 年底已举行 5 次会议。1996 年冰岛成立冰中贸易促进委员会，旨在推动中冰贸易的发展。2000 年 1 月，两国签署了关于中国加入世贸组织问题的双边协议。

中国和冰岛于 2005 年 5 月签署《中冰关于加强经济与贸易合作谅解备忘录》，冰岛承认中国完全市场经济地位，决定在 2005 年启动中冰自由贸易区的可行性研究，这对两国经贸长远发展有益。冰岛是北欧地区第一个承认中国完全市场经济地位的国家，也是欧洲第一个同中国启动关于自由贸易谈判的国家。冰岛期望于 2007 年实现同中国的自由贸易。2005 年 5 月中冰两国还签署了《环境保护谅解备忘录》和《地震研究合作谅解备忘录》等文件。

截至 2006 年 6 月，冰岛在华投资项目一共 13 个，合同总金额 911 万美元，实际投入 283 万美元。其中 2004 年投资项目 1 个，合同金额 80 万美元，实际投入 50 万美元；2006 年 1 ~ 6 月投资项目 1 个，合同金额 101 万美元，实际投入 119 万美元。截至 2004 年底，我国与冰岛签订技术引进和设备进口合同 1 项，合同金额 47.5 万美元。

中国和冰岛在地热领域进行了富有成效的交流合作。1986 年 6 月，冰岛能源局地热专家组赴西藏考察，双方就冰岛转让地热技术、合作开发西藏地热资源签订了意向书。1994 年冰岛维克地热工程咨询公司与天津市塘沽区就引进外资开发地热资源达成协议，该项目进展顺利，现已通过各方验收。2000 年、2001年，中冰两国就共同经营北京市延庆、立水桥地区地热供暖系统先后签署合作意向书。从 1979 年至 2006 年，在冰岛大学国际地热培训班毕业的 300 多位学员中，有 60 多位地热技术人员来自中国。中冰两国于 2006 年决定成立一个投资 2000 万美元的合资公司，在陕西咸阳建设世界上最大的地热供暖系统，可为 10万~15 万户居民提供暖气，计划把咸阳建成世界上最大的地热城、国家地热示范区、联合国地热培训中心。《关于合作开发利用咸阳地热资源协议书》是迄今为止冰岛历史上最大的地热资源合作开发项目，总金额近 5000 万美元。

虽然冰岛船舶市场规模不大，2000 年船舶进口额仅为 7500万美元，但自 1998 年以来，辽宁省机械进出口公司和中国船舶工业贸易公司先后与冰岛的公司签署为冰方建造 20 艘渔船的商业合同，价值约 5200 万美元，大多已经交付使用。冰岛亚特兰大航空公司与北京飞机维修公司于 2000 年开始接触，到 2005 年中，北京飞机维修公司已经为亚特兰大航空公司的 23 架次波音飞机提供了维修服务。双方还于 2005 年签署了价值 1500 万美元的飞机维修协议。2005 年 4 月，沈阳冶金机械有限公司与冰岛签订了出口 4 台供电解铝厂通用天车的合同，于同年 11 月制造成功并通过 CE 标准认证，标志着中国制铝设备迈出拓展欧洲市场的重要一步。

1989 年以来，冰岛在华曾先后开办了 3 家合资企业，但因经营不善已先后关闭。冰岛最大的渔业公司冰岛集团公司（Icelandic Group，PLC）、冰岛能源公司、埃尼克斯公司（ENEX）均在华设有分公司。冰岛海运公司在青岛设有办事处。冰岛大型连锁超市公司 BYKO 在中国设有产品采购办事处，年采购额约为 50 万~100 万美元。截至 2005 年底，中国在冰岛没有中资企业或合资企业。

应中国国土资源部邀请，由冰岛能源署署长带领的 4 人代表团于 2001 年 8 月 28 日至 9 月 2 日对中国北京、西安、西藏等地进行了访问。该代表团团员分别来自冰岛能源局、雷克雅末克能源公司和新成立的主营地热开发咨询的埃尼克斯公司。代表团考察了在北京、西藏的地热项目。

澳门特区运输工务司司长欧文龙于 2004 年 7 月 11 日率团前往冰岛首都雷克雅末克，代表澳门特别行政区签署澳门特别行政区政府与冰岛共和国政府的航空协定。这有利于促进两地在旅游业方面的联系，也将有利于澳门进一步拓展航空客货运网络。

中冰两国均为渔业资源较为丰富的国家，中冰两国在渔业方面的交流频繁，合作不断加深。冰岛利用其在渔产品加工技术、设备方面的优势及其在欧美市场的销售网络，在中国开展渔产品加工，共同开拓欧美市场。与此同时，两国间政府官员和专家学者的交流活动也日益密切。继 2000 年冰岛渔业部长参加在北京举行的第三届世界渔业大会后，2001 年冰岛又组团参加了 9 月在山东荣成举行的"海洋渔业及水产品加工技术国际研讨会暨博览会"，参加了同年 11 月在山东青岛举行的第六届中国国际渔业展览会。2001 年 4 月中国工程院代表团访问了冰岛，分别拜访了冰岛渔业部、海洋研究所和渔业实验室。同年 10 月 1～4 日，由联合国粮农组织主办、冰岛和挪威两国承办的"海洋生态系统中负责任的渔业"国际会议在冰岛首都雷克雅末克召开，中国农业部渔业局组团参加了会议。会议的目的是进一步促进联合国粮农组织关于负责任渔业行为准则的贯彻实施，强调使用生态保护方法进行海洋生物资源的开发与管理。

冰岛在地热利用方面有先进的技术设备和管理经验，中方对引进这些设备和技术很感兴趣，双方合作的潜力很大。近年来，中冰双方在地热资源利用方面的合作取得了较大进展。两国之间大约有 15 个地热开发合作课题。中国是冰岛地热开发技术最广阔最有潜力的市场。

三 文教合作

早在 1952 年，冰岛最大的文化团体"语言与文化"派遣一个 5 人组成的文化代表团访问中国，回国后不久便酝酿成立冰中文化协会。该协会于 1953 年 10 月 20 日在雷克雅未克成立，其宗旨是促进两国之间的文化交流。

1952 年 9 月底，以著名诗人凯德隆为团长的冰岛访华代表团一行 6 人应中国人民外交学会邀请来华访问 5 周，参加了中华人民共和国成立三周年庆祝典礼和在北京召开的亚洲及太平洋区域和平会议开幕式，随后访问了中国若干省市和地区。凯德隆在访华期间写了充满激情的题为《向中国致敬》的长诗，诗的开头是："伊米尔（冰岛神话中的巨人）向盘古致敬，/萨迦岛向中华致敬，/最小国最渺小的诗人向最大国最伟大的诗人——将新生命注入东方伟大的心脏的毛泽东致敬！"。

中国青年代表团应冰岛中国委员会邀请，于 1955 年 8 月下旬访问冰岛，代表团在首都雷克雅未克和北部阿库雷里市访问期间与各界人士和青年会见，并举行了三次联欢性表演，得到冰岛人民和青年的好评。这是有史以来第一个中国代表团访问冰岛。代表团团长鲁钊在回国后写下《冰岛行》一书记述这次访问。1955 年 9 月下旬冰岛青年代表团一行 5 人应中华全国民主青年联合会邀请，在团长博德瓦·彼得松率领下访问中国，并在 10 月 21 日受到陈毅副总理的接见。

以楚图南为团长的中国古典歌舞剧团在北欧其他 4 国访问演出之后，于 1955 年 11 月下旬抵达冰岛进行访问演出。冰岛共和国总统奥斯吉尔松、冰岛议会议长布林尤夫松、外交部长格德门松等观看了首场演出。演出受到冰岛各界的热烈欢迎和好评。冰岛总统奥斯吉尔森在接见楚图南团长时希望剧团把冰岛人民对中国人民的问候，把希望中国和平繁荣的愿望，带给中国人民。中国人民对外友好协会代表团曾多次访问冰岛，冰中文化协会也多次组团访问中国，并且定期召开年会。

中国多次派团赴冰岛举办艺术展或进行文艺演出，包括中国版画展览（1975 年 4～5 月）、天津杂技团（1975 年 10 月）、西藏歌舞团（1978 年 10 月）、中国民族乐团（1980 年 9 月）、北京电影乐团（1985 年 3 月），此外还有中国邮票展，等等。冰岛第一个访华的艺术团体是雷克雅未克男声合唱团，该团于 1979 年 11 月首次访华，在北京、上海、广州进行为期两周的访问演出。

中国和冰岛于 1994 年 11 月在冰岛总理奥德松访华期间签署了两国文化合作协定。近年来，冰岛在中国举办邮票展、画展，派出艺术家访华。1997 年 2 月为庆祝冰岛和中国建交 25 周年，冰岛举办了"中国日"活动，包括冰中关系座谈会以及中国商品和艺术品展览会。冰岛总统格里姆松和夫人、外交部长哈尔多尔·奥斯格里姆松等出席了"中国日"的开幕式。

1979 年以来，中国向冰岛先后共派出体操、排球、羽毛球和乒乓球教练 30 多人次。2004 年冰岛来华旅游人数约为 1700 人，中国赴冰岛旅游人数超过 7000 人。2004 年 4 月，冰岛 3 人爵士乐队来华演出并推介冰岛旅游；6 月，冰岛驻华使馆、中国《人民日报》社和中国人民对外友好协会在北京联合举办"冰岛如画"摄影展。2005 年 12 月，阿库雷里大学正式启动"中国语言和文化"课程，中国派中文教授赴冰岛授课并向该校赠送1000 册中文图书，冰岛总统格里姆松等出席了中文课程启动仪式。2005 年，冰岛在华有留学生 2 人，中国在冰岛留学生 1 人。

为纪念中国与冰岛建交 30 周年，2001 年 7 月份由中国国家广电总局电影局和冰岛电影基金会在冰岛联合举办了中国电影周，放映了《紧急迫降》、《月圆今宵》、《女帅男兵》、《赛龙夺锦》、《我的父亲母亲》、《那山、那人、那狗》和《宝莲灯》7部影片，深受冰岛观众的喜爱和欢迎。由中国国家广电总局主办、中国电影资料馆承办的冰岛电影周于 2001 年 10 月 28～31日在北京举办。随后在 11 月有 7 部冰岛电影上演，在多家影城分别映出各具特色的冰岛电影：《爱情的追忆》、《女仆的命运》、《我要爸爸》、《不留痕迹》、《家族的荣誉》、《一位精神分裂症患者的生活》和《冰雪友情》。影片全部是原文对白，并配有中英文字幕。其中《爱情的追忆》曾获得 1992 年奥斯卡最佳外语片提名。

冰岛人民十分喜爱古老的中国文化。早在 1958 年就翻译出版了郭沫若的历史剧本《屈原》。截至 20 世纪 90 年代，老子的《道德经》已经先后有两种冰岛文译本问世。冰岛文版《毛泽东选集》已经出版了两卷。中国的古代诗词、现代诗词以及毛泽东诗词都有多种冰岛文译本。由汉学家、外交官拉格纳·巴尔迪松（Ragnar Baldursson）翻译的冰岛文版《论语译注》于 1989年首次出版，2006 年 2 月经修订后再次出版发行，成为冰岛畅销书之一，两次出版总印数达 5000 册。2003 年 1 月来华任职的冰岛驻华大使埃德尔·古纳松先生，则是一位"郑和迷"，大航海家郑和的和平使者形象给他留下了深刻印象。

主要参考文献

一 中文图书

1. 〔冰岛〕埃纳尔·奥格尔逊：《冰岛人民史话》，何清新译，三联书店，1973。

2. 维尔纳·舒茨巴赫：《冰岛——极圈火岛》，邹福兴译，商务印书馆，1982。

3. 敬东：《北欧五国简史》，商务印书馆，1987。

4. 〔丹麦〕福尔默·威斯蒂主编《北欧式民主》，赵振强、陈凤诏、胡康大等译，中国社会科学出版社，1990。

5. 李占五、吴强：《北欧市场经济》，时事出版社，1995。

6. 王鹤：《欧洲自由贸易联盟》，经济日报出版社，1994。

7. 于洪军主编《万国博览·欧洲卷》，新华出版社，1998。

8. 李树藩、王科铸主编《世界通览》中卷，吉林人民出版社，1991。

9. 孙晓华等编《北欧各国》，北京语言文化大学出版社，1998。

10. 王知津、于良知主编《世界通览：冰岛、丹麦、芬兰、挪威、瑞典卷》，哈尔滨工程大学出版社，2004。

11. 高关中、郑丽群编著《北欧五国·丹、瑞、挪、冰、芬——福利社会的典范》，社会科学文献出版社，2004。

12. 魏同超编著《北欧之旅》，广东旅游出版社，2004年。

13. 黄牛编著《五国风光看不休——北欧》，中国经济出版社，2003。

14. 鲁悦凡：《冰岛行》，中国青年出版社，1957。

15. 章念生、边红：《北欧亲历》，当代世界出版社，2002。

16. 吴季松：《白雪皑皑的北欧》，北京出版社，2003。

17. 胡焕庸、严正元、康淞万：《欧洲自然地理》，商务印书馆，1982。

18. 〔挪威〕阿克塞尔·索姆编《北欧地理》，上海译文出版社，1986。

19. 《世界各国和地区渔业概况》下册，海洋出版社，2004。

20. 〔美〕科尔兰斯基：《鳕鱼》，机械工业出版社，2005。

21. 《世界知识年鉴》历年各卷，世界知识出版社。

22. 《世界经济年鉴》有关各卷，经济科学出版社。

23. 《欧洲发展报告》历年各卷，中国社会科学出版社。

24. 《世界宗教概览》，东方出版社，1992。

25. 钟清清主编《世界政党大全》，贵州教育出版社，1994。

26. 姜士林、陈玮主编《世界宪法大全》上卷，中国广播电视出版社，1989。

27. 吴锡山主编《世界首脑大全》，当代世界出版社，2003。

28. 王晓民主编《世界各国议会全书》，世界知识出版社，2001。

29. 《尼雅尔萨迦》（据俄译本转译），侯焕闳译，上海译文出版社，1983。

30. 《埃达》，石琴娥、斯文译，译林出版社，2000。

31. 石琴娥主编《萨迦选集——中世纪北欧文学的瑰宝》，石琴娥、周景兴、金冰译，商务印书馆，2000。

32. 石琴娥：《北欧文学史》，译林出版社，2005。

二　外文图书

1. Bjoern G. Oladsson, *Small States in the Global System. Analysis and illustrations from the case of Iceland*, England, Ashgate Publishing Limited, 1998.

2. *Iceland and European Integration. On the Edge.* Edited by Baldur Thorhallsson, London, Routledge, 2004.

3. Gunnar Karlsson, *Iceland's 1100 Years. The History of Marginal Society.* London, Hurst & Company, 2000.

4. "*Iceland*" *in* "*Western Europe*". 3th – 7th Edition, 2000 – 2005.

5. "*Iceland*" *in* "*Europe Since 1945*". 2 vol.

三　网站

1. 冰岛政府网站：http：//www. government. is

2. 冰岛议会网站：http：//www. althingi. is

3. 冰中新闻网：http：//www. chinese. is

4. 北欧理事会网站：http：//www. norden. org

5. 中国驻冰岛大使馆主页：http：//www. china-embassy. is

6. 中国驻冰岛使馆经济商务参赞处主页：http：//is. mofcom. gov. cn/

7. 冰岛文化网站：http：//culture. is/

8. 北欧之窗网站：http：//www. firsttravel. com. cn/

9. "火山世界"（Volcano World）网站：http：//volcano. und. edu/

《列国志》已出书书目

2003 年度

吴国庆编著《法国》

张健雄编著《荷兰》

孙士海、葛维钧主编《印度》

杨鲁萍、林庆春编著《突尼斯》

王振华编著《英国》

黄振编著《阿拉伯联合酋长国》

沈永兴、张秋生、高国荣编著《澳大利亚》

李兴汉编著《波罗的海三国》

徐世澄编著《古巴》

马贵友主编《乌克兰》

卢国学编著《国际刑警组织》

2004 年度

顾志红编著《摩尔多瓦》

赵常庆编著《哈萨克斯坦》

张林初、于平安、王瑞华编著《科特迪瓦》

鲁虎编著《新加坡》

王宏纬主编《尼泊尔》

王兰编著《斯里兰卡》

孙壮志、苏畅、吴宏伟编著《乌兹别克斯坦》

徐宝华编著《哥伦比亚》

高晋元编著《肯尼亚》

王晓燕编著《智利》

王景祺编著《科威特》

吕银春、周俊南编著《巴西》

张宏明编著《贝宁》

杨会军编著《美国》

王德迅、张金杰编著《国际货币基金组织》

何曼青、马仁真编著《世界银行集团》

马细谱、郑恩波编著《阿尔巴尼亚》

朱在明主编《马尔代夫》

马树洪、方芸编著《老挝》

马胜利编著《比利时》

朱在明、唐明超、宋旭如编著《不丹》

李智彪编著《刚果民主共和国》

杨翠柏、刘成琼编著《巴基斯坦》

施玉宇编著《土库曼斯坦》

陈广嗣、姜俐编著《捷克》

2005 年度

田禾、周方冶编著《泰国》

高德平编著《波兰》

刘军编著《加拿大》

张象、车效梅编著《刚果》

徐绍丽、利国、张训常编著《越南》

刘庚岑、徐小云编著《吉尔吉斯斯坦》

刘新生、潘正秀编著《文莱》

孙壮志、赵会荣、包毅、靳芳编著《阿塞拜疆》

孙叔林、韩铁英主编《日本》

吴清和编著《几内亚》

李允华、农雪梅编著《白俄罗斯》

潘德礼主编《俄罗斯》

郑羽主编《独联体（1991~2002）》

安春英编著《加蓬》

苏畅主编《格鲁吉亚》

曾昭耀编著《玻利维亚》

杨建民编著《巴拉圭》

贺双荣编著《乌拉圭》

李晨阳、瞿健文、卢光盛、韦德星编著《柬埔寨》

焦震衡编著《委内瑞拉》

彭姝祎编著《卢森堡》

宋晓平编著《阿根廷》

张铁伟编著《伊朗》

贺圣达、李晨阳编著《缅甸》

施玉宇、高歌、王鸣野编著《亚美尼亚》

董向荣编著《韩国》

2006 年度

章永勇编著《塞尔维亚和黑山》

李东燕编著《联合国》

杨灏城、许林根编著《埃及》

李文刚编著《利比里亚》

李秀环编著《罗马尼亚》

任丁秋、杨解朴等编著《瑞士》

王受业、梁敏和、刘新生编著《印度尼西亚》

李靖堃编著《葡萄牙》

钟伟云编著《埃塞俄比亚 厄立特里亚》

赵慧杰编著《阿尔及利亚》

王章辉编著《新西兰》

张颖编著《保加利亚》

刘启芸编著《塔吉克斯坦》

陈晓红编著《莱索托 斯威士兰》

汪丽敏编著《斯洛文尼亚》

张健雄编著《欧洲联盟》

俄罗斯东欧中亚黄皮书

2006 年：俄罗斯东欧中亚国家发展报告

（附 SSDB 盘）

邢广程　主编

2007 年 4 月出版　48.00 元

ISBN 978-7-80230-546-5/D·142

　　"裂变在延伸，斗争在延续"，2006 年俄罗斯东欧中亚地区的国际形势发展中，裂变和斗争的烈度有强化的趋势。欲知这一动荡地区的种种进程的内在联系，请翻开本书，这里中国社科院俄罗斯东欧中亚研究所资深研究人员为您深入剖析。

欧洲十一国游记

康有为　著　李冰涛　校注

2007 年 1 月出版 35.00 元

ISBN 978-7-80230-472-7/K·066

　　本书为我国近代著名思想家、政治家康有为 1898 年戊戌变法失败后流亡国外时所写。百日维新后，康南海开始了"流离异域一十六年，三周大地，遍游四洲，经三十一国，行六十万里路，一生不入官，好游成癖"的考察生活，"其考察着重于各国政治风俗；及其历史变迁得失，其次则文物古迹"。尤其在意大利和法国的游历感触颇多，回国后写成《意大利游记》和《法兰西游记》，即为本书收录的主要篇章。这些游记文字涉及了很多方面的观感记录，对今天的读者来说也具有极高的价值。

社会科学文献出版社网站
www.ssap.com.cn

1. 查询最新图书 2. 分类查询各学科图书
3. 查询新闻发布会、学术研讨会的相关消息
4. 注册会员，网上购书

本社网站是一个交流的平台，"读者俱乐部"、"书评书摘"、"论坛"、"在线咨询"等为广大读者、媒体、经销商、作者提供了最充分的交流空间。

"读者俱乐部"实行会员制管理，不同级别会员享受不同的购书优惠（最低7.5折），会员购书同时还享受积分赠送、购书免邮费等待遇。"读者俱乐部"将不定期从注册的会员或者反馈信息的读者中抽出一部分幸运读者，免费赠送我社出版的新书或者光盘数据库等产品。

"在线商城"的商品覆盖图书、软件、数据库、点卡等多种形式，为读者提供最权威、最全面的产品出版资讯。商城将不定期推出部分特惠产品。

资询/邮购电话：010-65285539   邮箱：duzhe@ssap.cn
网站支持（销售）联系电话：010-65269967   QQ：168316188   邮箱：service@ssap.cn
邮购地址：北京市东城区先晓胡同10号 社科文献出版社市场部 邮编：100005
银行户名：社会科学文献出版社发行部 开户银行：工商银行北京东四南支行 账号：0200001009066109151

图书在版编目（CIP）数据

冰岛/刘立群编著．- 北京：社会科学文献出版社，
2007.5
（列国志）
ISBN 978 - 7 - 80230 - 565 - 6

I. 冰… II. 刘… III. 冰岛 - 概况 IV. K953.5

中国版本图书馆 CIP 数据核字（2007）第 049488 号

冰岛（Iceland）

·列国志·

编 著 者／刘立群
审 定 人／王 鹤 马胜利

出 版 人／谢寿光
出 版 者／社会科学文献出版社
地 址／北京市东城区先晓胡同 10 号
邮 政 编 码／100005
网 址／http：//www.ssap.com.cn
网 站 支 持／（010）65269967
责 任 部 门／《列国志》工作室 （010）65232637
电 子 信 箱／bianjibu@ssap.cn
项 目 经 理／宋月华
责 任 编 辑／朱希淦
责 任 校 对／靳金梅
责 任 印 制／盖永东

总 经 销／社会科学文献出版社发行部
（010）65139961 65139963
经 销／各地书店
读 者 服 务／市场部（010）65285539
排 版／北京中文天地文化艺术有限公司
印 刷／北京智力达印刷有限公司

开 本／880×1230 毫米 1/32 开
印 张／11.5
字 数／276 千字
版 次／2007 年 5 月第 1 版 2007 年 5 月第 1 次印刷

书 号／ISBN 978 - 7 - 80230 - 565 - 6/K · 074
定 价／25.00 元

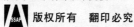

《列国志》主要编辑出版发行人

出　版　人　　谢寿光

总　编　辑　　邹东涛

项目负责人　　杨　群

发　行　人　　王　菲

编辑主任　　宋月华

编　　　辑　　（按姓名笔画为序）

　　　　　　　孙以年　　朱希淦　　宋月华

　　　　　　　宋　娜　　李正乐　　周志宽

　　　　　　　范　迎　　范明礼　　赵慧芝

　　　　　　　薛铭洁　　魏小薇

封面设计　　孙元明

内文设计　　熠　菲

责任印制　　盖永东

编　　务　　杨春花

编辑中心　　电话：65232637

　　　　　　　网址：ssdphzh_cn@sohu.com